马克思主义理论学科建设系列丛书

全面建成小康社会的理论与实践

主　编◎王朝科
副主编◎秦淑娟　庾向芳

THEORETICAL AND PRACTICAL RESEARCH ON
BUILDING A WELL-OFF SOCIETY IN AN ALL-ROUND WAY

本书系上海对外经贸大学马克思主义学院"马克思主义理论学科建
设系列"丛书之一，由上海对外经贸大学马克思主义学院资助出版。

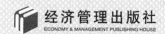

经济管理出版社
ECONOMY & MANAGEMENT PUBLISHING HOUSE

图书在版编目（CIP）数据

全面建成小康社会的理论与实践 / 王朝科主编；秦淑娟，庾向芳副主编 . —北京：经济管理出版社，2022.12

ISBN 978-7-5096-8905-9

Ⅰ.①全…　Ⅱ.①王…②秦…③庾…　Ⅲ.①小康建设—研究—中国　Ⅳ.① F124.7

中国国家版本馆 CIP 数据核字（2023）第 004010 号

组稿编辑：王光艳

责任编辑：魏晨红

责任印制：张莉琼

出版发行：经济管理出版社

　　　　　（北京市海淀区北蜂窝 8 号中雅大厦 A 座 11 层　100038）

网　　　址：www.E-mp.com.cn

电　　　话：（010）51915602

印　　　刷：北京市海淀区唐家岭福利印刷厂

经　　　销：新华书店

开　　　本：787mm×1092mm /16

印　　　张：16.5

字　　　数：409 千字

版　　　次：2024 年 1 月第 1 版　　2024 年 1 月第 1 次印刷

书　　　号：ISBN 978-7-5096-8905-9

定　　　价：98.00 元

前　言

　　2020 年是具有里程碑意义的一年。全面建成小康社会，实现第一个百年奋斗目标，是中国共产党向人民、向历史作出的庄严承诺。全面建成小康社会，是实现中华民族伟大复兴中国梦的关键一步，在中华民族发展史上具有重大意义。站在"两个一百年"奋斗目标的历史交汇点上，为了回顾和总结第一个百年奋斗目标实践进程和理论成果，展望第二个百年奋斗目标，既需要对过往的艰辛探索进行深刻的理论总结，又要为行将开启的第二个百年奋斗目标——全面建设社会主义现代化国家新征程构建新的理论话语。

　　中国政治经济学学会始终致力于推动马克思主义政治经济学研究和当代中国社会经济问题研究，搭建学术交流平台，团结全国马克思主义经济学界的学者共同开拓当代马克思主义经济学新境界。为了系统总结全面建成小康社会的实践经验和理论成果，中国政治经济学学会与上海对外经贸大学马克思主义学院联合举办"全面建成小康社会的理论创新和实践探索"学术研讨会，呈现在大家面前的这本文集就是本次会议的学术成果之一，它凝聚了专家学者们的思考，既有理论的探索，又有实践经验的总结；既充分肯定业已取得的成就，也敢于正视存在的问题；既有对全面建成小康社会的历史回望，也有对开启全面建设社会主义现代化国家新征程的展望，体现了学者们的时代使命和责任担当。

　　值此文集付梓之际，我们要感谢参加本次论坛的各位学者和大家一起分享你们的研究成果，让我们携手合作，为繁荣中国的哲学社会科学，为构建具有中国特色、中国风格、中国气派的哲学社会科学学科体系、学术体系、话语体系，为实现第二个百年奋斗目标、实现中华民族伟大复兴的中国梦不断贡献政治经济学智慧。

2022 年 1 月

目　录

建设全面小康社会的政治经济学观察

——历史进程·价值准则·科学方法论

孙立彬　王朝科

摘要： 到 2020 年全面建成小康社会，实现第一个百年奋斗目标，是实现中华民族伟大复兴中国梦的重要组成部分，也是中国共产党自诞生之日起不变的初心。国家统一和民族独立以及社会主义制度的确立，为实现第一个百年奋斗目标奠定了坚实的政治基础和并提供了制度保障。从"四个现代化"到全面建成小康社会的历史进程中始终贯穿着"人民主体性""发展是解决一切问题的基础""独立自主自力更生""人与自然和谐共生"的价值准则；这一历史进程又始终以马克思主义辩证唯物主义和历史唯物主义中国化的结果——矛盾分析法、调查研究法、系统观和整体观的科学方法论为指导，这些方法论不仅保证了政策和决策的科学性、正确性，而且在探索实现"两个一百年"奋斗目标的伟大实践中不断得到丰富和发展。

关键词： 四个现代化；全面建设小康社会；全面建成小康社会；价值准则

到 2020 年全面建成小康社会，实现第一个百年奋斗目标，是中国共产党向人民、向历史作出的庄严承诺。全面建成小康社会是实现中华民族伟大复兴中国梦的关键一步，在中华民族发展史上具有重大意义。站在"两个一百年"奋斗目标的历史交汇点上，既要对过往的艰辛探索进行深刻的理论总结，也要为即将开启的第二个百年奋斗目标——到新中国成立 100 年时建成富强民主文明和谐美丽的社会主义现代化强国构建新的理论话语。

一、从"四个现代化"到全面建成小康社会
——简要的历史回望

小康社会思想在我国源远流长，有着极其深厚的历史文化底蕴和历史唯物主

作者简介：孙立彬，吉林财经大学全国中国特色社会主义政治经济学研究中心副研究员。王朝科，男，贵州瓮安人，博士，上海对外经贸大学马克思主义学院、《资本论》与中国政治经济学研究中心教授，研究方向：马克思主义政治经济学。

义底蕴，厚植于广大人民群众对美好生活的向往和不懈奋斗的实践之中。中国共产党一百年来始终将国家富强和人民幸福作为自己的历史使命。贯穿"两个一百年"奋斗目标的主线是社会主义现代化。

（一）"四个现代化"思想的形成并确定为国家发展战略目标

1945 年，毛泽东在《论联合政府》一文中指出：在抗日战争结束以后，可以预断，中国工人阶级的努力和贡献将会是更大的。中国工人阶级的任务，不但是为着建立新民主主义的国家而斗争，而且是为着中国的工业化和农业近代化而斗争。[①]这可以说是"四个现代化"的雏形。中华人民共和国成立前夕，毛泽东在党的七届二中全会上指出，还没有解决建立独立的完整的工业体系问题，只有待经济上获得了广大的发展，由落后的农业国变成先进的工业国，才算最后地解决了这个问题。[②]这是对即将诞生的中华人民共和国的发展蓝图的初步构想。1954 年，毛泽东在《关于中华人民共和国宪法草案》中提到了建设一个伟大的社会主义国家的基本内容和时间表，他说："我们的总目标，是为建设一个伟大的社会主义国家而奋斗。我们是一个六亿人口的大国，要实现社会主义工业化，要实现农业的社会主义化、机械化，要建成一个伟大的社会主义国家，究竟需要多少时间？"[③]1954 年，在第一届全国人民代表大会第一次会议上，周恩来在《政府工作报告》中提出："我国的经济原来是很落后的；如果我们不建设起强大的现代化的工业、现代化的农业、现代化的交通运输业和现代化的国防，我们就不能摆脱落后和贫困，我们的革命就不能达到目的。"[④]这是"四个现代化"第一次出现在政府权威文件中。1957 年 3 月，在中国共产党全国宣传工作会议上的讲话中，毛泽东提出了三个现代化："在我国，巩固社会主义制度的斗争，社会主义和资本主义谁战胜谁的斗争，还要经过一个很长的历史时期。但是，我们大家都应该看到，这个社会主义的新制度是一定会巩固起来的。我们一定会建设一个具有现代工业、现代农业和现代科学文化的社会主义国家。"[⑤]后来，毛泽东在《读苏联〈政治经济学教科书〉的谈话》中说："建设社会主义，原来要求是工业现代化、农业现代化、科学文化现代化，现在要加上国防现代化。"[⑥]1960 年 3 月，毛泽东在同尼泊尔首相谈话时又一次强调国家建设的目标："就是要安下心来，使我们可以建设我们

---

① 毛泽东选集（第 3 卷）[M]．北京：人民出版社，1991：1081.
② 毛泽东选集（第 4 卷）[M]．北京：人民出版社，1991：1433.
③ 毛泽东文集（第 6 卷）[M]．北京：人民出版社，1999：329.
④ 中华人民共和国第一届全国人民代表大会第一次会议上的《政府工作报告》，http://www.gov.cn/test/2006–02/23/content_208673.htm.
⑤ 毛泽东文集（第 7 卷）[M]．北京：人民出版社，1999：268.
⑥ 毛泽东文集（第 8 卷）[M]．北京：人民出版社，1999：116.

国家现代化的工业、现代化的农业、现代化的科学文化和现代化的国防。"① 至此，毛泽东关于"四个现代化"的思想基本形成。

1964 年，在第三届全国人民代表大会第一次会议上，周恩来在《政府工作报告》中郑重地向全国人民宣布了实现"四个现代化"的任务：争取在不太长的历史时期内，把我国建成一个具有现代农业、现代工业、现代国防和现代科学技术的社会主义强国。②1975 年 1 月，在第四届全国人民代表大会第一次会议上，周恩来在《政府工作报告》中又一次强调分两步走实现"四个现代化"的战略任务，他指出，从第三个五年计划开始，我国国民经济的发展可以按两步来设想：第一步，用十五年时间，即在 1980 年以前，建成一个独立的比较完整的工业体系和国民经济体系；第二步，在本世纪内，全面实现农业、工业、国防和科学技术的现代化，使我国国民经济走在世界的前列。③ "四个现代化"的思想由毛泽东提出，周恩来在《政府工作报告》中正式宣布，成为我国建设社会主义强国的战略目标和激发全国人民建设社会主义的重要精神力量。

（二）中国式现代化——"小康之家"的提出

党的十一届三中全会以后，我国社会主义建设进入改革开放的新时期，以邓小平同志为核心的党的第二代中央领导集体继承和发展了毛泽东同志的"四个现代化"思想。1979 年 11 月，邓小平在会见美国不列颠百科全书出版公司编委会副主席吉布尼和加拿大麦吉尔大学东亚研究所主任林达光等的谈话中指出："什么是中国最大的政治？四个现代化就是中国最大的政治。"④ 其对实现"四个现代化"目标的内涵赋予了新的内容，开始站在国际政治经济的整体结构中，从中国的国际地位出发，从中国对人类社会的贡献的高度思考中国的现代化战略。1979 年 12 月，邓小平在和日本首相大平正芳的谈话中指出："四个现代化这个目标是毛主席、周总理在世时确定的。所谓四个现代化，就是要改变中国贫穷落后的面貌，不但使人民生活水平逐步有所提高，也要使中国在国际事务中能够恢复符合自己情况的地位，对人类作出比较多一点的贡献。"⑤ 在这次谈话中，邓小平第一次提出了中国的现代化与西方资本主义国家现代化的本质区别，第一次提出了"小康之家"的概念。他说："我们要实现的四个现代化，是中国式的四个现代化。我们的四个现代化的概念，不是像你们那样的现代化的概念，而是'小康之家'。"⑥1980 年，邓小平在《目前的形势和任务》这篇重要讲话中反复提到实现"四个现代化"之于当代中国的重要意义。他说整个 20 世纪 80 年代我们要做三件

---

① 毛泽东文集（第 8 卷）[M].北京：人民出版社，1999：162.
② 中华人民共和国第三届全国人民代表大会第一次会议上的《政府工作报告》。
③ 中华人民共和国第四届全国人民代表大会第一次会议上的《政府工作报告》。
④ 邓小平文选（第 2 卷）[M].北京：人民出版社，1983：234.
⑤⑥ 邓小平文选（第 2 卷）[M].北京：人民出版社，1983：237.

大事，其中第三件事就是"要加紧经济建设，就是加紧四个现代化建设。四个现代化，集中起来讲就是经济建设。国防建设，没有一定的经济基础不行。科学技术主要是为经济建设服务的。三件事的核心是现代化建设。这是我们解决国际问题、国内问题的最主要的条件"。①

"我们从八十年代的第一年开始，就必须一天也不耽误，专心致志地、聚精会神地搞四个现代化建设。搞四个现代化建设这个总任务，我们是定下来了，决不允许再分散精力。"②邓小平关于"小康之家"这一中国式现代化的设想在党的十二大报告中被正式确认并被具体化："从一九八一年到本世纪末的二十年，我国经济建设总的奋斗目标是，在不断提高经济效益的前提下，力争使全国工农业的年总产值翻两番，即由一九八〇年的七千一百亿元增加到二〇〇〇年的二万八千亿元左右。实现了这个目标，我国国民收入总额和主要工农业产品的产量将居于世界前列，整个国民经济的现代化过程将取得重大进展，城乡人民的收入将成倍增长，人民的物质文化生活可以达到小康水平。"③随着改革开放的深入发展，邓小平开始从更长远的视角考量中国社会经济发展的战略目标和实现步骤。1984年，邓小平在一次谈话中指出："我们确定了一个政治目标：发展经济，到本世纪末翻两番，国民生产总值按人口平均达到八百美元，人民生活达到小康水平。……在这个基础上，再发展三十年到五十年，力争接近世界发达国家的水平。"他进一步分析指出："对内经济搞活，对外经济开放，这不是短期的政策，是个长期的政策，最少五十年到七十年不会变。为什么呢？因为我们第一步是实现翻两番，需要二十年，还有第二步，需要三十年到五十年，恐怕是要五十年，接近发达国家的水平。两步加起来，正好是五十至七十年。"④

1987年，邓小平在《社会主义必须摆脱贫穷》一文中再次强调了两步走的战略。1987年，他在会见意大利共产党领导人时又提出了"三步走"战略，即"我国经济发展分三步走，本世纪走两步，达到温饱和小康，下个世纪用三十到五十年时间再走一步，达到中等发达国家水平"。⑤这一设想在党的十三大报告中被正式确定下来：我国经济建设的战略部署大体分三步走。第一步，实现国民生产总值比1980年翻一番，解决人民的温饱问题。这个任务已经基本实现。第二步，到本世纪末，使国民生产总值再增长一倍，人民生活达到小康水平。第三步，到下个世纪中叶，人均国民生产总值达到中等发达国家水平，人民生活比较富裕，

① 邓小平文选（第2卷）[M].北京：人民出版社，1983：240.
② 邓小平文选（第2卷）[M].北京：人民出版社，1983：241.
③ 党的十二大报告，http://cpc.people.com.cn/GB/64162/64168/64565/65448/4526430.html.
④ 邓小平文选（第3卷）[M].北京：人民出版社，1993：79.
⑤ 邓小平文选（第3卷）[M].北京：人民出版社，1993：251.

基本实现现代化。[1]"小康之家"或"小康水平"主要以经济标准（GDP 或人均
GDP）为主，抓住了当时中国经济社会发展的主要矛盾，符合中国经济社会特定
历史发展阶段和发展条件的客观实际，顺利完成了阶段性战略目标，创造了举世
瞩目的"中国奇迹"。但是，"小康水平"这个提法随着中国特色社会主义建设事
业的不断发展日益显现出其时代局限性，其内涵需要随着社会主义现代化事业的
发展而不断丰富和拓展。

（三）"总体小康"的实现到"全面建设小康社会"

进入 21 世纪以后，我国已经如期走完"三步走"战略的前两步，实现了总体
小康。正如党的十六大报告指出的那样："经过全党和全国各族人民的共同努力，
我们胜利实现了现代化建设'三步走'战略的第一步、第二步目标，人民生活总
体上达到小康水平。……现在达到的小康还是低水平的、不全面的、发展很不平
衡的小康，人民日益增长的物质文化需要同落后的社会生产之间的矛盾仍然是我
国社会的主要矛盾。"[2]在此基础上开启了实施第三步战略的大幕，步入全面建设小
康社会的新阶段。党的十六大继承了党的十五大提出的"两个一百年"奋斗目标，
更加明确了"全面建设小康社会"的具体内涵——经济更加发展、民主更加健全、
科技更加进步、文化更加繁荣、社会更加和谐、人民生活更加殷实，把"小康社
会"的内涵从以经济指标为主拓展到经济、政治、文化、社会、生态等各个层面，
社会主义现代化建设的目标被概括为"富强、民主、文明"。

党的十六届四中全会进一步把构建社会主义和谐社会摆在重要位置，并明确
了构建社会主义和谐社会的主要内容，使社会主义物质文明、政治文明、精神文
明与和谐社会建设全面发展。2005 年 2 月，胡锦涛同志《在省部级主要领导干部
提高构建社会主义和谐社会能力专题研讨班上的讲话》指出："随着我国经济社会
的不断发展，中国特色社会主义事业的总体布局，更加明确地由社会主义经济建
设、政治建设、文化建设的三位一体发展为社会主义经济建设、政治建设、文化
建设、社会建设四位一体。构建社会主义和谐社会，是我们党从全面建设小康社
会、开创中国特色社会主义事业新局面的全局出发提出的一项重大任务。"[3]"四位
一体"的思想在党的十七大报告中得到正式确立和系统的论述，报告指出："我们
必须适应国内外形势的新变化，顺应各族人民过上更好生活的新期待，把握经济
社会发展趋势和规律，坚持中国特色社会主义经济建设、政治建设、文化建设、
社会建设的基本目标和基本政策构成的基本纲领，在十六大确立的全面建设小康

---

[1] 党的十三大报告［EB/OL］. http://cpc.people.com.cn/GB/64162/64168/64566/65447/4526368.html.
[2] 中共中央文献研究室编. 十六大以来重要文献选编（上）［EB/OL］. https://ebook.dswxyjy.org.cn/detail/
125.
[3] 胡锦涛文选（第 2 卷）［M］.北京：人民出版社，2016：274.

社会目标的基础上对我国发展提出新的更高要求。"①又赋予了社会主义现代化建设目标新的内涵——富强、民主、文明、和谐。

（四）第一个百年奋斗目标进入决胜阶段——"全面建成小康社会"

"两个一百年"奋斗目标是党的十五大报告提出的，这是"两个一百年"奋斗目标第一次出现在党的最高纲领性文件中，是对现代化建设"三步走"战略的第三步战略在时间轴上的具体规定。展望21世纪，我们的目标是，第一个十年实现国民生产总值比2000年翻一番，使人民的小康生活更加宽裕，形成比较完善的社会主义市场经济体制；再经过十年的努力，到建党一百年时，使国民经济更加发展，各项制度更加完善；到世纪中叶建国一百年时，基本实现现代化，建成富强民主文明的社会主义国家。②当时的提法是"小康生活更加宽裕"，而"全面建成小康社会"作为第一个百年奋斗目标正式出现在党的最高纲领性文件中则是党的十七大报告——我们已经朝着党的十六大确立的全面建设小康社会的目标迈出了坚实的步伐，今后要继续努力奋斗，确保到2020年实现全面建成小康社会的目标。③党的十七大的一个重大贡献就是将生态文明建设纳入全面建设小康社会的内容，2012年进一步提出要"把生态文明建设纳入中国特色社会主义事业总体布局"，这一重要思想在党的十八大报告中得到确认。"全面建成小康社会"这个提法虽然在党的十七大报告中已经出现，不过在实践上更加注重建设，党的十八大将"全面建成小康社会"作为大会的主题，彰显了中国共产党以人民为中心的初心、决心和胆魄。党的十九大更是坚定地提出"决胜全面建成小康社会"，"为中国人民谋幸福，为中华民族谋复兴"的战略部署。要"使全面建成小康社会得到人民认可，经得起历史检验"。经过几代中国共产党人的努力探索和发展，中国社会主义现代化的内涵由最初的"四个现代化"发展为更全面、更丰富的"富强、民主、文明、和谐、美丽"，实现全面建成小康社会战略目标更加具体——"紧扣我国社会主要矛盾变化，统筹推进经济建设、政治建设、文化建设、社会建设、生态文明建设，坚定实施科教兴国战略、人才强国战略、创新驱动发展战略、乡村振兴战略、区域协调发展战略、可持续发展战略、军民融合发展战略，突出抓重点、补短板、强弱项，特别是要坚决打好防范化解重大风险、精准脱贫、污染防治的攻坚战。"④实现社会主义现代化的战略安排从过去的"三步走"战略发展为新的"两步走"战略——在全面建成小康社会的基础上，到2035年基本实现社会主义现代化，到2050年，把我国建成富强民主文明和谐美丽的社会主义现代化强国。

①③ 胡锦涛文选（第2卷）[M].北京：人民出版社，2016：627.
② 中共中央文献研究室编.十五大以来重要文献选编 [EB/OL].https://ebook.otswxyjy.org.cn/oletail/121.
④ 习近平.决胜全面建成小康社会 夺取新时代中国特色社会主义伟大胜利——在中国共产党第十九次全国代表大会上的报告[M].北京：人民出版社，2017：27-28.

二、全面建成小康社会的伟大实践蕴含的价值准则

任何发展战略都是在一定的价值准则下形成的，也必将在价值准则下不断丰富和发展。全面建成小康社会是中国社会主义现代化战略的重要组成部分，既是第一个百年奋斗目标的决胜战略或冲刺战略，又是第二个百年奋斗目标的奠基战略，是一个承上启下的战略。虽然"全面建成小康社会"在党的十七大首次出现在党的纲领性文件中，党的十八大得以正式确立，但是审视"全面建成小康社会"所蕴含的价值准则却不能将其放在党的十八大以后短时段的历史背景中去考察，而应该将其置于中国共产党自诞生之日起、长时段的历史大背景中去考察。综观一百年来中国共产党团结带领各族人民实现国家的统一和富强、民族的尊严和独立、社会的繁荣和稳定、人民的幸福和富裕，实现中华民族伟大复兴中国梦的辉煌历程，始终把以人民为中心、科学发展、共同富裕、人与自然和谐共生、独立自主和自力更生等作为制定不同发展阶段发展战略的价值准则。

（一）人民主体性

人民主体性是马克思主义唯物史观的根本立场，即历史活动的主体和创造者是人民。人民是历史唯物主义的一个重要范畴，其内涵虽具有历史动态性，但其核心要义基本上是稳定的，即一定历史发展阶段推动社会历史进步的绝大多数成员，其主体和稳定部分是广大劳动人民。中国共产党始终把"为中国人民谋幸福，为中华民族谋复兴"作为自己的初心和历史使命。一百年来，无论是在社会主义革命时期还是在社会主义建设时期，党的历代领导人始终坚守人民主体性这一唯物史观的根本立场，并在不同历史发展阶段和历史条件下赋予了"人民主体性"以崭新的内涵。毛泽东是马克思主义唯物史观伟大的创造性发展者和伟大的实践者，他关于"人民主体性"的思想集中体现在"人民，只有人民，才是创造世界历史的动力"[1] 这一科学论断中，不变的价值追求就是"全心全意为人民服务"，所以中国共产党带领中国各族人民反抗帝国主义侵略、争取国家独立和统一的战争称为人民战争，他亲自缔造的军队称为人民军队，我们的国家叫中华人民共和国，中华人民共和国的一切权利属于人民，我们的政府叫人民政府，国家的最高权力机构是全国人民代表大会，讨论国家大政方针的地方叫人民大会堂，维护公共安全的部队叫人民警察，法院叫人民法院，医院叫人民医院……"社会主义经济是为人民服务的经济"[2] 等，社会经济政治生活的方方面面都深深地打上了人民的印迹，依靠人民，人民利益高于一切，这在中国历史上乃至在世界历史上都是绝无

---

[1] 毛泽东选集（第3卷）[M].北京：人民出版社，1991：1031.
[2] 毛泽东年谱（1949—1976）（第四卷）[M].北京：中央文献出版社，2012：323.

仅有的。正因为人民主体性得到最彻底、最充分的实践，中国社会主义革命和社会主义建设才取得了一个又一个辉煌的胜利。

邓小平说自己是"中国人民的儿子"，他的"人民主体性"思想集中体现在"社会主义的目的就是要全国人民共同富裕，不是两极分化"①这个重要命题上。邓小平关于改革开放的伟大实践和"三步走"发展战略把实现第一个百年奋斗目标推向了一个崭新阶段。在改革开放的伟大实践中、在推进社会主义现代化建设的伟大实践中，将"是否有利于发展社会主义社会的生产力，是否有利于增强社会主义国家的综合国力，是否有利于提高人民的生活水平"②作为判定党的路线、方针、政策的标准，本质上是"人民主体性"的具体体现。

江泽民同志创立的"三个代表"重要思想指出，"我们党之所以赢得人民的拥护，是因为我们党在革命、建设、改革的各个历史时期，总是代表着中国先进生产力的发展要求，代表着中国先进文化的前进方向，代表着中国最广大人民的根本利益，并通过制定正确的路线方针政策，为实现国家和人民的根本利益而不懈奋斗"。③他在不同场合反复强调，"党进行的一切奋斗，归根到底都是为了最广大人民的利益"④，"我们党始终坚持人民的利益高于一切"⑤，"党的一切工作，必须以最广大人民的根本利益为最高标准"⑥。从党的十三届四中全会到党的十六大，由于党和国家的各项工作始终坚持以"三个代表"重要思想为指导，顺利实现了"三步走发展战略"前两步的预期目标，为第三步战略奠定了坚实的政治、经济、文化基础。

党的十六大以后，我国进入全面建设小康社会的新时期，也是第一个百年奋斗目标的攻坚阶段。以胡锦涛同志为总书记的党中央深刻总结进入 21 世纪以后我国经济社会发展面临的挑战，创立了以"全面、协调、可持续"为核心内涵的科学发展观，进一步丰富和发展了"人民主体性"思想。他指出："全心全意为人民服务是党的根本宗旨，党的一切奋斗和工作都是为了造福人民。要始终把实现好、维护好、发展好最广大人民的根本利益作为党和国家一切工作的出发点和落脚点，尊重人民主体地位，发挥人民首创精神，保障人民各项权益，走共同富裕道路，促进人的全面发展，做到发展为了人民、发展依靠人民、发展成果由人民共享。"⑦人民的利益也由当代人延伸到未来世代人，从经济、政治、社会、文化延展到生态，走生产发展、生活富裕、生态良好的文明发展道路，使人民在良好的生态环境中生产生活，实现我国经济社会的可持续发展。

---

① 邓小平文选（第3卷）[M].北京：人民出版社，1993：110-111.
② 邓小平文选（第3卷）[M].北京：人民出版社，1993：372.
③ 江泽民文选（第3卷）[M].北京：人民出版社，2006：2.
④ 江泽民文选（第3卷）[M].北京：人民出版社，2006：279.
⑤⑥ 江泽民文选（第3卷）[M].北京：人民出版社，2006：280.
⑦ 胡锦涛文选（第2卷）[M].北京：人民出版社，2016：624.

党的十八大以来，以习近平同志为核心的党中央始终坚持问题导向、底线思维，从历史和现实相贯通、国际和国内相关联、理论和实际相结合的广阔视野，深刻把握国内外大势，旗帜鲜明地提出了"以人民为中心的发展思想"，体现了马克思主义的唯物史观、体现了对建设和发展中国特色社会主义规律的科学把握、体现了对人民主体性的深刻认识、体现了决胜全面建成小康社会的宏伟气魄、体现了实现中华民族伟大复兴中国梦的坚定信心和始终不渝的价值追求。习近平指出："人民是历史的创造者，是决定党和国家前途命运的根本力量。必须坚持人民主体地位，坚持立党为公、执政为民，践行全心全意为人民服务的根本宗旨，把党的群众路线贯彻到治国理政全部活动之中，把人民对美好生活的向往作为奋斗目标，依靠人民创造历史伟业。"① 共享发展——全民共享、全面共享、共建共享、渐进共享是习近平关于"人民主体性"思想的集中体现，"时代是出卷人，我们是答卷人，人民是阅卷人"是习近平关于"人民主体性"判定标准的生动表达。

（二）发展是解决一切问题的基础

中国自近现代以来，国家因积贫积弱，不发达、发展水平低、发展质量不高而饱受外敌的欺辱和掠夺。落后就要挨打，这是一百多年来留给每个中华儿女的最惨痛的教训。自中华人民共和国成立以来，中国因为不断发展而屹立于世界民族之林，用不到一百年的时间走完了发达国家几百年才走完的历程；中国也必将因更高水平、更高质量、更可持续的发展而走向未来。1940年，毛泽东在《新民主主义论》一文中指出："一切这些的目的，在于建设一个中华民族的新社会和新国家。在这个新社会和新国家中，不但有新政治、新经济，而且有新文化。这就是说，我们不但要把一个政治上受压迫、经济上受剥削的中国，变为一个政治上自由和经济上繁荣的中国，而且要把一个被旧文化统治因而愚昧落后的中国，变为一个被新文化统治因而文明先进的中国。"② 根据这个论断，进一步提出中国革命的历史进程分两步走的设想——民主主义的革命和社会主义的革命。1945年，在《论联合政府》一文中指出，要"领导解放后的全国人民，将中国建设成为一个独立、自由、民主、统一和富强的新国家"。③ 中华人民共和国成立后，这一宏伟目标被具体化为"四个现代化"战略，中国社会经济发生了深刻而广泛的变革，建立完整的工业体系和国民经济体系，彻底扭转了近代以来中华民族积贫积弱的命运，为中国的进一步发展奠定了强大的物质技术基础。党的十一届三中全会以后，邓小平提出"要迅速地坚决地把工作重点转移到经济建设上来"④，"要一心一意搞

---

① 习近平.决胜全面建成小康社会　夺取新时代中国特色社会主义伟大胜利——在中国共产党第十九次全国代表大会上的报告［M］.北京：人民出版社，2017：21.
② 毛泽东选集（第2卷）［M］.北京：人民出版社，1991：663.
③ 毛泽东选集（第3卷）［M］.北京：人民出版社，1991：1029-1030.
④ 邓小平文选（第3卷）［M］.北京：人民出版社，1993：11.

建设"①。因为只有一心一意搞建设、一心一意谋发展，才能大力发展社会主义的生产力，才能逐步消灭贫穷，才能满足人民不断增长的物质和文化生活需要，才能发展社会主义并在比较中彰显社会主义制度的优越性。为此，邓小平提出了通过"改革开放"和"建立和完善社会主义市场经济体制"发展社会主义生产力的基本战略，这两大战略经过党的十一届三中全会以后四十多年的实践，不断探索、丰富和发展，使中华民族完成了从站起来向富起来的历史性飞跃。党的十八大指出：解放和发展生产力是中国特色社会主义的根本任务。要坚持以经济建设为中心，以科学发展为主题，全面推进经济建设、政治建设、文化建设、社会建设、生态文明建设，实现以人为本、全面协调可持续的科学发展。②中国是一个发展中大国，但还不是一个强国。要建设一个富强民主文明和谐美丽的现代化强国，最终依靠的是发展。发展不仅仅是经济发展，政治、文化、社会以及生态文明也要同步发展。经济发展是基础，政治发展是保障，文化、社会和生态文明发展是目的。科学发展是中国共产党领导中国各族人民建设社会主义的思想结晶，是对人类发展观的重大贡献，也是实现中华民族伟大复兴的行动指南。党的十八大以后，习近平在不同场合反复强调"以经济建设为中心是兴国之要，发展是党执政兴国的第一要务，是解决中国一切问题的基础和关键"。③以习近平同志为核心的党中央领导集体深刻审视国际国内发展大势，科学把握中国特色社会主义发展和建设规律，着力践行以人民为中心的发展思想，创造性地提出了"创新、协调、绿色、开放、共享"的新发展理念，扎实推进科教兴国、创新驱动发展、区域协调发展、"四化同步"发展、乡村振兴、实体经济和虚拟经济协调发展、可持续发展、京津冀协同发展、长江经济带发展、更大范围更宽领域更高层次的开放发展等，加强布局打赢三大攻坚战（防范化解重大风险、精准脱贫、污染防治），确保第一个百年奋斗目标圆满收官，兑现党对人民的庄严承诺，为实现第二个百年奋斗目标——把我国建设成为富强民主文明和谐美丽的社会主义现代化强国，全体人民共同富裕基本实现——奠定经得起历史检验的雄厚基础。

（三）独立自主，自力更生

回首新中国成立 70 余年的风雨历程，有许多令全体中国人民刻骨铭心的重要历史阶段、重大事件和重大成就，这些重大事件和重大成就无一不在反复证明"独立自主，自力更生"不仅仅是中国特色社会主义发展和建设的宝贵经验，更是中国人民实现民族复兴的一条颠扑不破的真理，也是中国人民建设社会主义现代化强国始终不能丢弃的宝贵精神。1958 年，毛泽东在关于第二个五年计划要点报

---

①　邓小平文选（第 3 卷）［M］.北京：人民出版社，1993：10.
②　胡锦涛文选（第 3 卷）［M］.北京：人民出版社，2016：623.
③　中共中央文献研究室.习近平关于社会主义经济建设论述摘编［M］.北京：中央文献出版社，2017：8.

告上批示："自力更生为主，争取外援为辅，破除迷信，独立自主地干工业、干农业、干技术革命和文化革命，打倒奴隶思想，埋葬教条主义，认真学习外国的好经验，也一定研究外国的坏经验——引以为戒，这就是我们的路线。"① 毛泽东写这段话的时候正值中国在苏联的援助下大规模推进工业化进程，一切都似乎顺风顺水，但毛泽东还是基于新民主主义革命成功的经验——把马克思主义的基本原理与中国的具体实践相结合，实事求是，一切从实际出发，独立自主，创造性地解决中国的一切问题——告诫全党和全国人民，这条经验在社会主义建设时期同样适用，"革命和建设都要靠自己"。1960年，苏联撤走了全部援华专家，带走了全部图纸、计划和资料，并停止供应我国建设急需的重要设备和关键零部件，直接导致250多个企业和事业单位处于停顿和半停顿状态，给我国的经济建设和工业化进程造成了重大损失。1963年，毛泽东在会见印度尼西亚共产党代表团谈起苏联撤走专家、撕毁合同时说了一段生动而深刻的话：离开了先生，学生就自己学。有先生有好处，也有坏处。不要先生，自己读书，自己写字，自己想问题。这是一条真理。过去我们就是由先生把着手学写字，从1921年党成立到1934年，我们就吃了先生的亏，纲领由先生起草，中央全会的决议也由先生起草，特别是1934年，使我们遭到了很大的损失。从那之后，我们就懂得要自己想问题。② 中国是一个大国，历史上曾经领先西方世界上千年。近现代以来，中国逐渐沦为半殖民地半封建社会，饱受帝国主义的掠夺。中国共产党领导中国人民推翻了帝国主义、封建主义和官僚资本主义三座大山，实现了民族独立。通过建立社会主义基本制度，再一次使中国人民重新屹立于世界民族之林。因此，社会主义与帝国主义之间不可调和的矛盾始终存在，只不过有时候尖锐，有时候缓和，在不同的历史条件下有不同的表现形式罢了。无数历史事实反复证明：只有坚持独立自主、自力更生的发展方针，中华民族伟大复兴的中国梦才能行稳致远。当今世界正经历百年未有之大变局，层出不穷的各种不确定性导致我们必然面对高风险的发展环境。我们不应排斥利用外援实现高质量发展的机会，但是我们也绝不能把实现高质量发展、跨越历史关口的希望押注在外援上。中国的历史发展经验表明，"独立自主，自力更生"发展方针贯彻得越彻底，中国的发展就越有底气；反之，则要看别人的脸色，被别人"卡脖子"。2018年5月，习近平在两院院士大会、中国科协第十次全国代表大会上指出：关键核心技术受制于人的局面没有得到根本性改变。实践反复告诉我们，关键核心技术是要不来、买不来、讨不来的。只有把关键核心技术掌握在自己手中，才能从根本上保障国家经济安全、国防安全和其他安全。要增强"四个自信"，以关键共性技术、前沿引领技术、现代工程技术、颠覆性技术创新为突破口，敢于走前人没走过的路，努力实现关键核心技术自主可控，把

---

① 毛泽东文集（第7卷）[M].北京：人民出版社，1999：380.
② 毛泽东文集（第8卷）[M].北京：人民出版社，1999：338.

创新主动权、发展主动权牢牢掌握在自己手中。党的十九届四中全会审议通过的
《中共中央关于坚持和完善中国特色社会主义制度、推进国家治理体系和治理能力
现代化若干重大问题的决定》提出，要"构建社会主义市场经济条件下关键核心
技术攻关新型举国体制"。2018年9月25日，习近平在黑龙江七星农场考察时强
调：中国人的饭碗任何时候都要牢牢端在自己的手上。这些重要论断都是在新的
历史条件下对"独立自主，自力更生"思想的新发展。中国因坚持"独立自主，
自力更生"实现了第一个百年奋斗目标——全面建成小康社会，也必将因继续坚
持"独立自主，自力更生"而顺利实现第二个百年奋斗目标——建成富强民主文
明和谐美丽的社会主义现代化强国。

（四）人与自然和谐共生

马克思主义辩证法告诉我们，经济发展与生态环境之间是对立统一的，经济
发展必须尊重并遵循自然生态规律，才能获得永续发展的自然物质基础和不竭的
源泉。在这方面，中华优秀传统文化宝库中不乏璀璨的思想明珠。孔子说："子钓
而不纲，弋不射宿。"荀子说："草木荣华滋硕之时则斧斤不入山林，不夭其生，
不绝其长也；鼋鼍、鱼鳖、鳅鳝孕别之时，罔罟、毒药不入泽，不夭其生，不绝
其长也。"《吕氏春秋》中说："竭泽而渔，岂不获得？而明年无鱼；焚薮而田，岂
不获得？而明年无兽。"马克思指出："历史本身是自然史的即自然界成为人这一
过程的一个现实部分。"[1]"无论是在人那里还是在动物那里，类生活从肉体方面来
说就在于人（和动物一样）靠无机界生活，而人和动物相比越有普遍性，人赖以
生活的无机界的范围就越广阔。"[2]马克思的这一论断深刻揭示了人类的经济活动
与自然生态系统的相互关系。从恩格斯在《自然辩证法》中提到的美索不达米亚、
希腊、小亚细亚以及其他各地的居民以及阿尔卑斯山的意大利人的例子，到中国
古代典籍记载的黄土高原、渭河流域、太行山脉、科尔沁、毛乌素沙地、楼兰古
城的消失，再到现代西方世界著名的"八大环境公害"等，无一不是人类过度利
用自然生态环境的恶果，所以恩格斯深刻指出："我们不要过分陶醉于我们人类对
自然界的胜利。对于每一次这样的胜利，自然界都对我们进行报复。每一次胜利，
起初确实取得了我们预期的结果，但是往后和再往后却发生完全不同的、出乎预
料的影响，常常把最初的结果又消除了。"[3]只有尊重自然规律，才能有效防止在开
发利用自然上走弯路。

我国经济发展取得了历史性成就，这是值得我们自豪和骄傲的，也是令世界
上很多国家羡慕的地方。同时必须看到，我们也积累了大量生态环境问题，成为

① 马克思恩格斯全集（第42卷）[M].北京：人民出版社，1972：128.
② 马克思恩格斯文集（第1卷）[M].北京：人民出版社，2009：161.
③ 马克思恩格斯文集（第9卷）[M].北京：人民出版社，2009：559.

明显的"短板",成为人民群众反映强烈的突出问题。马克思指出:撇开社会生产的不同发展程度不说,劳动生产率是同自然条件相联系的。这些自然条件都可归结为人本身的自然(如人种等)和人的周围的自然。外界自然条件在经济上可以分为两大类:生活资料的自然富源,如土壤的肥力、渔产丰富的水域等;劳动资料的自然富源,如瀑布、河流、森林、金属、煤炭等。在文化初期,第一类自然富源具有决定性的意义;在较高的发展阶段,第二类自然富源具有决定性的意义。① 经过改革开放以来的高速发展,我国进入马克思所说的第二类自然富源具有决定性意义的发展阶段,资源约束趋紧、环境污染严重、生态退化问题严峻,人民群众对清新空气、干净饮水、安全食品、优美环境的要求越来越强烈。为此,我们必须坚持节约资源和保护环境的基本国策,坚定走生产发展、生活富裕、生态良好的文明发展道路,加快建设资源节约型、环境友好型社会,推进美丽中国建设,为全球生态安全做出新贡献。

根据马克思关于自然力与生产力之间关系的理论,习近平同志创造性地提出了"保护环境就是保护生产力,改善环境就是发展生产力"的科学命题,指出生态环境没有替代品,用之不觉,失之难存。环境就是民生,青山就是美丽,蓝天也是幸福,绿水青山就是金山银山;保护环境就是保护生产力,改善环境就是发展生产力。我们要坚持节约资源和保护环境的基本国策,像保护眼睛一样保护生态环境,像对待生命一样对待生态环境,推动形成绿色发展方式和生活方式,协同推进人民富裕、国家强盛、中国美丽。

推进经济发展与生态环境协调发展,要更加注重促进形成绿色生产方式和消费方式,形成内生动力机制;要坚定不移走绿色低碳循环发展之路,构建绿色产业体系和空间格局,引导形成绿色生产方式和生活方式;坚决摒弃损害甚至破坏生态环境的发展模式和做法,决不能再以牺牲生态环境为代价换取一时一地的经济增长;一切经济活动都要以不破坏生态环境为前提,共抓大保护,不搞大开发,思路要明确,要建立硬约束,生态环境只能优化、不能恶化;要坚定推进绿色发展,推动自然资本大量增殖,让良好生态环境成为人民生活的增长点、成为展现我国良好形象的发力点,让老百姓呼吸上新鲜的空气、喝上干净的水、吃上放心的食物、生活在宜居的环境中,切实感受到经济发展带来的实实在在的环境效益,让中华大地天更蓝、山更绿、水更清、环境更优美,阔步走向生态文明新时代。

三、全面建成小康社会伟大实践蕴含的科学方法论

自中国共产党成立以后,经过28年艰苦卓绝的伟大斗争,实现了民族独立,建立了符合中国实际的先进社会制度——社会主义制度,为进行社会主义现代化

---

① 马克思.资本论(第1卷)[M].北京:人民出版社,2004:586.

建设、为当代中国一切发展进步奠定了根本政治前提和制度基础。伟大的实践一定以科学的方法论为指导，全面建成小康社会的伟大实践和辉煌成就蕴含着科学的方法论。

（一）矛盾分析法

矛盾分析法是辩证唯物主义最基本的方法，毛泽东在《矛盾论》一文中指出：矛盾存在于一切事物的发展过程中，每一事物的发展过程中存在着自始至终的矛盾运动，没有什么事物是不包含矛盾的，没有矛盾就没有世界[①]。毛泽东将辩证法的根本原则——矛盾法则归结为："两种宇宙观；矛盾的普遍性；矛盾的特殊性；主要的矛盾和矛盾的主要方面；矛盾诸方面的同一性和斗争性；对抗在矛盾中的地位。"[②] 基于辩证法的这一根本法则，毛泽东创造性地提出了主要矛盾分析方法，这一方法不仅用于指导中国革命的实践，也始终是指导中国特色社会主义建设的科学方法。中华人民共和国成立以后，我国社会主要矛盾的转换客观地映射了社会主义现代化建设的进程。

新民主主义革命胜利和土地改革完成以后，社会主要矛盾转为"工人阶级和资产阶级之间、社会主义道路和资本主义道路之间的矛盾"。[③] 1956 年，社会主义改造基本完成以后，中国社会发生了广泛而深刻的变革，确立了社会主义制度。党的八大《关于政治报告的决议》指出："我们国内的主要矛盾，已经是人民对于建立先进的工业国的要求同落后的农业国的现实之间的矛盾，已经是人民对于经济文化迅速发展的需要同当前经济文化不能满足人民需要的状况之间的矛盾。"[④]这一科学判断揭示了在新的生产关系确立以后迅速发展生产力以满足人民不断增长的物质文化需要的客观要求，也正是对社会主要矛盾的准确把握，中国在不到三十年的时间内建立了完整的工业体系和国民经济体系，为后来的改革开放奠定了强大的物质技术基础。

党的十一届六中全会在深刻总结过去三十年社会主义建设经验的基础上，对我国社会主要矛盾作了更为规范的表述："我国所要解决的主要矛盾，是人民日益增长的物质文化需要同落后的社会生产之间的矛盾。"[⑤]这一提法被正式写入党的十二大通过的《中国共产党章程》总纲之中。对社会主要矛盾的科学判断决定了党领导经济工作的基本方针，从而实现了把工作重心向以经济建设为中心的根本性转变，实现了从"站起来"向"富起来"的飞跃。

党的十九大提出了"中国特色社会主义进入新时代，我国社会主要矛盾已经

① 毛泽东选集（第 1 卷）[M].北京：人民出版社，1991：305.
② 毛泽东选集（第 1 卷）[M].北京：人民出版社，1991：299.
③ 中共中央文献研究室.三中全会以来重要文献选编（下）[M].北京：中央文献出版社，2011：134.
④ 中共中央文献研究室.建国以来重要文献选编（第 9 卷）[M].北京：中央文献出版社，2011：293.
⑤ 中共中央文献研究室.三中全会以来重要文献选编（下）[M].北京：中央文献出版社，2011：168.

转化为人民日益增长的美好生活需要和不平衡不充分的发展之间的矛盾"的新论断，这一科学论断对未来中国将具有深远的现实意义和历史意义。社会主要矛盾新论断的提出标志着随着第一个百年奋斗目标的实现，我国社会生产力水平显著提高，人民生活显著改善，社会生产与需要总量上的矛盾将不复存在，而结构性矛盾必然凸显。人民的需要层次、质量、内容必然发生根本性变化，人民对美好生活的向往更加迫切和强烈，人民群众期盼有更好的教育、更稳定的工作、更满意的收入、更可靠的社会保障、更高水平的医疗卫生服务、更舒适的居住条件、更优美的环境和更丰富的精神文化生活。中国虽然用几十年的时间走完了发达国家几百年走过的发展历程，虽然我们已经是世界第二大经济体，但是中国的发展质量依然不高、发展效率依然比较低、发展的公平性依然较低、可持续能力依然比较弱，这些就是发展不充分的体现。所以，要一以贯之地贯彻"五大发展理念"，引导中国经济朝着更高质量、更有效率、更加公平、更可持续的方向发展，这是中国迈向第二个百年奋斗目标、实现中华民族伟大复兴之路必然要跨越的历史关口。

（二）没有调查就没有发言权

实事求是，一切从实际出发，把马克思主义的基本原理与中国的具体实践相结合，是中国共产党领导中国人民取得一个又一个胜利、从胜利走向更加伟大的胜利的重要法宝之一。从方法论意义上讲，注重系统的从历史到现状的调查研究是实现把马克思主义基本原理与中国具体实际相结合的纽带和桥梁。如果说把马克思主义基本原理与中国的具体实践相结合是开启中华民族伟大复兴的钥匙，那么调查研究就是马克思主义中国化的方法论。1925 年和 1927 年，毛泽东分别完成了《中国社会各阶级的分析》和《湖南农民运动考察报告》两篇重要文章，直接奠定了"以农村包围城市，最后武装夺取政权"这一中国革命道路的理论基础。1930 年，毛泽东还写过一篇著名的文章——《反对本本主义》，在这篇文章中，对调查研究的重要性有一个非常形象的比喻："调查就像'十月怀胎'，解决问题就像'一朝分娩'。调查就是解决问题。"[①] 在这篇文章中，还提出了马克思主义中国化的早期思想："我们的斗争需要马克思主义。我们欢迎这个理论，丝毫不存什么'先哲'一类的形式的甚至神秘的念头在里面。马克思主义的'本本'是要学习的，但是必须同我国的实际情况相结合。我们需要'本本'，但是一定要纠正脱离实际情况的本本主义。"[②] "没有调查就没有发言权""社会经济调查，是为了得到正确的阶级估量，接着定出正确的斗争策略""中国革命斗争的胜利要靠中国同志了解中国情况"等著名论断都是在这篇文章中提出来的。中华人民共和国成立以后，中国步入独立探索建设社会主义的道路，这是一项前无古人的伟大事业，除

---

①② 毛泽东选集（第 1 卷）[M].北京：人民出版社，1991：110–111.

了经典作家的一些论断外，几乎没有任何可资借鉴的经验。调查研究这种方法始终贯穿着社会主义建设的全过程，毛泽东同志多次在不同场合直接就调查研究作过批示或发表谈话，比如"调查研究要善于抓住主要矛盾""大兴调查研究之风，一切从实际出发""要做系统的由历史到现状的调查研究"。《论十大关系》是毛泽东践行调查研究的杰作，成为指导中国特色社会主义建设的纲领性文献。毛泽东还把做好调查研究上升到认识论和辩证法的高度对党的各级领导干部提出了要求：我们还有一些处在领导岗位上的同志尝试自觉或者不自觉地以唯心主义代替唯物主义，以形而上学代替辩证法，如果这样，他们的调查研究工作就不可能做好，为此各级党委要提倡学习马克思主义的认识论。注重调查研究，在实践中探索真理，寻找解决问题的答案既是中国共产党在长期革命和建设过程中形成的优良传统，也是党制定路线、方针、政策的方法论基础。

大家熟知的"南方谈话"是邓小平同志1992年1月18日至2月21日在武昌、深圳、珠海、上海等地考察时发表的一系列讲话，中国当时处于历史的十字路口的关键时刻，很多决定中国改革开放发展的重要论断都是在这次考察中提出来的，比如"革命是解放生产力，改革也是解放生产力""三个有利于""计划经济不等于社会主义，资本主义也有计划，市场经济不等于资本主义，社会主义也有市场""计划和市场都是经济手段"等，说"南方谈话"挽救了中国的改革开放一点也不为过，这就是调查研究方法的巨大威力。

党的十八大以后，全面建成小康社会进入关键阶段。习近平指出："全面建成小康社会，最艰巨最繁重的任务在农村，特别是在贫困地区。没有农村的小康，特别是没有贫困地区的小康，就没有全面建成小康社会。"[1]改革开放之初，中国有近8亿贫困人口。经过四十多年持续不断、大规模的扶贫减贫事业，到2019年末，全国农村贫困人口为551万人。习近平同志非常重视调查研究，党的十八大以后，习近平多次到贫困地区调研，形成了"精准扶贫，精准脱贫"的政策方略，以六个精准——扶持对象精准、项目安排精准、资金使用精准、措施到户精准、因村派人精准、脱贫成效精准为依托，找准病灶，对症下药，靶向治疗。自党的十八大以来，全国农村贫困人口累计减少超过9000万人，贫困发生率从2012年的10.2%下降至0.6%。[2]巨大的成就以科学决策为基础，科学的决策以准确系统全面的信息为支撑。正如习近平指出的那样："不了解农村，不了解贫困地区，不了解农民尤其是贫困农民，就不会真正了解中国，就不能真正懂得中国，更不可能治理好中国。各级领导干部一定要多到农村去，多到贫困地区去，了解真实情况。"[3]

① 中共中央文献研究室.习近平关于社会主义经济建设论述摘编［M］.北京：中央文献出版社，2017：209.
② 方晓丹.2019年全国农村贫困人口减少1109万人［EB/OL］.www.stats.gov.cn/tjsj/sjjd/202001/t20200123_1724700.html.
③ 中共中央文献研究室.习近平关于社会主义经济建设论述摘编［M］.北京：中央文献出版社，2017：210–211.

注重调查研究是中国共产党在长期的革命和建设实践中形成的优良传统和工作方法，是保证党的方针政策科学性的基础，也是全面建成小康社会的方法论基础。

（三）系统观和整体观

系统观和整体观是马克思主义辩证唯物主义的基本精神，这一科学的方法论始终贯穿着实现第一个百年奋斗目标的全过程。毛泽东根据当时中国所处的历史发展阶段和条件、面对的国内国际环境将"建设一个强大的社会主义国家"的发展战略概括为"四个现代化"，在方法论层面上则把实现现代化归结为要处理好十大关系。毫无疑问，著名的《论十大关系》是中国开始独立探索建设中国特色社会主义的原创性理论文献，这篇文章不仅是调查研究方法的典范之作，而且蕴含着丰富的系统思想。如果把中国的社会主义事业视为一个复杂系统，这个复杂系统是由若干子系统构成的，如国民经济子系统（重工业、轻工业、农业、沿海工业、内地工业）、国防子系统、人口（汉族和少数民族）、政治子系统（党与非党、中央与地方、革命与反革命）、国际关系子系统（中国和外国）等，体现了系统元素思想。十大关系映射了系统结构思想，比如：重工业、轻工业和农业的关系反映生产资料生产与消费资料生产的结构关系；沿海工业和内地工业的关系反映生产力空间结构关系；经济建设和国防建设的关系反映经济建设与保障经济安全能力的结构；国家、生产单位和生产者个人的关系反映一定生产力条件下整体利益、集体利益和个人利益的结构；中央和地方的关系反映了整体与部分、全局与局部的关系等。十大关系都是围绕一个基本方针，就是要把国内外一切积极因素调动起来，为社会主义事业服务[1]，体现了系统目标或系统功能的思想。十大关系就是十大矛盾，矛盾是运动的，是可以转化的。正如毛泽东指出的："在国内，工人和农民是基本力量。中间势力是可以争取的力量。反动势力虽是一种消极因素，但是我们仍然要做好工作，尽量争取化消极因素为积极因素。在国际上，一切可以团结的力量都要团结，不中立的可以争取为中立，反动的也可以分化和利用。"[2]这体现了系统演化的思想。《论十大关系》从系统观、整体观对中国特色社会主义建设谋篇布局，具有重要的理论意义和实践意义。

自改革开放以后，邓小平把"四个现代化"具体化为"小康之家"，在方法论意义上强调"两手都要抓，两手都要硬"，其指出在社会主义国家，一个真正的马克思主义政党在执政以后，一定要致力于发展生产力，并在这个基础上逐步提高人民的生活水平。这就是建设物质文明。与此同时，还要建设社会主义精神文明，最根本的是要使广大人民有共产主义理想、有道德、有文化、守纪律。国际主义和爱国主义都属于精神文明的范畴。[3]这一思想体现了邓小平对建设中国式现代化

---

①② 毛泽东文集（第7卷）［M］.北京：人民出版社，1999：23-24.
③ 邓小平文选（第3卷）［M］.北京：人民出版社，1993：26.

国家的整体性、战略性谋划。

党的十五大报告正式提出了"两个一百年"奋斗目标的战略构想，并在党的十六大报告中将第一个百年奋斗目标明确为"全面建成小康社会"，其内涵是经济更加发展、民主更加健全、科技更加进步、文化更加繁荣、社会更加和谐、人民生活更加殷实，把"小康社会"的内涵从以经济指标为主拓展到经济、政治、文化、社会等各个层面，系统性、整体性方法在擘画社会主义现代化强国蓝图上体现得更加充分和彻底。

科学发展观是对党的三代领导集体关于发展思想的继承和发展，是以发展中国特色社会主义为根本宗旨的发展观。科学发展观的基本要求是全面协调可持续：全面——体现"五位一体"的中国特色社会主义事业总体布局；协调——体现社会主义现代化建设的系统结构和系统关系；可持续——反映在时间尺度上当代人之间、当代人与未来世代人之间的发展机会和发展权利都要得到充分的尊重和保护，因而使科学发展观不仅具有静态意义上的系统观，而且具有动态意义上的系统观。科学发展观的根本方法是统筹兼顾，既体现了系统思维的整体性、协调性，又体现了系统的结构关系，例如城乡之间、区域之间、经济与社会之间、人与自然之间、国内发展与对外开放之间、中央与地方之间、个人利益与集体利益之间、局部利益与整体利益之间、当前利益与长远利益之间、国内与国际两个大局之间等。

党的十八大以后，中国进入决胜全面建成小康社会的最后冲刺和攻坚阶段。以习近平同志为核心的党中央深刻洞察国内外时代发展大势，坚持以人民为中心的发展思想，用新发展理念统领发展全局，既立足第一个百年奋斗目标如期实现，又为第二个百年奋斗目标擘画了清晰的路线图。以"两个一百年"奋斗目标为主轴，提出了一系列重大的战略和政策。"四个全面"——全面建成小康社会、全面深化改革、全面依法治国、全面从严治党集中体现了以习近平同志为核心的党中央治国理政的战略布局，是科学社会主义基本原理与当代中国的具体实际和时代特征相结合的产物。"四个全面"是一个具有内在逻辑关系的有机整体，全面建成小康社会是目标，全面深化改革是动力，全面依法治国为统筹推进伟大斗争、伟大工程、伟大事业、伟大梦想、全面建设社会主义现代化国家提供了基础性、保障性作用，全面从严治党则是始终保持党的先进性和党对中国特色社会主义事业的领导作用。"四个全面"体现了目标与动力、实现目标的战略举措、实现目标的战略保障以及党的领导之间的辩证统一。

四、结论

实现第一个百年奋斗目标——全面建成小康社会是实现中华民族伟大复兴中国梦的第一步，也是最关键的一步，更是实现第二个百年奋斗目标——建设富强民主文明和谐美丽的现代化强国的重要阶梯。

中国共产党带领中国人民经过 28 年艰苦卓绝的斗争，实现了民族独立，建立了社会主义制度，为实现第一个百年奋斗目标奠定了坚实的政治基础和并提供了制度保障。

"四个现代化"成为我国发展社会主义建设事业的战略目标和激发全国人民建设社会主义的重要精神力量，"四个现代化"战略的扎实推进建立了完整的工业体系和国民经济体系，为后来的改革开放奠定了强大的物质技术基础；"小康之家"赋予了"四个现代化"思想更丰富的中国意蕴，更加强调中国式现代化，是对"四个现代化"思想的继承和发展；"总体小康"的实现开启了第一个百年奋斗目标的新阶段——全面建设小康社会，中国特色社会主义现代化强国的全息图形成"五位一体"总布局；全面建成小康社会吹响了实现第一个百年奋斗目标的冲锋号，紧扣我国社会主要矛盾变化，统筹推进"五位一体"总体布局和协调推进"四个全面"战略布局，通过实施一系列战略和政策体系、实施"三大攻坚战"，保证了第一个百年奋斗目标的如期实现，如期兑现党对人民的庄严承诺。

任何发展战略都是在一定的价值准则规定下形成的，也必将在价值准则规定下得到不断丰富和发展。全面建成小康社会的整个历史进程和不同历史阶段始终贯穿着"为中国人民谋幸福，为中华民族谋复兴"的初心和根本宗旨，始终体现了"人民主体性""发展是解决一切问题的基础""独立自主，自力更生""人与自然和谐共生"的价值准则，从而使中国的现代化思想更加丰富、全面和完善，使其既具有西方现代化的先进元素，又更加体现中国实际和先进传统文化的底蕴，从而使中国的现代化之路行稳致远。

伟大的实践一定以科学的方法论为指导，全面建成小康社会的伟大实践和取得的辉煌成就是马克思主义辩证唯物主义和历史唯物主义中国化的结果。矛盾分析方法、调查研究的方法、系统观和整体观的方法在中国特色社会主义革命和建设的各个历史时期都是党制定方针、路线、战略、政策等始终坚持的科学方法，这些方法不仅保证了政策和决策的科学性、正确性，也是在百年奋斗目标探索的伟大实践中不断丰富、发展了科学的方法论。

小康社会和新时代第四次工业革命

——基于马克思主义工业革命理论视角

颜鹏飞 丁 霞

摘要：世界经济在世纪之交进入第四次工业革命时期，世界各国纷纷卷入第三次与第四次工业革命的叠加阶段。我国经济也正处于由高速增长阶段向高质量发展阶段转型、制造业大国向制造业强国转变的关键时期，应该科学运用马克思关于生产力和工业革命学说，以习近平新时代产业革命理论为指导思想，使之与新时代具体实际相结合，着力解决新时代中国制造业、实体经济和现代化经济体系存在的问题。并且着重从七大维度正确处理第四次工业革命与小康社会建设的关系。

关键词：第四次工业革命；马克思生产力和工业革命学说；习近平新时代产业革命理论

一、世界经济进入第四次工业革命时期

人类历史上先后经历了第一次工业革命所开创的"蒸汽时代"（18 世纪 60 年代至 19 世纪中后期）、第二次工业革命造就的"电气时代"（19 世纪 70 年代至 20 世纪初）、第三次工业革命成就的方兴未艾的"信息时代"（20 世纪四五十年代至今）。世纪之交，世界经济进入第四次工业革命时期。

第四次工业革命应该是建立在以数字革命为标志的科技革命基础之上的。物质、能量和信息三大基本要素所产生的矛盾或瓶颈是历次科技革命的突破口，主导技术群在结构上越来越复杂，并且由解放体力朝着解放智力的方向发展，第四次工业革命呈现出指数级而非线性的发展速度，体现了经济发展的数字化、网络化、智能化、平台化、模块化的新特征。

基金项目：教育部哲学社会科学基金重大攻关项目《〈资本论〉及其手稿再研究》，项目编号11JZD004；习近平新时代中国特色社会主义思想与中国特色政治经济学的关系研究，18JF225。
作者简介：颜鹏飞，武汉大学二级教授，马克思主义理论与中国实践协同创新中心研究员，马克思主义理论研究和建设工程首席专家、国务院政府特殊津贴专家。丁霞，广东财经大学经济学院副教授、硕士研究生导师。

20 世纪 80 年代初，阿尔文·托夫勒（Alvin Toffle）出版的《第三次浪潮》一书比较早地接触到了这个主题。他预见性地描述了农业革命、工业革命和即将到来的信息革命。克劳斯·施瓦布（Klaus Schwab）的《第四次工业革命》（2016 年德文版）认为，第四次工业革命是由人工智能、生命科学、物联网、机器人、新能源、智能制造等一系列创新所带来的物理空间、网络空间和生物空间三者的融合，其将有效改变我们生活、工作和社交的方式，甚至改变人类自身。布赖恩·阿瑟（Brian Arthur）则用"自主经济"（the Autonomy Economy）来描述这种现象。许多西方学者认为技术是一种自变量，通过军事或经济影响，塑造着世界政治的轮廓。然而，国际体系的变化也可能对科技发展产生影响。丹尼尔·德埃尼尔（Daniel W. Drezner）区分了通用技术（互联网）和威望技术（核武器）及其创新，在他看来，通用技术扩散最快，而威望技术的扩散应该最为有限；该分类有助于研究某些技术从发明向标准化扩散的速度，以及大国对可能影响世界政治的技术创新做出的反应；科技与国际关系之间具有变革性，技术变革在全球产生了有益的经济效益，但也带来了新的威胁、引发社会动荡等。一些技术变革导致了国家间权力分配的根本性转变，甚至导致国家和非国家行为体之间的关系也发生了变化。尤瓦尔·赫拉利甚至认为，可能会导致"数据殖民主义，即全球的原始信息汇集于少数几个大国手中，并由其进行加工，进而被用于在全世界实行控制"。

2019 年 5 月 21 日，美国著名智库战略与国际研究中心发布的报告——《超越技术：不断变革的世界中的第四次工业革命》认为，第四次工业革命是数字和技术的革命，其技术发展和扩散的速度，以及对我们人类社会影响的深度和广度，都是前三次工业革命远远不能相比的。

该报告详细分析了第四次工业革命的特点：

（1）历史上第一次出现了发展中国家将和发达国家同时经历第四次工业革命的奇迹，发展中国家进入了一个新的"跨越式增长"轨道。

（2）这次革命正在颠覆所有国家的几乎所有行业，彻底改变整个生产、管理和治理体系，并且深入生活的方方面面，将产生极其广泛而深远的影响。

（3）这些技术会给我们带来各种各样的收益，对人类发展有巨大的促进作用，同时也给人类带来了很多新的挑战，应该尽可能地避免颠覆性技术的负面效应，如它带来的"技术性失业"及其导致的"凯恩斯拐点"、收入分配不平等（全球仍然有 7 亿多人口生活在极端贫困之中，全球最富有的 1% 人口拥有的财富量超过其余 99% 人口拥有的财富量的总和）以及发展空间不平衡会加剧不平等问题，怎么解决数据安全与如何保证公众隐私的安全问题；应该从仅仅考虑如何实现技术变革转向理解新技术对人类意味着什么，应该超越技术对人类的控制，避免反乌托邦式的结果。

另一份引人注目的报告是在美国 2015~2019 年由政府机构、咨询机构、智囊团、科研机构等发表的 32 份科技趋势相关研究调查报告的基础上提炼形成的

《2016—2045 年新兴科技趋势报告》。该报告通过对近 700 项科技趋势的综合比对分析，最终明确了 20 项最值得关注的科技发展趋势、代表性技术和实际应用——物联网、机器人与自动化系统、智能手机与云端计算、智能城市、量子计算、混合现实、数据分析、人类增强、网络安全、社交网络、先进材料、先进数码设备、太空技术、新型武器、合成生物科技、增材制造、食物与淡水科技、能源、医学、对抗全球气候变化。

自 2008 年爆发次贷危机之后，许多遭受经济重创的国家正在反思或反省以往产业空心化、资本"脱实入虚"所带来的风险和造成的损失，加快了由"去工业化"转变为"再工业化"的进程。巴西是漠视第四次工业革命从而吞食了"去工业化"恶果的典型。俄罗斯接受了最具有新自由主义色彩的休克疗法，其工业体系一夜间解体。日本的"技术立国"和"出口立国"模式一度成效显著，但陷入了连续 20 年的经济停滞状态，池田信夫的《失去的二十年：日本经济长期停滞的真正原因》对此做了深刻的反思。21 世纪一个令人惊讶的现象是，许多国家纷纷推出了各自的"再工业化"战略和措施，争先恐后地深度卷入了第四次工业革命时代大浪潮。日本前有"技术立国"国策，后有"新机器人新战略"和物联网战略，以及工业价值链参考架构（Industrial Value Chain Reference Architecture, IVRA）。还有德国率先提出的"工业 4.0 战略""德国 2020 高技术战略"和"国家工业战略 2030"，欧盟的"欧洲工业数字化战略"，法国的"新工业法国"和"未来产业规划"，英国的"英国工业 2050 战略"，印度的"印度制造计划"，以及韩国的"未来增长动力计划"。此外，还有许多国际组织推出的《二十国集团安塔利亚峰会领导人公报》（2015 年）、《二十国集团数字经济发展与合作倡议》（2016 年）、《二十国集团新工业革命行动计划》（2016 年）等。

美国是一个典型。1950 年，美国制造业占全球比重高达 40%，并为美国贡献了 30% 的 GDP。2017 年，美国制造业在全球中的比重仅仅为 18%，占美国 GDP 总量不到 13%。制造业就业总量从 1979 年最高峰的 2000 万人下降到 2014 年的 1137.4 万人。美国制造业规模占美国 GDP 总量仅为 11%，85% 来源于以金融为中心的服务业，这说明美国经济结构畸形化，美国制造业比重下降是经历了半个多世纪的量变过程[①]。鉴于此，奥巴马政府提出"制造业回归美国"，实施"重振美国工业"的战略，并设立了很多奖励计划和鼓励措施，重点发展美国制造业。2011 年颁布了先进制造伙伴计划（AMP），以"确保美国在先进制造业中的领导地位"，随后又提出了再工业化和制造业回归的口号。2015 年，美国推出了"国家创新战略"，这是时任美国总统特朗普较为重要的经济政策之一，就是"制造业回归"，引起了全世界的广泛关注。

总的来讲，与经济全球化不可逆转一样，制造业全球化也呈现不可逆转之势。

---

① 资料来源：根据《世界发展指数》（WDI）整理：https://data.topics.wordbank.org/word–development–andiccelovs/.

在 2019 世界制造业大会开幕式上，大会组委会发起了《合肥倡议》：制造业和自动化使人类生活发生了巨大改变，联合国工业发展组织将积极推动工业 4.0 的发展，以更快实现 2030 年可持续发展目标。中国第一次与西方发达国家站在了同一起跑线上，而在过去 200 多年世界工业化现代化的历史上，我们与前三次工业革命都失之交臂。

这就提出了一个与中国国运休戚相关的"新时代之问"：如何应对新工业革命的挑战与机遇，这就需要重温马克思生产力和工业革命理论，使之与新时代中国具体实际相结合，促进中国经济及其制造业高质量发展。

二、马克思关于生产力和工业革命的理论

工业革命或者产业革命（Industrial Revolution）的概念是恩格斯在 1845 年出版的《英国工人阶级状况》中首先提出来的："英国工人阶级的历史是从上个世纪后半期，随着蒸汽机和棉花加工机的发明而开始的。大家知道，这些发明推动了工业革命，工业革命同时又推动了整个市民社会中的变革，它的世界历史意义只是现在才开始被认识。"[①] 马克思多方位地考察工业革命的本质及其与资本主义生产方式的联系，指出：工业革命和工业化的实质是社会生产方式的技术方面（生产力）和社会形式（生产关系）的重大变革；随着所使用的劳动资料上发生的一种改变生产方式的革命，即"随着一旦已经发生的、表现为工艺革命的生产力革命，还实现着生产关系的革命"。马克思所指的工业革命或产业革命，"是在所使用的劳动资料上发生的一种改变生产方式，因而也改变生产关系的革命……正是在所使用的劳动资料上发生的那种为资本主义生产方式所特有的革命"，"机器表现为从资本主义生产方式出发的、使一般生产方式发生革命的起点"。随着已经发生的、表现为工艺革命的生产力革命，还实现着生产关系的革命。

它包括以下几层含义：

一是劳动资料发生了变化，即手工工具被工具机、动力机和传动装置组合而成的机器体系取而代之。

二是一般生产方式即生产力的技术方式和社会方式也随之发生了变化，从而以机器大工业的生产方式取代手工业方式或工场手工业方式。

三是生产关系和阶级关系也随之受到深刻的影响。这一点涉及产业革命的后果和影响等问题。

马克思把生产力视为最革命的因素，并且是区分经济时代的标志。其在实际上提出了社会技术形态，用以区别经济的社会形态。一言以蔽之，产业革命不仅造就了与机器大工业相适应的技术基础，而且使资本主义私有制与社会化大生产

---

① 马克思恩格斯文集（第 1 卷）[M].北京：人民出版社，2009：388.

的矛盾加剧了，资本主义生产方式从而取得了典型形态。关于科学、技术、分工和生产组织形式的论述，是马克思生产力和工业革命理论的核心。

首先，科学是生产力的发达形式、可靠形式，并且是它的特殊形式。它作为"观念的财富"，是一般社会生产力，非直接的生产力或潜在的生产力，精神生产力或者社会智慧的一般生产力、知识形式的社会生产力。它作为"实际的财富"，则取决于一般的科学水平和技术进步，或者说取决于科学在生产上的应用。

其次，工艺（技术）革命和生产组织形式是生产力革命的重要表现之一。技术在很大程度上依赖于科学状况，而科学状况却在更大的程度上依赖于技术的状况和需要。社会一旦有技术上的需要，则这种需要就会比十所大学更能把科学推向前进。可见，蒸汽机的工艺（技术）成就极大地加速了产业革命的进程，工艺（技术）成果是产业革命的发源地，从而揭示了工艺（技术）革命同科学革命、产业革命的相互关系。

再次，分工和分工思想史，也是马克思重点考察的对象。马克思实际上把分工和协作看作劳动生产过程中既互相对立又互相渗透的最基本的生产组织形式，即协作是生产力分化的表现形式，马克思十分重视分工，因为"一个民族的生产力发展的水平，最明显地表现在该民族的分工的发展程度上"。分工是生产力整体化的表现形式，并且把分工视为同简单协作、机器或科学的应用并列的提高劳动生产力的主要形式。

最后，马克思顺理成章地详尽考察了资本主义生产力发展的三个阶段：协作、工场手工业、机器大工业。在他看来，资本主义协作意味着社会劳动的生产力最初变为资本的生产力，与工场手工业内部分工相区别的社会分工是资本不费分文特殊的生产力，并且是"政治经济学的一切范畴的范畴"，而工场手工业向机器大工业的转化则是一场引起生产方式变化的工业革命；机器大生产创造出来的生产力是更加典型的生产力，机器大生产第一次把自然力和科学并入生产过程。这一历史逻辑的演化，势必引出关于资本主义生产力发展的最终趋势这一重要问题。

世纪之交，世界经济进入第四次工业革命时期。马克思关于生产力和工业革命的理论，博大精深，至今仍然有振聋发聩的理论张力，其中包括：工艺（技术）革命同科学革命、产业革命的相互关系；生产力的革命性、生产关系决定生产方式及其生产力性质；关于精神生产力（作为特殊形式生产力的科学或知识形式的社会生产力）与物质生产力的区分、科学是生产力的发达形式；工艺（技术）革命和生产组织形式是生产力革命的重要表现，以及生产方式的全球化趋势等，对于如何应对第四次工业革命这一机遇和挑战，促进新时代中国经济及其制造业高质量发展，具有重大的理论意义和实践意义。

苏联学者库兹明在《马克思理论和方法论中的系统性原则》一书中摸索生产力发展的规律，试图从生产力发展的继承性（人类文明的总的基础不断扩大上）和更替性（社会生产力历史发展中的更替结构的变换上）的角度，来发掘马克思的历史遗产。

继承性是指生产力诸因素（永恒因素）的不断积累。人类文明发展的主要秘密就在于此。更替性是指生产力诸永恒因素中的领先因素或主导因素（决定生产力结构根本原则和主要性质，在社会生产过程中占统治地位的一种永恒因素）的更换。

劳动、生产资料、知识（科学和实验）、自然条件和社会条件等要素视为各社会形态的社会生产中极其重要的"永恒因素"。这些永恒因素又构成了"生产力发展的特定结构"或"生产力发展的个别因素及其主要结构"。综观社会生产史，迄今为止的"永恒因素"（生产要素）更换序列是：自然条件／活劳动（生产力发展的这一阶段——活劳动占统治地位——时间很长，包括原始社会、奴隶社会、封建社会以及现阶段某些落后国家）／物化劳动（在资本主义生产中占统治地位的发展形式，社会生产效率的提高既沿着节约单位产品的活劳动，也沿着节约单位产品的生产资料消耗这方面进行）（马克思）／科学／劳动、资本、土地、知识、技术、管理、数据[①]。

三、习近平关于新时代产业革命的理论

把马克思主义工业革命理论与新时代中国具体实践紧密结合，是习近平新时代产业革命理论的精髓。习近平深入洞察中国具体国情尤其是中国制造业、实体经济和现代化经济体系现状，高度重视制造业发展，坚持创新驱动发展战略，把推动制造业高质量发展作为构建现代化经济体系的重要一环，强调把握"新一轮科技和产业革命机遇，增强制造业技术创新能力，推动制造业质量变革、效率变革、动力变革"[②]，为促进全球制造业高质量发展、实现共享共赢做出积极贡献。在他看来，"与以往历次工业革命相比，第四次工业革命是以指数级而非线性速度展开。我们必须在创新中寻找出路。只有敢于创新、勇于变革，才能突破世界经济增长和发展的瓶颈"[③]。尤其是要加强应用基础研究，拓展实施国家重大科技项目，突出关键共性技术、前沿引领技术、现代工程技术、颠覆性创新技术，为建设科技强国、质量强国、航天强国、网络强国、交通强国、数字中国、智慧社会提供有力支撑。体制以及更高水平开放型经济新体制，充分发挥市场在资源配置中的决定性作用，更好地发挥政府作用，推动有效市场和有为政府更好结合。尤其是

---

① 中共中央关于坚持和完善中国特色社会主义制度　推进国家治理体系和治理能力现代化若干重大问题的决定 [M].北京：人民出版社，2019：19.

② 习近平向 2019 世界制造业大会致贺信.https://gov.cn/xinwen/2019-09/20/content-5431613.html.

③ 习近平.习近平谈治国理政（第 2 卷）[M].北京：外文出版社，2017：480.

要加快发展现代产业体系，推动经济体系优化升级，加快数字化发展。坚持把发展经济着力点放在实体经济上，发展战略性新兴产业，关键核心技术实现重大突破，进入创新型国家前列；基本实现新型工业化、信息化、城镇化、农业现代化，建成现代化经济体系，坚定不移建设制造强国、质量强国、航天强国、交通强国、网络强国、数字中国，推进产业基础高级化，产业链、供应链、创新链现代化及其融合发展，有助于提高经济质量效益和核心竞争力。

总之，习近平关于：新发展理念、高质量发展、实施创新驱动发展战略；自力更生是基本点；实体经济为一国经济立身之本；筑牢现代化经济体系、建设创新型国家、建设制造强国；尤其是关于把握好第四次工业革命、新一轮产业革命和数字经济带来的机遇，创新增长方式，推进供给侧结构性改革，要把高质量发展着力点放在实体经济尤其是先进制造业和设备制造业上；推动制造业加速向数字化、网络化、智能化发展，积极扶持新兴产业，在产业链、供应链和创新链上不断由中低端迈向中高端；突破世界经济增长和发展的瓶颈的论断，以国内大循环为主体的"双循环"新发展格局，为把中国经济高质量发展置于新一轮工业革命和创新发展的起跑线上，奠定了坚实的基础。

上述关于马克思工业革命理论与新时代中国具体实践紧密结合的指导思想和具体举措，是对马克思主义工业革命理论的丰富和发展，也是习近平新时代中国特色社会主义经济思想的重要组成部分。

四、如何实现新时代中国经济和制造业的高质量发展

当今世界正经历百年未有之大变局。世界经济正卷入第三次与第四次工业革命的叠加阶段，我国经济正处于由高速增长阶段向高质量发展阶段转型、制造业大国向制造业强国转变的关键时期，应该科学运用马克思工业革命学说，以习近平关于新时代产业革命理论为指导思想，使之与新时代具体实际相结合，着力解决新时代中国制造业、实体经济和现代化经济体系存在的问题。

（一）洞悉中国制造业现状是解决问题的必要前提

首先，中国是门类齐全颇具规模的制造业大国。自20世纪50年代以来，以156项重点工程、694个大中型建设项目为中心建立了初具规模、门类齐全的工业体系，以及以"两弹一星"为标志的军工体系，实施优先发展重工业、基础设施，并兼顾进口替代的发展战略，20世纪70年代，工业产值已占国民经济总产值的72%，平均增长率接近二位数，超过了世界上所有的工业化国家。尤其是1978年以来先后经历了高速增长阶段（1978~1998年）、"三期叠加"经济发展或者新常态阶段（我国经济增速从2010年的10.4%下滑到2013年的7.7%）和高质量发展阶段（2018年至今）三个发展阶段。1979年中国GDP是美国的4%，是全球GDP

的 1%；现在是美国的 60% 多，是全球 GDP 的 16%。我国已经步入世界第二大经济体，1984 年联合国贸易和发展会议把人类的工业分成 39 个大类，191 个中类，525 个小类，中国是唯一的门类齐全、产业体系特别完善的国家，且已经成为全球产业链供应链的重要组成部分。总之，中国的产业体系化、完备化，其完整的产业链和供应链是保护中国制造业不受贸易冲击的盾牌。

其次，作为全球超大规模的经济体，具备了超大规模、大体量为特征的发展中大国的优势。一是 14 亿人口，中等收入人群超过 4 亿的超大规模的市场体量优势。庞大的国内消费市场，有助于实现、体现或者促进科技的价值和成果的转化。尤其是国外市场、新兴市场和"一带一路"沿线国家正成为我国对外贸易新的增长点。新兴市场占我国进出口比重从 2000 年的 40.1% 上升到 2018 年的 57.7%，"一带一路"沿线国家占比近 1/3。另外，我国每年要进口 2 万亿美元的商品，7000 亿美元的服务贸易，是世界第一大贸易国，这是我们的市场优势。二是生产的规模经济优势、完备的产业分工体系优势和产业集群优势，以及发展中大国的后发优势。超大规模的经济体是支撑内循环、抵御贸易冲击的坚实基础。

最后，中国实体经济和制造业最大的特征和优势，是党领导一切经济工作从而凸显的体制优势、集中力量办大事优势、大国优势，有助于集中优势力量，攻坚关键核心技术，特别是在基础研究领域的核心难题。这也是中国国情的题中应有之义。但是，就整体而言，中国社会经济发展不平衡不充分问题仍然突出，同质性与异质性并存，地区差异、行业差距、收入差距以及发展梯度明显。中国是最大的发展中国家，在 2018 年世界各国人均 GDP 排名中中国排在第 74 位。中国劳动生产率水平仅为世界平均水平的 40%，相当于美国的 7.4%。中国制造业处在产业链"微笑曲线"最低端，核心零部件、关键元器件、重大装备与材料一直是我国制造业的"短板"和"卡脖子"领域。原始创新尤其是核心产业、高科技产业、基础性产业的创新是薄弱环节和软肋。原有的物质资源、人口红利（土地资源、各种自然物质资源、城乡居民存款再贷出资源、环境资源、市场资源、廉价劳动力资源）以及原有的高投入、低产出的粗放型发展方式的红利已经一去不复返。这是我们必须面对的大问题。特别是，随着我国经济发展阶段逐步进入工业化后期，以及全球产业竞争范式的转变，我国面临着诸多挑战和问题，处于发达工业国和新兴工业国的"双端挤压"状态。

总的来讲，中国是门类齐全、颇具规模的制造业大国。具备了以上规模、大体量为特征的发展中大国的优势。但是，发展不平衡不充分问题仍然突出，核心技术受制于人仍然是最大的隐患和"命门"，距离制造业强国还有一定的差距。情况明、决心大、方法对，扬长避短、有的放矢，才能制定出适合中国国情的制造业高质量发展思路和方略。

（二）加快创新型国家和制造强国建设，就是要从整体上提升中国的制造业发展质量，使中国制造业赶上第四次工业革命的步伐

一言以蔽之，也就是走创新驱动发展之路、转型升级发展之路、质量品牌发展之路、人才为本发展之路、开放合作发展之路，努力实现更高质量、更有效率、更具创新、更可持续的发展。这就需要加强重大创新领域战略研判和前瞻部署，紧紧围绕制造强国建设这个目标，以制造业创新中心建设、智能制造、工业强基、绿色制造、高端装备制造等为主要抓手，在若干重大创新领域，抓紧布局国家实验室，重组国家重点实验室体系，建设重大创新基地和创新平台，完善产学研协同创新机制，尤其是重大技术装备、大型工程和关键技术关系到国民经济的命脉，是中国制造实力的标志。

（三）正确处理实体经济、制造业、现代化经济体系三者之间的关系

实体经济是一国经济的立身之本，是财富创造的根本源泉，是国家强盛的重要支柱。制造业尤其是设备制造业是实体经济的主体，从而有助于筑牢做强现代化经济体系（这是我国发展的战略目标）。做到这一点，既需要顶层思维、顶层设计，也要有必要的底线思维与底线准备。应该强调，构建现代化经济体系不是"一窝蜂"淘汰低端（基础）产业，"一窝蜂"上高端（高新技术）产业。这无异于砍断制造业产业链、供应链和价值链，自毁现代化经济体系的愚蠢行为。应该限制和淘汰的，是那些在该行业中技术落后而又无损于产业链、供应链和价值链的企业。此外，限制和淘汰普通劳动密集型产业也是不可取的。应该通过相应的政策妥善处理普通劳动密集型、技能劳动密集型和技术劳动密集型三类产业在国民经济中的比例关系。劳动密集型产业固然处于国际产业链的低端，但是完全放弃劳动力优势也不符合我国国情，可以根据国内外区域发展差距进行梯度有序转移，由此融入国际经济循环；巩固我国在技能劳动密集型产业（如装备制造、基础设施建设或重化工业行业）的既有优势，在保证经济安全的前提下进一步放开国内市场；着力培养或者积极引进高端技术劳动力，提升产业组织形式的转型升级和产业竞争力。

（四）生产力空间布局和制造业布局，尤其是装备制造业和战略性新兴产业不可或缺，应该与国家经济发展战略对接

促进战略性新兴产业集聚发展，推进"一带一路"建设、京津冀协同发展、长江经济带发展、粤港澳大湾区建设、长三角区域一体化等国家经济发展战略，尤其是要进一步优化生产力空间布局和资源要素配置，推动形成有竞争力的以产业集群、服务业集群、创新链和价值链为标志的区域性经济增长极。把规模化产业变成产业集群，这是重中之重。这种集群最初是产业上中下游产业链形成集群，然后自然形成与产业链配套的生产性服务业体系，最终形成融世界级重大产品的产业集群、服务业集群、创新链和价值链为一体的大集群。在一些区位条件比较好、产业基础比较扎实、配套功能比较完善、有利于产业融合和高端要素集聚的区域，重点推进颇具特色的新兴产业（如新一代信息技术、5G 通信、高端装备、新型交通业、生物医药、新能源汽车、新材料等新兴产业）集群建设，致力于培大育强，促进工业集中、集约、集聚发展。

尤其是要抓好创新平台和开放发展平台建设，因地制宜地构建各具特色的国家示范区、智慧园区、自由贸易区、自由港、中小企业园区建设和"高质量发展高地"。截至 2019 年，我国已经建立了 16 个新区、21 个自贸区和 6 个示范区（深圳、青岛、上海、海南岛、横琴、重庆）。建设自由贸易港，正是我国在海南打造"开放新高地"的战略举措。深圳特区是名副其实的"高质量发展高地"，集聚了华为、中兴通讯、腾讯、比亚迪、大疆科技等世界级高科技企业。长三角地区也是有竞争力的经济增长极，机器人产业是装备制造业转型升级的重要抓手，工业机器人应用已率先从汽车、3C 电子、食品包装、家居服装等传统领域向新能源、环保设备、高端装备、仓储物流等新兴领域不断拓展，其战略目标是建成世界级产业集群。

（五）制造强国和网络强国"比翼双飞"建设

大力推行信息化与工业化、信息技术与制造业，以及信息技术与实体经济的深度融合，推进数字工业、智能工厂和"5G+ 工业"。数字化、智能化，如 5G、AI、边缘计算、工业云服务、人机协作等技术运用于智能制造全流程，有力地带动传统制造业走向人、机、物全面互联的数字工业，帮助我国制造业提高核心工艺水平和制造质量。

工业互联网是新一代信息技术与制造业深度融合的产物。"十三五"时期，我国建成了全球规模最大的信息通信网络，已累计开通 5G 基站 69 万个，连接用户数超过 1.6 亿[①]。2018 年底，我国已经建立了自主驾驶、城市大脑、医学影像、智能语音、智能影像五个开放创新中心。"5G + 工业"互联网平台成为我国制造业转型升级的重要引擎，产业规模已达 3 万亿元，对制造业数字化转型和实体经济高质量发展的支撑作用日益凸显[②]。

（六）推动先进制造业和现代服务业深度融合

推动先进制造业和现代服务业深度融合，是增强制造业核心竞争力、培育现

[①] "十三五"以来，我国建成了全球规模最大的信息通信网络——工业化和信息化融合步伐加快［N］. 经济日报，2020-10-24.
[②] "5G + 工业互联网"成为产业数字化升级的利器，赋能制造业创新发展［EB/OL］. 2021-03-18. https://www.xianjichina.com/news/detai/s-257591.html.

代产业体系、实现高质量发展的重要途径。要顺应技术革命、产业变革、消费升级的趋势，深化业务关联、链条延伸、技术渗透，探索新业态、新模式、新路径，推动先进制造业和现代服务业相融相长、耦合共生。与此同时，加快推动人工智能、先进制造业和经济社会尤其是生态文明深度融合，构筑知识群、技术群、产业群互动融合和人才、制度、文化相互支撑的系统，从而带动发展智能经济和智能社会。

（七）正确处理工业革命与就业的关系

新工业革命是一把"双刃剑"，一批旧工业岗位衰落了，一批新工业岗位兴起了。根据国家统计局发布的数据，2018 年我国以新产业、新业态、新商业模式为代表的"三新"经济增加值为 14.5 万亿元，占 GDP 的比重为 16.1%，已成为经济发展新常态下的发展新动能[①]。《国家为什么会失败》一书的作者德隆·阿西莫格鲁等认为，数字化和人工智能在摧毁大量服务业岗位的同时大致不会创造出足够的新岗位。麦肯锡咨询公司也持同样的观点，并且估计到 2030 年全球将有 8 亿个工作岗位被机器人所替代。但是，美国调查显示，2010~2018 年，美国机器人促进了120 万个就业岗位，使失业率从 10% 下降到 4%[②]。

工业革命与就业的辩证关系，就是要更加重视产学研的有机结合和这三大主体的利益共享机制（美国《拜杜法案》值得借鉴，根据这一法案，投资者拥有 1/3的专利，创新发明的专家也拥有 1/3 的专利，另外 1/3 给予善于把专利转化为生产力的中小企业），提升科技成果转化率、知识产权的转化率，畅通创新成果应用渠道，以及使孵化器产生出更多的就业岗位。根据统计，全世界专利转化为生产力的平均比例为 40%，我国的这个比例只有 10%。这方面还有许多工作可做。[③]

（八）做大做强中小企业和民营企业

2019 年 9 月召开的中央全面深化改革委员会第十次会议审议通过了《关于营造更好发展环境支持民营企业改革发展的意见》。指出要整合优化科技资源配置，让广大民营企业或者民间力量参与到科技创新的涌流中，进一步壮大科技创新实力。企业是科技和经济紧密结合的重要力量，应该成为技术创新决策、研发投入、科研组织、成果转化的主体。要给企业、民营资本更大的发展空间，使其进行大规模的创新。

---

① "三新"经济飞跃，增加值 14.5 万亿［N］.大公报，2019-07-29.
② 美国机器人工业协会主席：机器人将创造更多新的就业岗位［EB/OL］.（2019-08-29）https://www.xianjichina.com/news/detai/s- 148507.html.
③ 蓝玉.建设知识产权强国背景下，我国专利转化的困境专业之路［J］.企业科技发展，2016（4）：11-14.

（九）新一轮工业革命的核心技术向更多实体经济行业延伸，推动制造业向数字化、网络化、智能化转变

2017年11月国务院发布的《关于深化"互联网＋先进制造业"发展工业互联网的指导意见》、2019年11月工业和信息化部发布的《"5G+工业互联网"512工程推进方案》和2020年3月工业和信息化部发布的《关于推动工业互联网加快发展的通知》指出："5G+工业互联网"是建设制造强国的关键支撑，智能制造需要"5G+工业互联网"赋能，而智能制造也为"5G+工业互联网"开辟了广阔的应用市场。全面推进工业互联网网络、平台、安全三大体系建设，尤其是积极推进5G网络建设和共建共享，深入推进5G、工业无源光纤网络等关键技术研发和产业化进程，提升产业基础能力。

《中共中央关于制定国民经济和社会发展第十四个五年规划和二〇三五年远景目标的建议》指出：要"推动互联网、大数据、人工智能等同各产业深度融合，推动先进制造业集群发展"。不断完善产业生态，大力推广智能化制造、网络化协同、个性化定制、服务化延伸、数字化管理五大创新模式，加快"5G+工业互联网"典型应用场景向更多实体经济行业延伸。"5G+工业互联网"正推动千行百业加快转型升级，并催生出一批新技术、新产品、新业态、新模式，加速产业升级和高端化发展。"5G+工业互联网"已在航空、钢铁、矿业、港口、能源等行业和领域率先应用，涌现出工业设计、辅助装备、设备协同、精准操控、视觉检测等十大典型应用场景。根据统计，全国建设项目超过1100个。智慧工厂和智慧城市大量涌现。

（十）人工智能是引领新一轮科技革命和产业变革的战略性技术

2020年11月21~22日，习近平主席在二十国集团领导人第十五次峰会上指出，"中方支持围绕人工智能加强对话，倡议适时召开专题会议，推动落实二十国集团人工智能原则，引领全球人工智能健康发展"。《关于促进人工智能和实体经济深度融合的指导意见》指出：人工智能就是由人工制造的智能，本质上指的是人们通过计算机等设备模拟或再现人类思维和智能行为的过程。从科学技术角度来看，人工智能的发展是建立在三大技术性突破的基础上，包括计算机计算能力、数据处理能力以及组合性技术创新能力。人工智能是研究一种完全能比拟人类智能甚至高于人类智能的科学，其目标是研制拥有人类智慧及人类情感的机器人。从经济学的视角看，人工智能的本质就是通过计算机科学等技术手段模拟人类智能，让机器来完成人类需要通过智能技术才能完成的工作，对经济发展有促进作用及对劳动者就业的创造效应、替代效应。人工智能与蒸汽技术、电气技术一样，都是人类用于改造自然的通用目的技术（GPTs）。每次技术创新基本表现为对直接劳动的替代，提高了生产效率，带来了新的产品、新的服务和新的产业。蒸汽技术和电气技术是对机械动力的发展，延长了人类的四肢和肌肉，而人工智能则是对人类意识的模仿和对简单脑力活动的替代，延展了人类的大脑和思维能力，从更高维度上刺激了经济发展。

"人工智能+"在各领域深入融合，新模式新业态不断涌现，人工智能产业生态圈，如无人收费站、无人超市、无人售药柜、无人汽车店纷纷涌现，并且正加速壮大。短期内结构性失业冲击会发生，但是就业创造将是人工智能就业效应的主要方面。世界经济论坛发布的《2018年未来就业报告》显示，未来十年人工智能将替代7500万个工作岗位，同时创造出1.33亿个新岗位。

人工智能技术在大幅提升全球劳动生产率的同时，也在推动着全球新价值链的形成，催生出新一代的全球生产体系，世界各国纷纷将人工智能作为国家发展的重要路径选择，都希望在这场不可预测的技术革命中保持既有的全球价值链地位和竞争力优势，一场国家间的技术博弈开始上演。我国人工智能发展总体上位于全球第一方阵：从产业规模来看，截至2019年年底，人工智能核心产业的规模超过510亿元，人工智能企业数量超过2600家；从技术创新来看，人工智能领域研发取得一系列成果，专利和论文数量位居全球前列，在语音识别、机器视觉、机器翻译等领域的应用技术处于全球领先水平。

五、结论

（1）正确处理第四次工业革命与小康社会建设的关系。前者是后者的有力保障。

（2）每个时代的生产力及其工业革命是历史合力中最具有革命性的要素。世纪之交，世界经济进入以数字革命或智能革命为标志的新一轮科学技术革命。

（3）习近平秉承马克思工业革命理论，把新时代新的一轮工业革命与小康社会建设紧密结合，这是对于马克思工业革命思想的丰富与发展。

（4）"造不如买，买不如租"的流毒甚广，影响颇深，形成了一股强大的新自由主义思潮，必须大力树立科学技术自立自强思想。华盛顿共识私有化、自由化、稳定化，中国崛起是市场化、企业家精神和西方三百年技术的积累。

（5）正确处理全球化长期趋势与目前甚嚣尘上的逆全球化的辩证关系。对于逆全球化应该有充分的准备，美国以举国之力打压华为是一个教训。

（6）要以举国之力，保证国内外供应链、产业链、价值链、创新链的稳定性和安全性。然后，立足于"双循环"并且以国内大循环为主体的新发展格局。

（7）中国制造业一方面要狠抓"卡脖子"技术，另一方面要着眼于抢占全球制造业发展的制高点。如大数据、人工智能、"5G＋工业互联网"。

论新时代共享发展和全面建成小康社会的辩证关系

谢 勇

摘要：党的十八大提出了全面建成小康社会的历史发展目标，党的十八届五中全会提出了五大发展理念，其中共享发展是核心和根本。将共享发展和全面建成小康社会有机结合起来，两者之间存在着一定的内在联系：首先，共享发展和全面建成小康社会存在一定程度的契合性；其次，共享发展是全面建成小康社会的目的和归宿；最后，全面建成小康社会是共享发展的途径和手段。准确理解共享发展和全面建成小康社会之间的关系，有利于丰富马克思主义发展观的理论意义和现实意义。

关键词：新时代；共享发展；全面建成小康社会

"在一个国家实现的程度，总是决定于理论满足于这个国家的需要的程度。"[①]党的十八届五中全会在《中共中央关于制定国民经济和社会发展第十三个五年规划的建议》（以下简称《建议》）中提出了"创新、协调、绿色、开放、共享"五大发展理念，正是对中国特色社会主义发展规律的认识和深化，同时也为社会主义现代化建设指明了方向。中国共产党自成立以来坚持以人民为中心的发展，其目的是使全体人民"共同享有人生出彩的机会，共同享有梦想成真的机会，共同享有同祖国和时代一起成长与进步的机会"。[②]自改革开放40多年来，我国经济社会取得了举世瞩目的成就，但随着经济体量不断加大，我国经济社会发展的问题也越来越明显，其中贫困就是较突出的问题之一，《建议》提出的五大发展理念，为贫困地区人民群众的全面发展提供了理论支撑，也为全面建成小康社会提供了价值指引。

基金项目：本文系 2020 年西藏自治区党委党校（自治区行政学院）科研咨政课题的阶段性成果。

作者简介：谢勇，中共西藏自治区委员会党校（西藏自治区行政学院）科学社会主义教研部讲师；研究方向：当代中国马克思主义。

① 马克思恩格斯选集（第 1 卷）[M].北京：人民出版社，2012：11.

② 习近平 . 习近平谈治国理政（第 1 卷）[M].北京：外文出版社，2014：198.

一、共享发展和全面建成小康社会的契合性

共享发展是五大发展理念之一，是中国共产党执政过程中的重要发展理念。全面建成小康社会是中国共产党执政的重要目标，是对人民的庄严承诺。以毛泽东同志为核心的党的第一代领导集体带领全国各族人民为了实现国家的繁荣富强和人民的共同富裕，适应历史发展的需要，适时地提出了将马克思主义同中国实际的"第二次"结合，以此来探索中国特色社会现代化的建设之路，尽快实现我国由农业国向工业国的转变。正如毛泽东同志指出的一样："我们还是一个农业国。在农业国的基础上，是谈不上什么强的，也谈不上什么富的。但是，现在我们实行这么一种制度，这么一种计划，是可以一年一年走向更富更强的，一年一年可以看到更富更强些。而这个富，是共同的富，这个强，是共同的强，大家都有份。"① 这句话强调的"强"是共同的强，是全体中国人民的强盛，而绝非个体或者个人的强；这里所说的"富"是全体中华儿女的富，绝非哪一个群体、哪一个人的富。这句话深刻地反映了共享发展的价值目标和全面建成小康社会的发展目标。党的第二代领导集体在新的历史时期提出我国现代化发展的"三步走"战略，其中第二步就是在 20 世纪末使我国人民总体上达到小康水平。正如邓小平同志所讲："共同致富，我们从改革一开始就讲，将来总有一天要成为中心课题。社会主义不是少数人富起来、大多数人穷，不是那个样子。社会主义最大的优越性就是共同富裕，这是体现社会主义本质的一个东西。"② 江泽民同志认为："实现共同富裕是社会主义的根本原则和本质特征，绝不能动摇。"③ 胡锦涛同志指出："使全体人民共享改革发展的成果，使全体人民朝着共同富裕的方向稳步前进。"④ 综上所述，我们可以得出这样的结论：共同富裕是社会主义的本质要求，共享发展是社会主义的价值目标，全面建成小康社会是社会主义的发展目标，无论时代如何变化，实践如何发展，其内涵和实质都在不断丰富和发展，同时也始终是中国共产党治国理政思想中的重要组成部分。

全面建成小康社会的发展目标是在基本实现温饱、总体实现小康社会、全面实现小康社会的基础上发展而来的。共享发展的提出是对毛泽东思想、邓小平理论、"三个代表"重要思想、科学发展观的继承和发展，同时也是习近平新时代中国特色社会主义思想的重要组成部分，是对中国共产党发展思想的继承和发展。"共享是中国特色社会主义的本质要求。必须坚持发展为了人民、发展依靠人

① 毛泽东文集（第 6 卷）［M］.北京：人民出版社，1999：495.
② 邓小平文选（第 3 卷）［M］.北京：人民出版社，1993：374.
③ 江泽民文选（第 1 卷）［M］.北京：人民出版社，2006：262.
④ 中共中央文献研究室.十六大以来重要文献选编（中）［M］.北京：中央文献出版社，2005：855.

民、发展成果由人民共享，作出更有效的制度安排，使全体人民在共建共享发展中有更多获得感，增强发展动力，增进人民团结，朝着共同富裕方向稳步前进。"①邓小平理论对社会主义本质的理解是解放生产力，发展生产力，消灭剥削，消除两极分化，最终达到共同富裕，同时这也是共享发展的内在要求。"三个代表"重要思想中代表最广大人民群众的利益，其实质体现的是"以人民为中心"的共享发展思想。科学发展观中的"以人为本""统筹兼顾""全面协调可持续发展"等相关思想与共享发展思想有高度的契合性。

在经济社会发展中，现实也迫切要求我党要进行共享发展和全面建成小康社会，这同时也是我党对广大人民群众的庄严承诺。改革开放40多年来，我国在经济社会发展中取得了举世瞩目的成就，但也存在一些问题，如社会阶层固化、贫富差距、跨越中等收入陷阱等各种社会问题。贫富差距必然导致社会矛盾增多，也增加了脱贫攻坚的难度，党中央适时提出了五大发展理念，尤其是共享发展就成为党中央解决这些现实问题的价值导向。党的十六大报告指出："现在达到的小康还是低水平的、不全面的、发展很不平衡的小康。"②党的十八大报告首次将"促进人的全面发展，逐步实现全体人民共同富裕"③作为中国特色社会主义的重要内容，同时还指出"使发展成果更多更公平惠及全体人民，朝着共同富裕方向稳步前进"④。由此可见，全面建成小康社会的提出不仅适应于科学社会主义的本质要求，更适应于中国特色社会主义的现实发展要求。全面建成小康社会不仅是一个国家发展水平的象征，更是人民生活水平提高的标志，解决的是改革开放后发展起来的现实问题，补齐短板、挖掘潜力、增强后劲，实现更好更公平的共享发展。

二、共享发展是全面建成小康社会的目的和归宿

"理论在一个国家实现的程度，总是决定于理论满足于这个国家的需要的程度。"⑤要想如期完成全面建成小康社会的奋斗目标，必须把握和理解全面建成小康社会的实质和内涵；必须准确理解共享发展对中国特色社会主义现实社会发展的终结；必须认识到共享发展是马克思主义发展观的继承和发展。因此，要充分发挥共享发展在全面建成小康社会中各方面的价值引领作用。

共享发展是马克思主义发展观的创新性发展，解决的是发展为了谁、发展依靠谁的问题。马克思主义唯物史观认为人民群众是历史的主体和历史的创造者，是人类社会物质财富和精神财富的创造者。换句话说，人类社会的一切变革发展

① 中共中央关于制定国民经济和社会发展第十三个五年规划的建议辅导读本［M］.北京：人民出版社，2015：98.
② 中共中央文献研究室.十六大以来重要文献选编（上）［M］.北京：中央文献出版社，2005：855.
③④ 中国共产党第十八次全国代表大会文件汇编［M］.北京：人民出版社，2012：30.
⑤ 马克思恩格斯选集（第1卷）［M］.北京：人民出版社，1995：11.

都依赖于广大人民群众，当然，一切由人民群众创造的社会财务也得由人民群众来共享，其整个社会实践过程就是共享发展的过程。任何局部的或者片面的共享都不符合马克思主义发展观和马克思主义唯物史观，也必将影响到人民群众的主动性、积极性和创造性，从而影响到脱贫攻坚的内生动力，影响到全面建成小康社会的进程。因此，坚持人民主体性和坚持共享发展必须高度统一，只有人民参与的共建共享的发展，才是真正的发展，才能实现更大更长远的发展。共享就是按照人人参与、人人尽力、人人享有的要求，坚守底线、突出重点、完善制度、引导预期，注重机会公平，保障基本民生，实现全体人民共同迈入全面小康社会。① 共享发展是全民的共享，反映了其价值导向，反映了科学发展的新要求，也反映了整个中国特色社会主义包容性发展的新特点。人民群众既是共享发展的参与者、实践者，同时也是共享发展成果的分享者，因此"以人民为中心"的共享发展思想既体现了人民群众的主体性，也体现了中国特色社会主义的本质要求。

共享发展是马克思主义发展观的新发展，也是中国共产党人的长期发展目标。马克思、恩格斯在《共产党宣言》中指出：过去的一切运动都是少数人的或者为少数人谋利益的运动。无产阶级的运动是绝大多数人的、为绝大多数人谋利益的独立运动，并且在这场运动中的共产党人没有任何同整个无产阶级的利益不同的利益。② 从这句话可以得出，人民是无产阶级政党的根本立场，也是马克思主义政党的明显标志。人类生存和发展首先要解决的是物质生产，物质生产也是社会发展进步的关键因素。那么，利益固化不能达到资源的最优配置，从而降低了效率，限制了经济的发展。换句话说，只有保障了最广大人民群众的利益诉求，才能使整个社会发展具有持久力和生命力。因此，关注人民的根本利益就必须把改革发展的成果惠及全体人民，将个人利益和集体利益有效结合起来，以此来解决由发展带来的利益失衡和利益矛盾的问题。

共同富裕是马克思主义的基本目标，也是全体中华儿女的共同理想。马克思、恩格斯在其著作中对未来社会做了设想，未来社会没有阶级差别、城乡之间的差距，而是各尽所能，按需分配，实现人的自由而全面的发展。共享发展是根据新的时代条件和时代特征丰富和发展了中国共产党人的发展观，为实现共同富裕找到了发展的途径。关于共同富裕，邓小平同志曾有过论述："一部分地区有条件先发展起来，一部分地区发展慢点，先发展起来的地区带动后发展的地区，最终达到共同富裕。"③ 邓小平同志掌握了马克思主义的精髓：具体问题具体分析，也就是毛泽东同志所讲的实事求是。根据各地不同的条件，因时因地地提出了不同的

① 中共中央关于制定国民经济和社会发展第十三个五年规划的建议辅导读本 [M].北京：人民出版社，2015：98.
② 马克思恩格斯文集 [M].北京：人民出版社，2009：68.
③ 邓小平文选（第3卷）[M].北京：人民出版社，1993：357.

发展要求，让一部分人，一部分地区先富起来，先富带后富，不断消除两极分化，最终实现共同富裕。由此可见，全面建成小康社会正是对邓小平同志"先富和后富"思想的丰富和发展。共享发展就是通过全体中国人民的共建共享，消除发展过程中的不平衡和不全面的因素，使改革发展的成果惠及每一个人、每一个地区，最终达到共同富裕。因此，从先富到共富、从不全面到全面的整个过程就是共享的过程，也是全面建成小康社会的现实要求。

共享发展是全面建成小康社会的出发点、落脚点，也是全面建成小康社会的价值引领。共享发展既是新时代经济社会发展的目标，也是经济社会发展的手段，两者是相互统一的。共享发展的提出为全面建成小康社会提出了明确的要求和方向，为全面建成小康社会提供了理论指导。共享发展是由全民共享、全面共享、共建共享、渐进共享组成的，四者之间相辅相成，相互贯通，缺一不可。目前，共享发展解决的是不平衡、不充分、不全面问题，但应该与平均主义有所区别。全面共享解决的是部分与整体和发展速度快与慢的问题，渐进共享是过程，全面共享是目标，全民共享与共建共享是相辅相成的，是效率与公平的统一。即没有全民共享的共建共享是缺乏动力的，没有共建共享的全民共享是不切实际的。因此，共享发展是把个人发展和整体发展有机结合起来，在注重个体发展的同时，更加注重推进整个社会的发展。因此，坚持共享发展，实现全面建成小康社会，包括两方面的内容：一方面，充分发挥人民群众的主体性，调动广大人民群众的主动性、积极性，不断把中国特色社会主义这块大蛋糕做大，奠定充分的物质基础；另一方面，要把"蛋糕"分好，要将40多年改革开放的成果充分由人民共享，让广大人民群众有更多的获得感，更加充分地促进人的全面发展，也更加体现中国特色社会主义制度的优越性。

三、全面建成小康社会是共享发展的途径和手段

全面建成小康社会是马克思主义中国化的最新成果，是马克思主义发展理论与中国特色社会主义实践的有机结合。全面建成小康社会是中国特色社会主义的战略目标，共享发展是中国特色社会主义的行动指南，必须将两者有机结合起来，把握其内在的联系。共享发展是全面建成小康的基本保证，全面建成小康社会是践行共享发展理念的题中应有之义，也是共享发展的途径和手段。

全面建成小康社会的瓶颈主要是民生领域，主要解决的是不平衡、不充分的问题，其主要表现在东西部之间、城乡之间、行业之间的差距，特别是脱贫攻坚过程中农村中的贫困问题。全面建成小康社会的核心观点是全面提高人民的生活水平，难点和重点是"全面"。全面建成小康社会是全体中国人民的小康，不仅是在总体上和数量上的小康，而且特别要注重贫困地区的小康建设，尽最大可能缩小贫困地区与发达地区之间的差距，先富帮后富，带动贫困地区共同发展。"小康

不小康，关键看老乡"，农村就成为全面建成小康社会的重中之重，也关系到全面建成小康社会的成败。习近平指出："全面建成小康社会，最艰巨、最繁重的任务在农村、特别是在贫困地区。没有农村的小康，特别是没有贫困地区的小康，就没有全面建成小康社会。"[①]从习近平总书记这句话可以得出一个结论，中国农村的小康社会是全面建成小康社会的关键，在这个过程中着重要解决的是城乡之间的二元结构差距，推进城乡一体化建设，解决城乡之间发展不平衡的突出问题。

正如习近平总书记所说："消除贫困，改善民生，逐步实现全体人民共同富裕，是社会主义的本质要求。"[②]精准扶贫、精准脱贫是关于马克思主义哲学的理论思维，也是"以人民为中心"思想的集中体现和实践运用。精准扶贫、精准脱贫是中国特色社会主义发展的显著特征，也是如期实现全面建成小康社会的迫切需要。精准扶贫、精准脱贫就是要缩小贫困地区与发达地区之间的差距，确保贫困地区与全国同步建成小康社会，实现共享发展。精准扶贫是全面建成小康社会，实现共享发展的有效制度安排，也是推动共享发展的落脚点，因此必须充分认识脱贫攻坚的迫切性和重要性。

实现共同富裕是中国共产党承担的历史使命，是中国特色社会主义制度优越性的集中体现，也是中国特色社会主义的基本要求。在全面建成小康社会的进程中，精准扶贫和精准脱贫着重解决的是先富与后富的关系、效率与公平的关系，从而实现共享发展。精准扶贫、精准脱贫是实现全面建成小康社会的重要手段和重要方式，同时，精准扶贫、精准脱贫也是实现共享发展的有效途径，几者之间相辅相成，共同发展。全面建成小康社会是在共享发展理念指导下的伟大实践，也是实现共享发展的有效途径，两者有机统一，相辅相成。

四、结语

共享发展和全面建成小康社会高度契合，是适应新时代发展要求的，是马克思主义发展观的继承和发展，是马克思主义发展观在理论和实践上的高度统一。共享发展理念明确指出，必须坚持发展为了人民，发展依靠人民，发展成果由人民共享的价值观。共享发展的实质就是坚持"以人民为中心"的思想，主要解决的是社会的公平正义问题，逐步实现全体中国人民共同富裕，这也是改革开放和中国特色社会主义事业的根本目的。全面建成小康社会作为一种标尺，是衡量人民生活水平是否提高的标准，也使人民群众在共建共享过程中有更多的获得感。

---

① 习近平 . 河北阜平看望慰问困难群众时强调：把群众安危冷暖时刻放在心上把党和政府温暖送到千家万户［N］. 人民日报，2012-12-31.
② 习近平 . 在首个"扶贫日"之际作出重要批示强调：全党全社会继续共同努力形成扶贫开发工作强大合力［N］. 人民日报，2014-10-18.

因此，共享发展的提出，为全面建成小康社会提供了更明确的目标和方向，共享发展过程中的相关要求倒逼全面建成小康社会要作出必要的制度安排，以更好地适应社会的发展。作为新发展理念之一，共享发展理念的实质还包含着创新、协调、绿色和开放发展理念的内涵和外延。综上所述，共享发展理念是全面建成小康社会的价值导向，也是全面建成小康社会的根本出发点，全面建成小康社会是实现共享发展理念的有效途径，两者之间相辅相成，辩证统一。

论上海对口支援新疆精准扶贫脱贫
迈进全面小康社会的成功之道
——以上海新一轮对口支援新疆喀什地区四县为例

傅尔基

摘要： 本文分析了上海新一轮对口支援新疆喀什地区四县——泽普县、巴楚县、莎车县和叶城县 2010 年贫困基本状况，回顾"十二五"时期上海对口支援新疆喀什地区四县助力扶贫脱贫的进展和成效，阐述"十三五"时期上海对口支援新疆喀什地区四县全力以赴助力精准扶贫脱贫的总体方略、对策举措和取得成效，论证了上海新一轮对口支援新疆喀什地区四县助力脱贫摘帽、携手各族人民共同迈进全面小康社会的成功之道具有的重大意义。

关键词： 上海；对口支援；新疆；精准扶贫脱贫

对口支援是在我国现有政治制度和政府管理体制下，中央政府通过政治动员、行政部署和特殊政策，推动与地方政府之间以及地方政府相互之间形成的行政援助和契约协作，主要依靠中央和援建方干部人才挂职支援和财政无偿转移支付，以特定项目为载体，完成对特定受援地区的民生、经济、人才、科技、文化等对口支援任务，协助促进特定受援地区经济社会跨越式发展和各族群众脱贫致富。打赢精准扶贫脱贫攻坚战是党和国家关于我国全面建成小康社会决胜阶段的一项重大战略部署。本文是对上海新一轮对口支援新疆喀什地区四县精准扶贫脱贫、迈进全面小康社会的方略、进程、举措和成效的回顾研究，以此论证中国特色地方对口支援助力边疆少数民族地区精准扶贫脱贫、各族人民共同迈进全面小康社会的成功之道具有的重大意义和启示价值。

作者简介：傅尔基，上海市发展改革研究院研究员，上海市对口支援新疆喀什四县综合规划前方工作小组原组长，上海市习近平新时代中国特色社会主义思想研究中心研究员，主要从事体制改革、发展规划、区域经济、侨商侨务和金融投资等方面的理论研究和决策咨询。本文为作者担任组长主持、执笔中国致公党上海市委 2016 年度内部招标课题"全力以赴做好上海对口支援西部地区精准扶贫工作调研"成果，经修改而成。通信地址：上海市梅陇路化工一村 97 号 605 室，邮编：200237。

一、上海新一轮对口支援新疆喀什地区四县贫困基本状况与"十二五"时期对口支援助力扶贫脱贫的进展和成效

上海新一轮对口支援新疆喀什地区四县全部是国家扶贫开发工作重点县,通过"十二五"时期以"民生为本"的全面对口支援,助力四县扶贫脱贫取得明显成效。

(一)2010 年上海新一轮对口支援新疆喀什地区四县贫困基本状况

按照党中央和国务院统一部署,上海新一轮(2011~2020 年,实际上始于 2010 年)对口支援新疆喀什地区四县——泽普县、巴楚县、莎车县和叶城县(以下简称四县)。2010 年,四县都是国家扶贫开发工作重点县,四县的基本状况如下:

第一,贫困人口数量多,所占比重高。2010 年,四县贫困人口有 56.78 万人,占四县总人口的 34.4%,占喀什地区贫困人口的 60%,占新疆贫困人口的 1/3。其中,莎车县的贫困人口最多,占喀什地区贫困人口的 1/2。可以说,新疆贫困人口集中在南疆,南疆贫困人口集中在喀什地区,喀什地区贫困人口集中在四县。

第二,扶贫开发重点镇乡村占了一半。2010 年,四县 73 个乡镇(56 个乡,17 个镇)中有 40 个乡镇是扶贫开发重点乡镇,占 56%;四县 1120 个行政村中有 605 个行政村是扶贫开发重点村,占 54%。也就是说,四县贫困人口大部分集中于镇乡村。相对来说,四县县城社区中贫困人口少。

第三,以维吾尔族为主的贫困农民居多。南疆是我国维吾尔族集聚地。四县中以维吾尔族为主的少数民族占 90% 以上。2010 年,四县农村人口有 121.6 万,占四县总人口(175.24 万)的 67.11%。四县农村人口是以维吾尔族为主的少数民族农民,他们是四县贫困人口的主要来源和组成部分。

第四,贫困突出特征是货币性贫困。四县均位于叶尔羌河和提孜那甫河的冲积平原(全国第三大平原灌区)上,盛产粮棉等农副、林果产品,畜牧家禽产品丰富,千百年来自给自足,基本上能保证正常的吃穿用住,做到日常生活温饱。所以,四县贫困主要不是物质性贫困,而是属于货币性贫困,即按 2009 年人均年纯收入 1196 元标准认定为贫困县。

第五,致贫主要成因是经济不发展。四县贫困户致贫的主要原因是传统农业比重大,生产效率不高,附加价值小,外部销售市场不旺,工业比重低,造成农村潜在失业人口多,货币性收入少。劳动力素质低,尤其是青少年受教育程度低,技能低,影响就业和产业发展。这些因素在整个致贫因素中占比达 50% 以上。另外,医疗卫生条件差,社会保障不够,导致因病致贫等。

（二）"十二五"时期上海对口支援新疆喀什地区四县扶贫脱贫的进展和成效

1."十二五"时期上海以"民生为本"推进对口支援新疆喀什地区四县扶贫脱贫

"十二五"时期，上海对口支援四县90多亿元财政资金，加上企业投资和社会捐资，总共有100多亿元，对口援建100多个项目，70%以上是民生和社会事业项目，有力地促使四县各族农牧民和城镇居民的生活生产条件明显改善[1]。四县农牧民基本住上了"国家、自治区补贴一点，上海对口支援一点和农牧民自己拿出一点"建造的抗震性能强、舒适度高的富民安居房和定居兴牧房。教育、医疗卫生、社会养老和助残康复等公共服务和社会福利水平大幅上升。上海加大力度对口支援当地农牧业、林果业和加工制造业、建筑业等产业现代化发展，工业园区和旅游景区升级发展，帮助当地产品扩大对内地、对上海销售，增加了当地就业，带动了农牧民和城镇居民收入增加。其中，到2015年，四县农牧民人均年纯收入比2010年的4737.25元翻了约一番，远超喀什地区"十二五"规划确定的减贫目标值。

2."十二五"期末上海对口支援新疆喀什地区四县扶贫工作取得了显著成效

"十二五"时期，在党中央的大力支持下，在上海、深圳、广东和山东等省市着力对口的支援下，经过全地区各族干部和群众努力工作，通过整村推进扶贫、连片开发扶贫、职业培训扶贫、产业就业扶贫和对口帮扶扶贫等多种方式和措施，到"十二五"期末，喀什地区扶贫工作取得了显著成效，解决了建档立卡10.96万贫困户、67.09万贫困人口的脱贫问题，以111.82%的比例，超额完成"十二五"规划确定的60万脱贫目标。[2]上海新一轮对口支援新疆喀什地区四县实现"七个明显"成效，即经济发展明显加快、社会事业明显进步、城乡面貌明显改观、人民生活明显提高、安定团结明显巩固、基层组织建设明显加强、绝对贫困状况基本消除。

二、"十三五"时期上海对口支援新疆喀什地区四县全力以赴助力精准扶贫脱贫的总体方略和对策举措

2014年以来，按照党中央和国务院部署，上海新一轮对口支援新疆进入全力以赴做好各项对口帮扶工作、助力对口帮扶喀什地区四县到2020年全部如期脱贫摘帽的攻坚阶段。

---

[1] 喀什地区国民经济和社会发展统计公报（2012～2014年）［EB/OL］. 喀什地区行政公署网 .www.kashi. gov.cn/kdgxzgs/c112198/201303/5a57516f618a4854bb883a35303e779fs.html.

[2] "十二五"喀什地区扶贫工作取得显著成效［N］. 喀什日报，2016-01-25.

（一）"十三五"时期上海对口支援新疆喀什地区四县精准扶贫脱贫的总体方略

"十三五"期间，上海紧紧围绕党和国家精准扶贫脱贫攻坚的要求和部署来推进各项对口支援工作，把精准扶贫脱贫作为重要政治任务和头等大事，纳入喀什地区"四位一体"即专项扶贫脱贫、行业扶贫脱贫、援疆扶贫脱贫、社会扶贫脱贫的大扶贫脱贫格局中，实施精准扶贫脱贫基本方略的"六个精准"即扶贫对象精准、项目安排精准、资金使用精准、措施到户精准、结对派人精准、脱贫成效精准，因地制宜助推"五个一批"即继续改善民生条件脱贫一批、发展生产销售增收脱贫一批、加强教育培训就业创业脱贫一批、转移外出打工扶贫脱贫一批、通过社会捐助帮扶脱贫一批。以对口支援为推手，以沪喀协作为纽带，以当地干群为主体，找准"短板"，精准发力，助推喀什地区四县到2020年实现"两个确保"目标即确保农村贫困人口全部脱贫和确保贫困县全部脱贫摘帽，在此基础上，与全疆、全国同步迈进全面小康社会。

（二）"十三五"时期上海对口支援新疆喀什地区四县精准扶贫脱贫的对策举措

第一，科学制定对口支援喀什地区四县精准扶贫脱贫规划。精准扶贫，规划为先。在上海对口支援喀什地区四县"十三五"规划遵循"普惠"原则和助推到2020年人均GDP比2015年再翻一番目标及其资金、项目、任务安排计划的基础上，补充精准扶贫脱贫的"特惠"原则，安排上海对口援疆资金、项目要向精准扶贫脱贫倾斜，明确到2020年助推四县实现"两个确保"目标，即确保农村贫困人口全部脱贫和确保贫困县全部脱贫摘帽。专项编制了《2016—2020年上海市四区对口精准扶贫喀什地区四县工作方案》，协同喀什地区，针对建档立卡贫困户和贫困人口情况，制定分年度计划和具体实施方案，加强组织领导，落实责任人员，分类分步推进。

第二，建立健全沪喀结对对口支援精准扶贫脱贫机制。明确喀什地区四县各族干部群众是上海对口支援扶贫攻坚、脱贫致富的主体。尤其是认识到喀什地区四县贫困群众不仅是上海对口支援扶贫攻坚的工作对象，还是脱贫致富的自主力量。在当地党委、政府的统一领导下，上海盘活、调动扶贫攻坚、脱贫致富的优势资源，在上海对口支援四县的总体框架下，以上海四区与喀什地区四县结成对口支援精准扶贫为主干，从"一区"对"一县"到"一企"对"一村"、"一团队"对"一家庭"，乃至"一人"对"一人"，结对帮扶，组织到位，责任到位，资金到位，项目到位，措施到位，全力以赴做好上海对口支援四县精准扶贫工作。

第三，持续改善民生、提升社会事业水平助力扶贫脱贫攻坚。"十二五"时期，上海以"民生为本"为方针、以"普惠和可持续"为原则开展对口支援四县工作，将 70% 的援疆资金用于民生条件改善和社会事业水平提高，对于消除四县绝对贫困状况发挥了显著成效。"十三五"时期，上海继续以"民生为本"为导向，坚持"普惠和可持续"原则，加上精准扶贫特惠原则，坚决守住民生底线，针对当地遗留下来的贫困户居住困难、职业教育培训负担不起、卫生健康水平低、养老医疗致贫返贫等一系列民生问题，以安居富民和社会事业两大领域精准扶贫为重点，采取特殊援助手段，特事特办，全面改善当地贫困人口的居住生活、医疗卫生、教育文化和社会福利等条件，全部解决各族贫困群众绝对贫困问题，缩小相对贫困差距。

第四，增强产业"自我造血"功能以期实现可持续的脱贫致富。"十三五"时期，上海深入贯彻中央第二次新疆工作座谈会和第五次全国对口支援新疆工作会议精神，高度重视"产业援疆促进就业"工作，统筹各类有效资源，调动一切积极力量，坚持不懈推进产业援疆促进就业工作。多措并举，强化招商引资，充分发挥行业协会、商会等机构的作用，推动以政府招商为主向园区招商、专业招商、产业链招商等现代招商方式转变，引导、鼓励和支持各类企业赴喀什投资经营一些适合当地贫困劳动力参与度高的农副产品加工、纺织服装、民族手工、民族餐饮、文化旅游、清真食品制造、商贸物流等区域特色产业，协助搭建创业孵化园区，增设企业卫星工厂和车间，资助开办庭院经济，增加贫困劳动力，尤其是贫困青年劳动力就业、创业和收入机会。上海动员机关事业单位和社会团体、企业和个人，实施消费扶贫，帮助四县实施"互联网 + 精准扶贫"，扎扎实实地把农村电子商务作为精准扶贫的有效平台，让贫困农户有更多机会便捷联结国内外大市场，让农产品顺利地实现由生产到消费的市场营销"惊险一跳"，分享增值收益。

第五，着重加强职业教育培训，助力青年就业创业带动脱贫致富。扶贫必扶智。"授人以鱼，不如授人以渔。"让上海对口支援四县贫困劳动力，尤其是让青少年接受良好教育，阻断贫困代际传递，是上海对口支援精准扶贫脱贫的重要任务。上海充分利用职业教育技术、人才和资源优势，加强四县职业教育建设，建立以就业为导向的职教体系，着力提升当地职业教育办学水平和培养能力。发挥上海—喀什职业教育联盟作用，派遣上海职业技能教育培训老师，以四县职业教育学校和基地为依托，根据企业、行业和市场需求，针对贫困户有劳动能力的青年，提供免费职业教育培训、定向委托职业教育培训，将上海帮助青年实现就业的有效模式——青年职业训练营引入四县，重点引导、推荐经过职业教育培训、具备一定职业技能的农村贫困青年就地就近应聘进入企业就业，鼓励、资助经过职业教育培训、具有创业愿望的城乡贫困青年就地就近进入创业园区、孵化中心自主创业，或在自我选择地点创业，通过帮扶贫困户青年"就业、创业一人"带动"脱贫一户"，"就业、创业一批"带动"脱贫一批"。

第六，精准组织、资助四县贫困青壮年劳动力转移就业脱贫致富。沪喀两地积极为四县贫困劳动力的转移就业创造条件。建立和完善沪喀就业信息网络平台，向四县求职者提供劳动力市场信息，鼓励和引导上海劳务中介组织、用工单位到四县开展用工招聘活动，参与当地开展劳务输出代理服务，尤其是贫困劳动力劳务输出。对于吸纳四县贫困劳动力就业的上海企业，参照上海本市吸纳困难就业人员的奖励办法给予补贴。设立四县贫困劳动力异地就业的特殊扶持资金，对转移外地就业的贫困劳动力的路费、餐饮费以及亲属探望的相关费用进行特殊补贴，提高当地贫困劳动力到外地就业的积极性，通过"劳务输出一人"带动"脱贫致富一家"。

第七，创新构建全社会捐助推进精准扶贫脱贫对接机制和帮扶形式。发扬社会捐助传统，鼓励和引导国内外，主要是上海企业、社会组织和个人捐资捐物捐智，共同参与上海对口支援四县脱贫攻坚。将社会捐助纳入精准扶贫，构建上海社会帮扶资源（资金、物质和智力等）与上海对口支援四县精准扶贫有效对接机制，通过社会捐助结对帮扶形式——包户包人，助力脱贫。鼓励、引导和支持上海社工组织和专业社工以及社工志愿者进驻上海对口支援四县社区和农村。在当地民政局等政府部门和城乡社区组织指导下，配合当地民政等工作要求，根据社区群众实际需要，有选择地试点开展帮困扶贫、服务孤寡老人和孤儿等特殊弱势群体的助人自助项目和活动。坚持扶贫"先他扶、再自扶"的社会扶贫理念和方法，把自力更生、艰苦奋斗教育贯穿扶贫开发始终，提倡奋斗改变命运，充分激发贫困群众脱贫致富的主动性、积极性和创造性，共同攻坚扶贫致富，同步迈向全面小康社会。

第八，坚持对口支援山区、边境精准扶贫脱贫与稳疆固边紧密结合。对于上海对口支援四县中处于山区、边境扶贫攻坚工作，坚持"一线守边、二线固边、三线服务"的边境扶贫路子，注重民生建设安边、产业扶贫兴边、经济发展富边、防灾减灾固边等项目建设，以支援贫困农牧民因地制宜地发展特色种植、养殖业等见效快的优势产业，扶持发展边境贸易，多元化增加山区、边境农牧民收入，以集中就地扶贫脱贫为主，以生态补偿扶贫脱贫、适当转移扶贫脱贫为辅，加快边民脱贫致富。除非环境恶劣不适宜边民生产生活，已经处于"一方水土养不起一方人"的极端境地，需要转移安置扶贫脱贫，一般不能轻易提倡迁移转移扶贫脱贫。

第九，加强现代文明理念和世俗化文化生活引领对口支援精准扶贫脱贫。对口支援精准脱贫不仅体现在经济上，还体现在文化上。海派文化援疆是上海对口援疆的一个"亮点"。上海"文化润疆"精准扶贫脱贫，就是将海派文化援疆所倡导的现代文明理念和世俗文化生活方式多角度、全方位贯穿于上海对口支援四县精准扶贫脱贫过程中。坚持弘扬社会主义核心价值体系和核心价值观，加强现代文化传播，加快完善公共文化服务体系，引导开展大众文体娱乐项目，积极参与创作反映以维汉等各民族团结"一家亲"为重点的文艺作品和影视作品等，协调组织各类"沪喀一家亲"活动项目，尤其是"沪喀青少年手拉手"活动，不断深化沪喀两地文化领域交流合作，既要管好"肚子"，又要管好"脑子"，扩大贫困群众文化就业面，增加文化（旅游）经营服务收入，振奋贫困群众精神风貌，扶贫又扶志，把对口支援精准扶贫建成民族团结共享工程，努力"去极端化"，为喀什地区、南疆、全疆社会稳定和长治久安营造"一体多元"中华文化氛围。

第十，增强对口支援精准脱贫成效评估和"两地三方"联合监督。在上海对口支援喀什地区四县综合规划中的绩效评估项目中，增加以精准脱贫成效为主的子评估项目，制定对口支援精准脱贫成效的评估办法，提高精准脱贫指标在上海对口支援绩效评估中的权重，引导上海对口支援聚焦到帮扶四县脱贫攻坚上来，并以此激励、考核上海对口支援新疆干部，包括评奖援疆先进集体、优秀干部，考察、提拔干部。健全上海对口支援四县精准扶贫资金封闭运行、全程监控和项目建设管理监督机制。借用浦发银行网银支付系统和账户管理系统平台，由两地（上海、喀什）三方（上海市监察部门、喀什地区监察部门和上海对口支援新疆工作前方指挥部纪委）联合监督，力争确保上海对口支援四县精准扶贫资金建设各项工程是"精品工程""廉洁工程""民族团结工程"，经得起历史检验。

三、上海新一轮对口支援新疆喀什地区四县助力精准扶贫脱贫取得的目标成效和重大意义

到2020年底，上海完成了新一轮对口支援新疆喀什地区四县助力精准扶贫脱贫任务，携手边疆各族人民共同迈进全面小康社会，为全国如期完成脱贫攻坚任务、迈进全面小康社会作出了重大贡献，积累了有益经验，其成功之道为世界上欠发达、发展中国家和地区推进减贫事业提供了"上海方案"和"上海智慧"。

（一）2020年底上海新一轮对口支援新疆喀什地区四县精准扶贫脱贫取得的目标成效

2011~2020年两个"五年规划"、十年时期，上海对口支援新疆喀什地区及其四县派出干部人才四批（见表1）及其社会人才约千人次，地方财政转移支付200多亿元，企业投资和社会捐赠数百亿元，援建城乡住房、基础设施、教育和就业设施及劳动力培训、社会事业、产业发展、干部人才支援及培养培训、基层政权及阵地建设、交流交往及其他项目300多个，重点向贫困村、贫困户和贫困人口倾斜，为对口支援新疆喀什地区四县到2015年人均生产总值翻一番半、城乡居民收入显著增加、人均基本公共服务能力接近全疆平均水平、财政收入快速增长提供了有力支撑，为四县到2020年基本消除贫困现象、全部摘除贫困帽子、与全疆和全国同步进入全面小康社会、实现党中央提出的跨越式发展和社会长治久安的目标发挥了重大作用。

表1　上海新一轮对口支援新疆喀什地区及其四县干部人才、资金和项目概览

援疆批次	第七批援疆	第八批援疆	第九批援疆	第十批援疆
援疆时期	2010年8月至2013年12月	2014年2月至2017年1月	2017年2月至2020年1月	2020年3月至2023年1月（预定）
援疆干部人才	125名	159名	170名	169名
援疆资金项目	51.86亿元资金，419个项目	63.19亿元资金，377个项目	79.37亿元资金，386个项目	计划28.57亿元资金，119个项目

"十三五"期末，上海新一轮对口支援新疆喀什地区助推四县贫困人口按我国现行标准下逐步、全部脱贫和四县逐步、全部摘掉国家级和地区级贫困县帽子，解决区域性整体贫困。根据《中共中央办公厅、国务院办公厅印发〈关于建立贫困退出机制的意见〉的通知》（厅字〔2016〕16号）精神，新疆维吾尔自治区人民政府分别于2019年、2020年先后发布公告，国家级贫困县泽普县、巴楚县、莎车县和叶城县先后经县级申请、地（州）初审、自治区实地核查和专项评估检查、社会公示、审定等程序，符合贫困县退出标准和条件，程序规范完整。截至2020年11月，经研究批准，泽普县、巴楚县、莎车县和叶城县先后退出贫困县序列。至此，上海新一轮对口支援新疆喀什地区泽普、巴楚、莎车和叶城四个国家级贫困县，先后全部摘除贫困县帽子（见表2）。上海助力完成了新一轮对口支援新疆喀什地区四县扶贫脱贫攻坚任务。

表2　泽普、巴楚、莎车和叶城四个国家级贫困县退出贫困县序列日期

县	泽普	巴楚	莎车	叶城
日期	2019年4月3日	2020年1月24日	2020年11月14日	2020年11月14日

按照收入倍增计划，到2020年，喀什地区农牧民人均年纯收入要翻一番，达到15000元左右，按中央明确的地方扶贫标准可在当地农民人均收入的30%~50%内确定，喀什地区扶贫标准为4800~8000元，高于按不变价折算2020年约4000元的国家扶贫标准。上海新一轮对口支援新疆喀什地区四县助力实现贫困地区农民人均可支配收入增长幅度高于全国平均水平，基本公共服务主要领域指标接近全国平均水平，携手边疆各族人民共同迈进全面小康社会。

（二）上海新一轮对口支援新疆喀什地区四县助力完成精准扶贫脱贫任务的重大意义

上海新一轮对口支援新疆喀什地区四县助力完成精准扶贫脱贫任务，不仅对于四县、喀什地区和新疆脱贫致富事业，而且对于服务我国脱贫攻坚战略任务完

成、实现全面小康社会的第一个百年奋斗目标、推进世界减贫事业具有重大意义。

第一，助力全国到2020年如期实现全面脱贫和建成小康社会。精准扶贫脱贫是党和国家关于我国全面建成小康社会决胜阶段的一项重大战略部署。习近平总书记一再强调，全面小康是要惠及13亿人民的全面小康，是不分地域的全面小康，是不让一个人因贫困而掉队的全面小康，是一个民族都不能少的全面小康。习近平总书记反复强调，没有贫困地区的小康，就没有全面建成小康社会。上海新一轮对口支援新疆喀什地区四县存在大量贫困人口，是喀什地区与全疆、全国同步进入全面小康社会最严重的"短板"。上海新一轮对口支援新疆喀什地区四县，助力精准扶贫脱贫，到2020年底，四县贫困人口和贫困县全部摘除了贫困帽子，是实现党和国家明确到2020年消灭所有贫困人口、全面建成小康社会目标的重要组成部分。

第二，助力国家加强各民族团结、保障边疆社会长治久安。精准扶贫脱贫关系党的执政和国家长治久安的群众基础。人穷，一种情况是会出现"志短"，甚至走向生活和社会反面、对立面；另一种情况是会出现"思变"，期望改变目前贫穷生活状况，富裕起来。全心全意为人民服务是党的宗旨，也是政府的责任。心系人民，一心一意为老百姓做事，多做雪中送炭的工作，满怀热情为困难群众办事。上海新一轮对口支援新疆喀什地区四县，助力完成精准扶贫脱贫，就是完成一大争取民心工程，就是完成一大加强各民族团结工程，有利于打牢、打好社会长治久安，巩固边疆的经济社会条件和各族群众基础。

第三，助力我国东西部协作、区域协调发展的战略思想落实。在20世纪80年代末和20世纪90年代初，邓小平提出了我国区域发展"两个大局"战略思想。党的十八大以来，习近平总书记提出加强我国东西部协作、推进实现区域协调发展的战略思想。实施好区域协调发展战略决策，对维护民族团结、国家统一和社会稳定，对逐步达到社会主义的共同富裕和实现中华民族的伟大复兴，都起到积极的推动作用。上海地处我国率先发展的东部沿海地区，经济发展水平较高，在新一轮对口支援新疆喀什地区四县过程中，深刻领会把握、积极贯彻落实党和国家精准扶贫的精神和部署，鼓励、引导和支持东部地区人才、资金、技术向对口支援喀什地区及其四县流动，助力打赢四县脱贫攻坚战。这是在全面建设小康社会新时期新形势下推进落实区域协调发展战略思想的具体生动有效体现。

第四，助力我国积极参与、推动世界减贫事业的共同发展。改革开放30多年，我国已经让6亿多人摆脱了贫困，对世界减贫事业的贡献率超过3/4，取得了举世公认的减贫成就。到2020年，我国消除了7017万贫困人口，全国832个贫困县全部脱贫摘帽，极大地推动了世界减贫事业的共同发展，为人类共同富裕作出新贡献。上海新一轮对口支援新疆喀什地区四县精准扶贫脱贫，是在一个以农业为主转向以工业和服务业为主，传统农业社会转向现代文明社会、祖国边疆、少数民族集聚地区开展减贫事业，是扶贫攻坚最难啃的"硬骨头"。到2020年末上海如期助力四县成功摘除贫困帽子，增强了边疆和少数民族集聚地区对祖国社会主义制度的向心力和自信心，与此同时，积累了通过对口支援助力精准扶贫脱贫的有益经验，其成功之道对世界上不发达、发展中国家和地区推进减贫事业具有启发价值和示范意义。

参考文献

[1] 脱贫摘帽之后怎么干？习近平这样部署 [EB/OL]. [2020-12-03]. https://www.chinanews.com.cn/gn/2020/12-03/9353479.shtml.

[2] 习近平：脱贫攻坚不获全胜决不收兵 [EB/OL]. [2019-03-08]. http://expo.ce.cn/gd/201903/08/t20190308_31636614.shtml.

[3] 曹东勃. 对口支援：脱贫攻坚战的决胜利器 [N]. 解放日报，2018-08-21.

[4] 傅尔基. 国家战略：上海新一轮对口支援新疆规划、机制和实践研究 [M]. 长春：吉林大学出版社，2017.

[5] 张建波. 总书记深情话扶贫，谆谆告诫"六个不能" [EB/OL]. 人民网，2016-03-14.

[6] 姜微. 上海：把对口支援任务纳入脱贫攻坚全过程 [N]. 新华每日电讯，2015-12-01（5）.

[7] 习近平的精准扶贫方略走向世界 [EB/OL]. [2015-10-18]. http://world people.com.cn/n/2015/1018/c1002-27710912.html.

[8] 上海市对口支援新疆喀什四县综合规划（2011—2015 年中期调整）[Z]. 上海市对口支援新疆工作前方指挥部，上海市发展改革研究院，2011.

[9] 杨绍波，傅尔基. 论发达地区与欠发达地区金融对接：基于金融深化与上海金融援疆分析 [J]. 上海金融，2013（7）.

决胜全面建成小康社会的
政治优势与现实考量

邱春林

摘要： 全面建成小康社会是中国共产党人践行初心和使命的时代担当，也是我国社会主义现代化建设的第一个百年奋斗目标。2020 年是全面建成小康社会的决胜年，面对防范化解重大风险、精准脱贫、防治污染三大攻坚战，需要发挥党独特的政治优势，切实发挥党的理论与时俱进优势、思想政治工作优势、基层组织建设优势、密切联系群众优势；面对决胜全面建成小康社会的现实，必须进一步加强党的全面领导，坚持以发展为中心，坚持人民中心地位，以破解三大难题为突破口，扎实推动国家治理现代化，从而为决胜全面建成小康社会提供强大的政治保障和现实路径。

关键词： 决胜全面建成小康社会；政治优势；现实考量

近代以来，中华民族始终面临着两大历史任务：一是求得民族独立和人民解放；二是实现国家繁荣富强和人民共同富裕。随着新民主主义革命的胜利中华人民共和国的成立，第一个任务已顺利完成，而实现国家繁荣富强和人民共同富裕这一任务，正按照党的十九大确定的"两个一百年"奋斗目标战略部署扎实推进。2020 年是全面建成小康社会的决胜年，面对防范化解重大风险、精准脱贫、防治污染三大攻坚战，尤其是需要发挥党独特的政治优势，把握世情、国情、党情，才能为决胜全面建成小康社会提供强大的政治保障。

基金项目：本文系教育部人文社科研究规划基金项目《新时代中国特色乡村治理体系现代化研究》（19YJA710031）、山东省社科规划项目山东省委党校创新工程项目《乡村治理体系现代化齐鲁样板研究》（18CDCJ16）的阶段性成果。

作者简介：邱春林，男，山东兰陵人，中共山东省委党校马克思主义学院副教授，法学博士，主要从事中国特色社会主义法治理论、马克思主义中国化研究与教学。通信地址：山东省济南市旅游路 3888 号中共山东省委党校马克思主义学院。

一、全面建成小康社会的提出与战略方位

（一）全面建成小康社会的提出

"小康社会"这一概念出自《礼记·礼运》，凝聚着中国传统智慧，体现了中国人对未来社会的美好追求。1979年12月6日，邓小平在会见日本首相大平正芳时，首次提出"小康"概念。1984年，邓小平进一步提出翻两番，国民生产总值人均达到800美元，就是到20世纪末在中国建立一个小康社会，这个小康社会叫作中国式的现代化。[①]1997年，党的十五大进一步丰富了邓小平的第三步设想，形成了"新三步走"战略。2002年，党的十六大确认，"我们胜利实现了现代化建设'三步走'战略的第一步、第二步目标，人民生活总体上达到小康水平"。[②]继而在此基础上，全面建设更高水平的小康社会，使人民生活等各个方面都有新发展，迈上新台阶。2007年，党的十七大进一步提出，今后要继续努力奋斗，确保到2020年实现全面建成小康社会的奋斗目标。[③]党的十八大再一次重申确保到2020年实现全面建成小康社会宏伟目标[④]，对全面建设小康社会目标进行了充实和完善。从邓小平提出"小康社会"设想到实现"总体小康"，从"全面建设小康社会"到"全面建成小康社会"，小康社会的目标及构想一脉相承，不断丰富，既集中体现了人民中心地位，又强调了中国小康的特殊性，也正因如此，这一提法深入人心，并不断得到拓展和深化。

（二）决胜全面建成小康社会的目标和任务

党的十八大以来，以习近平同志为核心的党中央结合我国经济社会发展实际，特别是广大人民群众的新期待，进一步赋予了小康社会更丰富的内涵、更高的标准。全面建成小康社会实现第一个百年奋斗目标，既是我们党向人民、向历史作出的庄严承诺，是近14亿中国人民的共同期盼，也是我们实现社会主义现代化的关键一步。党的十九大进一步明确了"决胜全面建成小康社会，夺取新时代中国特色社会主义伟大胜利，为实现中华民族伟大复兴的中国梦不懈奋斗"的历史使命和任务[⑤]，这也标志着中国特色社会主义进入新时代，标志着我们进入了全面建成小康社会的决胜期。

全面建成小康社会，意味着"经济高质量发展、人民生活水平和质量普遍提高、国民素质和社会文明程度显著提高、生态环境质量总体改善、各方面制度更

---

① 邓小平文选（第3卷）[M].北京：人民出版社，1993：54.
② 中共中央文献研究室.十六大以来重要文献选编（上）[M].北京：中央文献出版社，2005：14.
③ 中共中央文献研究室.十七大以来重要文献选编（上）[M].北京：中央文献出版社，2009：15.
④ 中共中央文献研究室.十八大以来重要文献选编（上）[M].北京：中央文献出版社，2014：13.
⑤ 中共中央文献研究室.关于"不忘初心、牢记使命"重要论述选编[M].北京：中央文献出版社，2019：1.

加成熟更加定型"①。不同于原来讲的小康社会，这里的"全面"更多地体现了全方位、多层次、立体化。习近平总书记多次强调：全面小康首先是"五位一体"全面进步的小康，要求经济、政治、文化、社会、生态文明五大建设平衡、协调、可持续发展，实现全面共同推进。任何一个方面的滞后发展，与我们所提出的全面小康社会初衷都是不相符的，也是背道而驰的，其无疑会影响我们最终实现全面建成小康社会的最终目标。

（三）决胜全面建成小康社会是实现中华民族伟大复兴中国梦的第一步

决胜全面建成小康社会是实现现代化的前提和基础，是实现中华民族的伟大复兴中国梦的第一步。没有全面建成小康社会，就不能有现代化国家的建成，更不能实现中华民族伟大复兴中国梦。中华人民共和国成立之初，毛泽东就指出，我们的任务"就是要安下心来，使我们可以建设我们国家现代化的工业、现代化的农业、现代化的科学文化和现代化的国防"②，"我们的总目标，是为建设一个伟大的社会主义国家而奋斗。我们是一个六亿人口的大国，要实现社会主义工业化，要实现农业的社会主义化、机械化"③。

改革开放之后，根据世情、国情和党情的变化，我们党对我国社会主义现代化建设作出了相应的战略安排，提出了"三步走"战略目标。邓小平指出，"我们摆在第一位的任务是在本世纪末实现现代化的一个初步目标，这就是达到小康的水平"。④ 当然，"我们要实现的四个现代化，是中国式的四个现代化，不是像你们那样的现代化的概念，而是'小康之家'"。⑤ 事实上，自改革开放以来，解决人民温饱问题、人民生活总体上达到小康水平这两个目标已提前实现。在这个基础上，我们党提出，到建党一百年时建成经济更加发展、民主更加健全、科教更加进步、文化更加繁荣、社会更加和谐、人民生活更加殷实的小康社会，然后再奋斗三十年，到新中国成立一百年时，基本实现现代化，把我国建成社会主义现代化国家。⑥ 由此可见，全面建成小康社会是实现现代化的必经阶段，也是我们最终实现社会主义现代化的前提和基础。

---

① 习近平新时代中国特色社会主义思想学习纲要［M］.北京：人民出版社，2019：61.
② 毛泽东文集（第8卷）［M］.北京：人民出版社出版，1996：162.
③ 毛泽东文集（第6卷）［M］.北京：人民出版社出版，1996：329.
④ 邓小平文选（第3卷）［M］.北京：人民出版社，1994：9.
⑤ 邓小平文选（第2卷）［M］.北京：人民出版社，1993：237.
⑥ 中共中央文献研究室.关于"不忘初心、牢记使命"重要论述选编［M］.北京：中央文献出版社，2019：22.

二、决胜全面建成小康社会的独特政治优势

（一）坚持理论的与时俱进，不断推进马克思主义中国化的优势

中国共产党始终高度重视理论对革命、建设和改革的指导，从建党开始到今天，不断用中国化的马克思主义指导中国革命、建设和改革实践，实现了马克思主义中国化的与时俱进。在这一过程中，中国共产党把马克思主义理论与中国革命、建设和改革的实际相结合，与中国的国情相结合，实现了马克思主义的中国化，这就是毛泽东思想、中国特色社会主义理论体系，习近平新时代中国特色社会主义思想正是马克思主义中国化的最新成果，也正是有了中国化的马克思主义的正确指导，才有了中国革命、建设和改革的巨大成功。改革开放以来，正是坚持了毛泽东思想的正确指导，才有了中国特色社会主义的新发展，并在此基础上，逐步形成了邓小平理论、"三个代表"重要思想、科学发展观等中国特色社会主义理论体系，特别是党的十八大以来，习近平新时代中国特色社会主义思想逐步成熟，有力保障了中国改革、发展和稳定。放眼建党百年历史进程，可以看到，在推动发展中实现理论的与时俱进始终是中国共产党的一大优势，决胜全面建成小康社会依然需要发挥这一优势。

（二）坚持解放思想，实事求是，注重发挥思想政治工作的优势

中国共产党历来认为，政治工作是一切工作的生命线。历史和现实一再证明，坚持党的领导，重视思想政治工作始终是我们党取得革命、建设和改革胜利发展的基本经验。1934年2月，在全军政治工作会议上，周恩来同志首次提出了"政治工作是红军的生命线"的论断[①]。毛泽东在《反对主观主义和宗派主义》一文中指出，"掌握思想教育是我们第一等的业务"[②]。1981年6月，《关于建国以来党的若干历史问题的决议》重申了"思想政治工作是经济工作和其他一切工作的生命线"[③]。在推动中国历史巨变的进程中，党始终高度重视发挥思想政治这一独特优势。无论是中华人民共和国成立初期的三大改造，以及随后开展的社会主义建设的探索与实践，还是党的十一届三中以来，对中国特色社会主义的探索与实践，中国共产党都是十分重视加强党的思想政治工作，注重做到思想上的统一，注重发挥党的基层组织的战斗堡垒作用，从而保证了农村改革的启动、发展、深入和创新发展，特别是进入全面建成小康社会决胜阶段，始终坚党的领导，充分发挥党的思想政治优势，切实提高党的各级领导干部，特别是农村基层党员干部的

① 中共中央文献研究室.十二大以来重要文献选编（下）[M].北京：人民出版社，1988：1278.
② 毛泽东著作专题摘编[M].北京：中央文献出版社，2003：1477.
③ 中共中央文献研究室.十一届三中全会以来重要文献选读（上）[M].北京：人民出版社，1987：337.

思想政治素养和领导能力，通过思想政治工作，凝聚各方力量，调动一切积极因素，把思想政治优势真正转化为决胜全面建成小康社会的强大政治保障。

（三）推进党的伟大工程，注重发挥基层党组织建设的优势

党的全部工作和战斗力的基础在于基层党组织，落实党的路线、方针、政策和各项任务需要靠基层党组织。应该说自改革开放以来，经过长期的实践探索，我们党基本形成了具有中国特色的党领导农村工作的强大组织体系。从整体上看，党领导农村工作的组织体系主要包括三个层面：一是党的中央农村工作领导组织；二是地方农村工作领导组织；三是基层农村工作领导组织。[①] 不可否认，目前在中央以下的省、市、县三级，党委农村工作综合部门的设置并不统一，在推进乡村振兴实践进程中需要进一步探索整合，发挥党的组织优势，着力提升党的农村治理能力。决胜全面建成小康社会，迫切需要农村基层党组织积极适应决胜全面建成小康社会的需要，即由原来的以"领导群众工作"为导向转变为现在的以"代表群众利益"为导向，通过提高服务意识，创新服务形式，切实构建起党组织联系和服务群众工作的新体系。在这一过程中，要充分发挥党组织自身的政治优势和组织优势，不断扩大党在各种组织中的覆盖面与渗透力，更好地实现对村级社会组织、经济组织的领导，打造全覆盖、管理高效、运转有序、设置规范科学的农村基层组织体系，切实发挥农村基层党组织的领导核心作用，发挥村民自治组织、集体经济组织的主体地位，发挥群团组织和民间组织的有效补充作用，形成合力，凝心聚力才能更好地决胜全面建成小康社会。

（四）坚持人民中心地位，注重发挥党密切联系群众的优势

在决胜全面建成小康社会的进程中，中国共产党始终高度重视尊重农民的主体地位。党的十五届三中全会在总结农村改革 20 年的基本经验时曾指出，必须充分尊重农民的首创精神，依靠群众推进改革的伟大事业[②]。党的十七届三中全会强调，"充分发挥农民主体作用和首创精神，紧紧依靠亿万农民建设社会主义新农村"[③]。事实和实践一再证明：农村改革的许多成功的经验和做法，无一不是首先源于农民的发明和创造，再经过组织调研、推广试点、系统梳理和总结提升，最后形成具有普适性的农村政策。密切联系群众是中国共产党取得革命、建设和改革成功的重要保障。

在革命、建设、改革的不同阶段不同时期，中国共产党始终把密切联系群众看作事关党的生死存亡的重大问题，强调要把密切联系群众化为党的根本组织路

---

① 邱春林.中国共产党农村治理能力现代化研究［M］.济南：山东人民出版社，2017：162.
② 中共中央文献研究室.十五大以来重要文献选编（上）［M］.北京：人民出版社，2000：557.
③ 中共中央文献研究室.十七大以来重要文献选编（上）［M］.北京：中央文献出版社，2009：673.

线、化为党的根本的工作路线、化为党的工作作风，融于党的建设和各项实际工作之中。在决胜全面建成小康社会的历史进程中，中国共产党同样需要做到坚持密切联系群众，尊重农民群众意愿。邓小平多次在不同场合指出，"党只有紧紧地依靠群众，密切地联系群众，随时听取群众的呼声，了解群众的情绪，代表群众的利益，才能形成强大的力量，顺利地完成自己的各项任务。现在群众中需要解决的思想问题很多，党内需要解决的思想问题也很多"①。党的十八大以来，以习近平同志为核心的党中央出台了关于改进党的工作作风、密切联系群众的八项规定，提出了反"四风"和开展"三严三实"实践活动，要求党员干部"严以修身、严以用权、严以律己和谋事要实、创业要实、做人要实"②，从而将党的作风建设推向深入。事实上，持续加强和改进党的作风建设，增强党基层组织的生机与活力，才能获得广大农民群众的充分信任和支持，才能为决胜全面建成小康社会提供强大保障。

三、决胜全面建成小康社会的现实考量

（一）决胜全面建成小康社会，必须加强党的全面领导

中国特色社会主义最本质的特征是中国共产党的领导，中国特色社会主义制度的最大优势是中国共产党的领导。习近平总书记指出："党政军民学，东西南北中，党是领导一切的，是最高的政治领导力量。"③党的十八大以来，在以习近平同志为核心的党中央坚强领导下，积极推进社会主义经济建设、政治建设、文化建设、社会建设、生态文明建设，全面建成小康社会取得新的重大进展。党中央以巨大的政治勇气和强烈的责任担当，提出了一系列新理念新思想新战略，出台了一系列重大方针政策，推出了一系列重大举措，推进了一系列重大工作，"解决了许多长期想解决而没有解决的难题，办成了许多过去想办而没有办成的大事"。④决胜全面建成小康社会，全面建设社会主义现代化国家，实现中华民族伟大复兴中国梦，就要一如既往地坚持党的领导。这就必须按照党的十九大的要求，推进党的建设这一伟大工程，坚决维护习近平同志党中央的核心、全党的核心地位，不断提高党的执政能力和领导水平，切实肩负起为实现中华民族伟大复兴中国梦的领导核心。

（二）决胜全面建成小康社会，必须坚持以人民为中心的发展理念

发展是硬道理，而为人民谋幸福是中国共产党人的初心。中国共产党从革命

① 邓小平文选（第2卷）［M］.北京：人民出版社，1994：342.
② 习近平.在党的群众路线教育实践活动总结大会上的讲话［M］.北京：人民出版社，2014：23.
③ 习近平新时代中国特色社会主义思想学习纲要［M］.北京：学习出版社，2019：68.
④ 习近平.决胜全面建成小康社会　夺取新时代中国特色社会主义伟大胜利——在中国共产党第十九次全国代表大会上的报告［M］.北京：人民出版社，2017：9.

的第一天起，就明确了自己的奋斗目标，那就是全心全意为人民服务，无论是干革命、搞建设，还是抓改革，无不是为了人民的利益，无不是为了让人民过上好日子。习近平总书记指出："人民对美好生活的向往，就是我们的奋斗目标。"[①] 我们要永远保持共产党人的奋斗精神，永远保持对人民的赤子之心，始终把人民利益摆在至高无上的地位，始终同人民想在一起、干在一起，以人民忧乐为忧乐，以人民甘苦为甘苦，努力为人民创造更美好、更幸福的生活。[②] 人民群众是历史的真正创造者，同样决胜全面建成小康社会，更离不开人民群众，坚持人民群众的主体地位，切实保障和改善民生，才能充分调动广大人民群众的积极性、主动性和创造性，不断促进人的全面发展、实现全体人民共同富裕。

决胜全面建成小康社会，必须坚持以人民为中心的发展理念，按照党的十九大报告所提出构建现代经济新体系的目标，贯彻"创新、协调、绿色、开放、共享"的发展理念，坚持质量第一、效益优先，以供给侧结构性改革为主线，统筹推进"经济建设、政治建设、文化建设、社会建设、生态文明建设"，这是实现中华民族伟大复兴的物质基础和关键所在。习近平总书记指出，"发展是基础，唯有发展才能满足人民对美好生活的热切向往。没有发展，没有扎扎实实的发展成果，共同富裕就无从谈起"[③]。

（三）决胜全面建成小康社会，必须以破解三大难题为突破口

全面建成小康社会面临众多的矛盾和问题，抓住主要矛盾，才有利于问题的解决。毛泽东在《矛盾论》中指出："在复杂的事物的发展过程中，有许多的矛盾存在，其中必有一种是主要的矛盾，由于它的存在和发展规定或影响着其他矛盾的存在和发展。""捉住了这个主要矛盾，一切问题就迎刃而解了。"[④] 习近平总书记特别强调指出，"进入全面建成小康社会决胜阶段，不是新一轮大干快上，不能靠粗放型发展方式、靠强力刺激抬高速度实现'两个翻番'，否则势必走到老路上去，那将会带来新的矛盾和问题"[⑤]。全面建成小康社会面临的主要矛盾包括三个方面：防范化解重大风险，精准脱贫、实施乡村振兴战略，防治污染、搞好生态文明建设[⑥]，只有妥善解决好这三个矛盾，才能使全面建成小康社会得到人民的认可、才能经得起历史的检验。

当前，面对国内外复杂形势，面对国内经济发展的新常态，面对全面建成小

---

① 习近平新时代中国特色社会主义思想学习纲要［M］.北京：学习出版社，2019：40.

② 习近平新时代中国特色社会主义思想学习纲要［M］.北京：学习出版社，2019：41.

③ 习近平新时代中国特色社会主义思想学习纲要［M］.北京：学习出版社，2019：45.

④ 毛泽东著作专题摘编［M］.北京：中央文献出版社，2003：104-109.

⑤ 习近平.习近平谈治国理政（第2卷）［M］.北京：外文出版社，2017：73.

⑥ 习近平.决胜全面建成小康社会　夺取新时代中国特色社会主义伟大胜利——在中国共产党第十九次全国代表大会上的报告［M］.北京：人民出版社，2017：27-28.

康社会的目标任务，如果不能把几千万贫困人口转化为富裕人口，那么小康社会的宏伟目标就不可能实现，中华民族的伟大复兴也会成为一句空话。要有忧患意识，防范各种潜在的风险和危机，及时化解重大风险。目前，决胜全面建成小康社会已经到了关键期，打赢脱贫攻坚战，就要集中资源、强化保障、精准施策，加快补上"三农"领域的短板，坚持农业农村优先发展，加大"三农"投入力度，提高农村供水保障水平，加强农村基层医疗卫生服务，加强农村社会保障，改善乡村公共文化服务等。习近平多次指出，生态文明建设是关系中华民族永续发展的根本大计。生态环境是关系党的使命宗旨的重大政治问题，也是关系民生的重大社会问题①。生态环境是我们实现美好生活的载体，没有良好的生态生存环境，就不会有美好生活，决胜全面建成小康社会就会失去目标而迷失。

（四）决胜全面建成小康社会，必须扎实推动国家治理体系和治理能力现代化

经过 40 多年的改革开放，目前中国改革已经进入攻坚期和深水区。决胜全面建成小康社会，必须进一步深化改革，不断完善和发展中国特色社会主义制度，推进国家治理体系和治理能力现代化。习近平指出，我们将以壮士断腕的勇气、凤凰涅槃的决心，敢于向积存多年的顽瘴痼疾开刀，敢于触及深层次利益关系和矛盾，把改革进行到底。

推进国家治理体系和治理能力现代化，必须坚持深化改革与体制机制创新。一是要坚持解放思想、实事求是，进一步完善党委领导、政府负责、社会协同、公众参与、法治保障的社会治理机制，提高社会治理的社会化、法治化、智能化、专业化水平。二是要紧紧抓住供给侧结构性改革，解决好当前经济发展中的主要矛盾。三是要实施强国战略，建设创新型国家。通过实施科教兴国战略、人才强国战略、创新驱动发展战略、乡村振兴战略、区域协调发展战略、可持续发展战略等，加快建设科技强国、质量强国、航天强国、网络强国、交通强国，努力建设创新型国家。

决胜全面建成小康社会，继而实现中华民族伟大复兴中国梦，既体现了中华民族和中国人民的整体利益，更是每一个中华儿女的共同期盼。习近平指出："中华民族伟大复兴，绝不是轻轻松松、敲锣打鼓就能实现的。全党必须准备付出更为艰巨、更为艰苦的努力。"②决胜全面建成小康社会，需要充分发挥我们党具有成熟的理论指导与思想政治优势、基层党组织建设优势、密切联系群众的优势和制度建设优势，面对决胜全面建成小康社会的现实，必须加强党的全面领导，坚持人民中心发展理念，以破解三大难题为突破口，扎实推动国家治理体系和治理能力现代化，决胜全面建成小康社会，进而为实现中华民族伟大复兴中国梦提供强大的政治保障和现实可靠路径。

---

① 参见《习近平出席全国生态环境保护大会并发表重要讲话》。
② 习近平新时代中国特色社会主义思想学习纲要［M］.北京：学习出版社，2019：55.

全面小康背景下的社会福利事业再提升研究

——以杭州市萧山区为例

斯国新　陈　永　张新华等

摘要： 社会福利群体的稳定是社会稳定的重要一环，而让这一群体充分享受改革发展的成果，是维护这一群体稳定的重要因素。党的十九大报告明确提出："从现在到2020年，是全面建成小康社会决胜时期。"习近平总书记殷殷嘱托："小康路上一个都不能掉队。"由此可见党中央的坚定决心。那么，如何让社会福利群体也能更好地享受"全面小康"带来的成果，提升生活质量和水平，这是各级党委政府必须高度重视的一大重要课题。本文以杭州市萧山区为例，回顾了中华人民共和国成立以来萧山社会福利事业的成效与特点，分析了全面小康对社会福利事业提出的新要求和目前萧山社会福利事业发展中存在的短板，在此基础上提出了进一步提升社会福利事业水平的对策建议。

关键词： 全面小康；社会福利；再提升

社会福利群体的稳定是社会稳定的重要一环，而让这一群体充分享受改革发展的成果，是维护这一群体稳定的重要因素。党的十九大报告明确提出："从现在到2020年，是全面建成小康社会决胜时期。"习近平总书记殷殷嘱托："小康路上一个都不能掉队。"由此可见党中央的坚定决心。那么，如何让社会福利群体也能更好地享受"全面小康"带来的成果，提升生活质量和水平，这是各级党委政府必须高度重视的一大重要课题。

一、问题的提出

当今世界，无论是发达国家还是发展中国家，社会福利事业的建设与发展都已成为一国政府必须考虑的社会建设的重要指标。特别是面对经济全球化、人口老龄化和费用增长化的新挑战，一些西方社会福利国家都在想方设法调整本国的

作者简介：斯国新，中共杭州市委党校萧山区分校常务副校长，研究员；陈永，中共杭州市委党校萧山区分校办公室主任；张新华，杭州市萧山区民政局。

社会福利事业制度，而这些国家对社会福利事业的再提升往往有着深厚的理论积淀和丰富的实践经验。它们这样做的目的，无非应对严重影响制度可持续性发展的一系列问题。

根据比利时经济学家萨佩尔（André Sapir）的观点，社会福利事业一般有四种模式：一是北欧模式，以丹麦、瑞典、芬兰和荷兰等国家为代表。二是莱茵河地区模式，以德国、法国、比利时、奥地利和卢森堡等国家为代表。三是盎格鲁－撒克逊模式，主要代表国家有英国和爱尔兰。四是地中海模式，以葡萄牙、西班牙、意大利和希腊等国家为代表。表1列出了西方国家社会福利事业几种典型模式的比较。

表1　西方国家社会福利事业几种典型模式的比较

模式	代表国家	特点
北欧模式	丹麦、瑞典、芬兰、荷兰等	在社会保护及普遍的福利供应上公共支出最大，其国内劳动力市场相对不受管制
莱茵河地区模式	德国、法国、比利时、奥地利、卢森堡等	依靠社会保险来救助失业者和提供养老金
盎格鲁－撒克逊模式	英国、爱尔兰	提供相当优厚的作为最后救济手段的社会救助，用现金补贴救助适于工作年龄的人
地中海模式	葡萄牙、西班牙、意大利、希腊	社会支出以养老金为主，国家的社会福利事业再提升制度集中体现在就业保障以及向提前退休者提供慷慨支持以减少求职者人数

资料来源：根据比利时经济学家萨佩尔的观点整理。

从表1可以看出，这四种模式其实区分并不十分严格，它们只是在就业保护与失业福利等方面，选择一定的偏好而已。比如：地中海模式，比较偏好于高水平的就业保护，而盎格鲁－撒克逊模式、北欧模式则相对倾向于失业福利的高覆盖，莱茵河地区模式则选择了居中水平。所以，欧洲国家的福利体制在某种程度上可以说是本国各种力量在社会保障方面长期博弈的结果，其过程不仅与同时期的经济发展水平密切相关，而且也受到社会关系变迁的制约。

对于我国而言，党的十九大报告明确提出："必须始终把人民利益摆在至高无上的地位，让改革发展成果更多更公平惠及全体人民，朝着实现全体人民共同富裕不断迈进。"从目前来看，如何让人民群众更多更好更广泛地享受改革发展成果，尤其是那些应当享受社会福利的群体，提高其生活保障水平，让其更好地享受到改革开放成果，已成为各级政府的当务之急。为此，近年来萧山区委区政府也作出了许多探索，积累了一些成功经验。本文结合萧山区实际，通过对中华人民共和国成立以来萧山社会福利事业的回顾，分析了全面小康对社会福利事业提出的新要求，查找了目前萧山社会福利事业发展中存在的短板，在此基础上提出了进一步提升萧山社会福利事业水平的对策建议，相信可以为各地的社会福利事业发展提供借鉴参考。

二、中华人民共和国成立以来萧山社会福利事业的成效与特点

中华人民共和国成立以来，特别是改革开放以来，萧山的社会福利事业有了长足的发展。萧山区委区政府明确指出，社会福利事业再提升必须坚守底线，要在建机制、织密网、全覆盖上下功夫，努力实现全区范围内社会福利全覆盖及服务全覆盖，不断满足人民群众日益增长的美好生活需要，持续增强萧山人民的获得感、安全感、幸福感。近年来，萧山社会福利事业不断呈现新气象，散发出勃勃生机与活力。主要成效与特点如下：

第一，社会福利事业经费来源多渠道化。近年来，萧山除了重视政府投入，还十分重视发挥民间力量，来补强社会福利事业发展动力，并初步形成了社会福利事业经费来源多元化的局面。一是扩大发行社会福利彩票规模。萧山已基本形成社会福利彩票发行体系，极大地增强了萧山发展社会福利事业的底气。二是社会慈善捐款额不断增加。2002年12月31日，萧山区慈善总会成立并通过了《萧山区慈善总会章程》，使萧山区慈善事业发展得到规范。到2018年萧山区成立了33家慈善分会，2013年以来，萧山区累计募集社会各界捐款达4.13亿元，发放慈善救助累计支出3.13亿元，18万余人次困难群众得到了萧山区慈善总会的救助，为萧山社会福利群体筑起了一道保护墙。三是社会福利事业费用支出逐年增加。萧山的社会福利事业已突破体制障碍和利益藩篱，以创新促转型，以开放促合作，调动和整合了政府、市场、社会力量，做大做强了萧山区社会福利事业，极大地提升了社会治理和公共服务能力。[①]

第二，社会福利事业政策适度普惠化。近年来，萧山社会福利政策不断完善，社会福利事业正在由补缺型向适度普惠型迈进，受惠范围逐渐由特殊群体向全社会拓展，老年、儿童、残疾福利制度不断完善。据统计，2017年萧山城乡居民最低生活保障标准提高98元，由每人每月819元调整为917元；全区享受城乡最低生活保障人数1.2万人，全年发放最低生活保障金额1.56亿元；发放救助款5766万元，救助3.44万人次。智慧养老信息化平台正式运行，实现居家养老服务照料中心全覆盖，新增床位818张，医养结合和社会化运营模式加快推进，老年人幸福感、获得感和满意度得到全面提升。[②]

第三，社会福利事业服务内容多元化。自改革开放以来，萧山社会福利机构数量正逐步增加、服务质量正全面向优发展。截至2017年，萧山已拥有各类公办福利中心、农村"五保"供养服务中心等福利机构34个，床位7179张，寄养人

---

① ② 资料来源：萧山区社会福利中心。

员 1756 人，全年供给金额达 1027.5 万元。目前，萧山已初步形成以公办社会福利机构为骨干，以社会力量兴办的私营社会福利事业为新的增长点，以机构养老服务为依托，以社区居家养老为基础的社会福利体系。一大批"社区老年福利服务星光计划"无偿、低偿为社区残疾人、老年人和未成年人提供便利的服务。首个社区嵌入式养老机构开始运行，激发了社区老人对生活持续的热情和能量，让长者能够真正做到活到老、学到老、乐到老。[①]

第四，社会福利事业基础设施便利化。近年来，萧山区委区政府十分重视社会福利基础设施建设，把残疾人、老年人和儿童福利服务设施明确列入地方财政支持的公共服务重点工程，集中财力，落实配套资金，集中改造和新建一批社会福利机构、社区综合养老服务设施，为残疾人、老年人和儿童的生活、救助、教育、康复、保护提供良好的生活环境。这不仅为福利群体提供了便利化服务，而且也极大地提升了社会福利服务质量，更好地回应和满足了人民群众对社会福利个性化多样化的服务需求。

三、全面小康对社会福利事业提出的新要求

前面已经提到，无论是发达国家还是发展中国家，社会福利事业的建设与发展都已经成为一国政府必须考虑的社会建设的重要指标。西方国家在社会福利事业再提升制度的构建上，体现了两个特征：一是具有普适性；二是具有特殊性。

从表 1 可以看出，四种模式各具特点。北欧模式在社会保护及普遍的福利供应上公共支出最大，其国内劳动力市场相对不受管制。盎格鲁－撒克逊模式国家提供相当优厚的作为最后救济手段的社会救助，用现金补贴救助适于工作年龄的人。莱茵河地区模式依靠社会保险来救助失业者和提供养老金。地中海模式社会支出以老年人养老金为主，国家的社会福利事业再提升制度集中体现在就业保障以及向提前退休者提供慷慨支持以减少求职者人数。这一点在经济合作与发展组织（OECD）提供的数据中得到了充分体现。2011 年，意大利、葡萄牙的养老金支出占其国民生产总值的 10.5%，希腊以 8.5% 的水平紧随其后，西班牙为 6.9%，普遍高于 OECD 其他成员国 6.1%。在提前退休的支出方面，意大利、希腊表现突出，分别占国民生产总值的 2.1%、3.2%，而同期 OECD 的平均水平仅为 0.8%。

上述四种模式表明，欧洲各国尽管在福利体制上各有不同，但是各国政府都在想方设法提高本国的社会保障水平，尽管这种再提升是建立在博弈和平衡基础上的。受到这一点的启发，我国在经济社会有了较大发展之后，特别是在全面小康实现之后，包括在实现的过程中，如何来考虑社会福利事业的再提升和再发展，都是需要各级政府引起高度重视的。

---

① 资料来源：萧山区社会福利中心。

（一）全面小康的真正含义

小康是邓小平同志对中国实现现代化的一种描绘。[①]自从邓小平提出这一命题之后，小康社会的内涵不断得到丰富和发展，并随着中国特色社会主义事业总布局的日益完善而不断成熟。

党的十三大正式把"建设小康社会"上升到国家战略，并将其列为"三步走"发展战略的第二步目标，赋予了这个名词全新的内涵。

党的十六大提出要"全面建设小康社会"，并规划了"全面建设小康社会"的宏伟目标。具体表述为：在21世纪头20年，集中力量，全面建设惠及十几亿人口的更高水平的小康社会。当时提出的"全面小康"有"6个更加"，也就是"使经济更加发展、民主更加健全、科教更加进步、文化更加繁荣、社会更加和谐、人民生活更加殷实"。这是我们党首次对"全面小康"作出的部署。

党的十七大深刻把握我国经济社会发展的趋势和规律，提出了经济、政治、文化、社会建设"四位一体"的总布局，也提出了实现"全面建设小康社会"奋斗目标的新要求。当时提出的"全面建设小康社会"的新内涵为：中国特色社会主义经济、政治、文化、社会全面发展。小康社会的内涵中增加了社会建设的重要内容，将以改善民生为重点的社会建设提上了重要日程，也就是说，我国发展正从注重物的增长转到尊重人的发展，着力构建真正的社会主义和谐社会。

党的十八大报告提出"全面建成小康社会"。这是根据我国经济社会发展实际和新的阶段性特征提出来的，也是在党的十六大和党的十七大确立的"全面建设小康社会"目标的基础上提出的新要求。虽然只有一字之变，但内涵更为深刻、更为丰富。党的十八大根据"五位一体"总体布局和"四个全面"战略布局，提出了一些更具明确政策导向、更加针对发展难题、更好顺应人民意愿的新要求，目的是确保2020年全面建成小康社会做到"三个是"：一是改革发展成果真正惠及十几亿人口；二是"五位一体"（经济、政治、文化、社会、生态文明）全面发展；三是为"两大总任务"（实现社会主义现代化和中华民族伟大复兴）奠定坚实基础。

（二）全面小康的新要求

根据党的十八大提出的新要求和"全面建成小康社会"的新内涵，我们不难勾勒出"全面建成小康社会"的指标体系。根据国务院发展研究中心的研究报告，"全面建成小康社会"的指标体系主要包括经济、社会、文化、生态和政治五个方

[①] 1979年12月6日，邓小平在会见日本时任首相大平正芳时，第一次用"小康""小康之家"来描述"中国式的现代化"。他说："我们要实现的四个现代化，是中国式的四个现代化。我们的四个现代化的概念，不是像你们那样的现代化的概念，而是'小康之家'。"

面的 16 项指标，其中经济方面 4 项指标、社会方面 5 项指标、文化方面 2 项指标、生态方面 3 项指标、政治方面 2 项指标。表 2 列出了全面建成小康社会的指标体系。

表 2　全面建成小康社会的指标体系

主题	序号	内容	主题	序号	内容
经济	1	人均 GDP	社会	9	日均消费性支出小于 5 元的人口比重
	2	非农产业就业比重	文化	10	平均受教育年限
	3	恩格尔系数		11	文教体卫增加值比重
	4	城乡居民收入	生态	12	能源利用效率
社会	5	基尼系数		13	使用经改善水源人口比重
	6	社会基本保险覆盖率		14	环境污染综合指数
	7	出生时预期寿命	政治	15	廉政建设
	8	犯罪率		16	政府管理能力

资料来源：根据党的十八大精神和全面建成小康社会的内涵整理。

从表 2 可以看出，五个方面的指标都是根据中国特色社会主义"五位一体"总体布局制定的，而社会方面的指标最多，这也从侧面反映了党中央对社会建设事业的高度重视。对于社会福利事业而言，虽然没有直接指标，但它是社会建设事业的重要组成部分，由此可见其重要性。习近平总书记在党的十九大上明确强调，加强社会保障体系建设。按照"兜底线、织密网、建机制"的要求，全面建成覆盖全民、城乡统筹、权责清晰、保障适度、可持续的多层次社会保障体系。完善社会救助、社会福利、慈善事业、优抚安置等制度。这为我们新时代社会福利事业再提升、再发展指明了方向。

四、目前萧山社会福利事业发展中的短板分析

随着萧山经济社会迅速增长，特别是随着萧山"四大转型"[①]的深入推进、全面小康目标的即将实现，人民群众对社会福利事业再提升提出了更高的要求。对照目标要求、对比先进发达地区，萧山社会福利事业依然存在一些短板，特别是随着全面深化改革的推进，不可避免地出现了一些改革的阵痛和社会问题，还有一些挑战和压力。概括起来，主要有以下五个方面：

一是社会福利总量供给不足，难以满足人民群众日益增长的需求。一方面，由于社会福利事业主要是指社会孤、老、残、幼和其他有特殊困难的社会成员提供社会服务的事业，而这个群体的社会福利总量供给的缺口还很大，尤其是农村

---

① "四大转型"是指理念转型、经济转型、城市转型和社会转型。

大多数普通低收入家庭还无法享受社会保障，特别是随着城市化进程中还存在社会福利需求与供给不匹配的现象。另一方面，目前还需重点破解应对萧山老龄化问题以及建立老年保障支撑体系问题。因为"十三五"期间以及未来较长的时间内，这一问题将更为突出，萧山迫切需要提高站位，从全局高度加强对老龄化问题所带来的老年医疗服务体系建设的顶层设计，有效维护老年人的切身利益、积极推进萧山医疗共同体的建设。

二是社会福利布局不够合理，城乡之间发展不够平衡。一些相关部门在社会福利事业再提升上存在责任不清现象，在执行现行的社会福利事业制度有效性不高。在出台社会福利事业政策时，或多或少地存在着这样或那样的缺陷，导致社会福利事业建设滞后，出现社会福利布局不够合理，城乡之间发展不够平衡，不仅直接损害了广大人民群众的社会福利事业再提升，而且也影响了构建和谐社会的落实。

三是社会福利事业队伍整体素质不高，社会福利从业人员的职业化建设滞后。一些社福利机构不重视社会福利事业队伍整体素质的提升，对社会福利从业人员的年度培训计划、培训内容、培训人员不够重视。特别是一些相关部门在执行现行的从业人员劳动福利待遇时，在政策上没有向这部分群体倾斜，导致社会福利从业人员服务福利事业的积极性不高。

四是社会福利事业财政投入与西方的福利国家相比偏低。一些相关部门在社会福利事业制度建设的目标和价值取向上以及认识上还存在一些误区。几十年以来，随着市场经济的高速发展以及城乡分割的思维定式，相关部门过分突出效率优先原则，使相关部门在制定社会福利政策时存在着一些分歧，出现一些与提升社会福利事业发展不和谐的事件发生，导致社会福利事业财政投入与西方的福利国家相比偏低。

五是社会福利事业再提升的立法滞后。从西方国家在制定社会保障改革与制度建设上来看，它们都奉行立法先行，通过制定各种符合广大人民利益社会保障的各种法律，来确保各项社会福利事业再提升制度的落实，然后加以实施。萧山走的是一条渐进式改革、试点先行的社会福利事业道路，是摸着石头过河，改革先试验，把试验的经验总结起来再进行推广实行，并在长期试验推广过程中最开始重视社会福利事业政策的制定。因此，在试点、推广期间，必然损害广大人民群众对社会福利事业制度的健康发展，其落实社会福利事业的代价与成本也是非常高的，这不利于在全面小康背景下的社会福利事业的再提升。

五、进一步推进社会福利事业再提升的对策建议

2019 年 4 月 2 日，习近平总书记对民政工作作出重要批示，为新时代社会福利事业再提升工作指明了方向。为了进一步助推萧山社会福利事业再提升，笔者

提出以下对策和建议。

第一，要高度重视社会福利事业再提升工作。重点提高广大人民群众的社会福利服务的总供给，以"八八战略"为指导，以产业转型为突破，积极发展社会福利事业，合理调节社会成员之间的社会福利事业总需求的关系，提高广大人民群众对社会福利事业服务需求，不断缩短城乡居民之间的社会福利需求的正常稳定增长机制，力争使萧山区的社会福利服务增长率能达到北京、上海、广州确定的 5% 左右的标准。

第二，要进一步完善社会福利事业体制。一方面，继续扩大社会福利保障覆盖范围，进一步完善城乡最低生活保障制度。特别是要以保障城乡居民基本生活为重点，进一步加大财政资金的投入。另一方面，继续完善城乡社会救助体系，保障困难群体的生活权益。进一步健全各项社会福利制度，整合社会福利资源，建立统一协调、公平普惠的福利体系，不断形成以城乡低保、临时救济、五保供养为主体，以教育、医疗、住房、就业、法律援助为辅助，以社会捐助、社会互助为补充的多元化的城乡社会福利体系，使萧山区的社会福利事业得到进一步的发展。

第三，要量质并举提升机构社会福利服务质量。一方面，通过发展社会福利事业实行公建民营的发展思路，进一步拓展社会福利事业从业人员的就业渠道，扩大就业规模，以吸收社会福利事业各类"高尖精缺"人才。另一方面，围绕社会福利事业从业人员劳务市场需求，结合乡村振兴建设，重点搞好社会福利从业人员上岗前的培训；进一步加强社会福利事业从业人员培训与院校合作机制，借助各大院校的师资力量，对社会福利事业从业人员进行专业理论、知识与实务的培训，提高社会福利从业人员的服务水平。

第四，要切实完善社会福利服务网络。社会福利服务网络化是提升服务质量和水平的重要途径。当前，萧山区应着重从两个方面入手：一是进一步构建完善的社区服务网络体系，为社区服务提供载体，为老年人活动提供场所，满足老年人对社会服务的要求。二是进一步加强重点区域、站点建设。按照"兜底线、织密网、建机制"的要求，重点加强敬老院、福利院等民政服务机构建设，由点及面、点面结合，不断提高社会福利保障水平。

第五，要依法促进慈善公益服务发展。一方面，进一步加大对公益慈善性社会组织的政策扶持。建议有关部门及时制定相关税务优惠配套规定，并加强所在区域的政策宣传，充分挖掘民间慈善事业发展潜力，广聚社会福利资源，实行社会福利精准有效对接。另一方面，进一步关注社会福利事业服务水平的改善，依法促进慈善公益服务发展，提高社会福利事业服务水平。加快发展社会工作服务，不断形成以社区社会工作为基础、专业领域社会工作为重点、政府购买社会福利服务为引擎的"全科＋专科"式社会工作发展思路，并通过社会工作者引领志愿者的方式，盘活萧山社区潜在的志愿服务力量，激发社区活力，切实解决制约社会福利事业发展的重点难点问题，更好发挥社会工作在构建和谐社会建设中的积极作用。

参考文献

［1］刘继同.国家与社会：社会福利体系结构性变迁规律与制度框架特征［J］.社会科学研究，2006（3）：115-120.

［2］马丁·沃尔夫.全球化和欧洲社会模式的改革［EB/OL］.［2005-09］.www.bruegel.org.

［3］佟桂莉.在萧山区委十五届六次全会上的讲话［Z］.区委办通报，2019.

［4］王健.全面建成小康社会的评价方法及指标体系人民论坛［J］.学术前沿，2017：（3）.

［5］胡锦涛.坚定不移沿着中国特色社会主义道路前进　为全国建成小康社会而奋斗——在中国共产党第十八次全国代表大会上的报告［M］.北京：人民出版社，2012.

［6］习近平.决胜全面建成小康社会　夺取新时代中国特色社会主义伟大胜利——在中国共产党第十九次全国代表大会上的报告［M］.北京：人民出版社，2017.

［7］萧山区统计局.萧山统计年鉴［Z］.2011~2018.

［8］浙江省社会福利事业发展"十三五"规划［Z］.浙江省民政厅，2017-02-22.

自然生态安全边界视野下
长江生态文明制度体系的坚持和完善

孔云峰

摘要：党的十九届五中全会通过的明确要求是守住自然生态安全边界。长江经济带发展战略的成败关键在于长江生态环境的修复保护，修复保护的根本规范是坚持和完善长江生态文明制度体系，根本灵魂是习近平生态文明思想，根本路径是"生态产业化、产业生态化"，根本目标是将制度优势转化为治理效能。位于长江上游末段的巫山县，将坚持和完善长江经济带生态文明制度体系化为"上游使命、上游责任"，融入"一江碧水、两岸青山"，寓于"三峡红叶、四季云雨"，引进"千年古镇、万年文明"，荣获习近平总书记重要指示，对这些重要指示的贯彻，既要感恩奋进，又要从全局、根本、长远上升华理解，从制度体系的坚持和完善上规范落实。

关键词：长江经济带；自然生态安全边界；制度体系；要求；巫山实践

本文以"从自然生态安全边界看长江经济带生态文明制度体系坚持和完善"为主题，写作的背景有以下三个方面：

第一，长江经济带是指长江流域的一个重要经济带，横跨中国东中西三大区域，是我国综合实力较强、战略支撑作用较大的区域之一。以习近平同志为核心的党中央对长江经济带建设高度重视，把生态视为长江经济带的生命。2018 年 3 月 10 日上午，习近平总书记参加党的第十三届全国人民代表大会第一次会议重庆代表团审议时，就巫山神女、巫山红叶、巫山脆李、三峡猴群、长江水质、植树造林等生态问题作出重要指示。这些指示需要深化理解和深入贯彻。

第二，党的十九届四中全会通过的《中共中央关于坚持和完善中国特色社会主义制度　推进国家治理体系和治理能力现代化若干重大问题的决定》明确提出了十三个治理体系（制度体系），"坚持和完善生态文明制度体系"是其中一个

作者简介：孔云峰，男，文学学士，中共巫山县委党校原党委书记、常务副校长、县委组织部副部长，政治学正高级讲师，重庆市首届社会科学普及专家，区域经济学硕士研究生。研究方向：区域经济学、旅游经济学。

重要的制度体系，在这一制度体系下，要"实行最严格的生态环境保护制度、全面建立资源高效利用制度、健全生态保护和修复制度、严明生态环境保护责任制度"，并明确提出：加强长江、黄河等大江大河生态保护和系统治理。

第三，党的十九届五中全会明确要求：我国"十四五"时期经济社会发展，"要推进长江经济带建设"，"实现国家治理效能得到新提升"；要推动绿色发展，促进人与自然和谐共生。坚持"绿水青山就是金山银山"理念，坚持以尊重自然、顺应自然、保护自然，坚持节约优先、保护优先、自然恢复为主，守住自然生态安全边界。

我们从领悟习近平总书记关于巫山生态问题重要指示的价值意蕴论起，既要从情感和工作思想上感恩奋进，又要从国家战略和制度体系上提炼升华，贯彻党的十九届四中全会和党的十九届五中全会精神，运用习近平新时代中国特色社会主义思想的文明思想的世界观和方法论，由巫山"一域"渐次推及三峡库区、成渝双城经济圈、长江经济带乃至更大"全局"，从战略思维和制度体系上"谋定而后动，处变而不惊"。

基于这一背景和认识，本文联系巫山实际，从生态安全边界建立看长江经济带生态文明制度体系的建立，并将长江经济带生态制度体系的优势转化为治理效能，推进长江经济带生态治理体系和治理能力现代化。

一、从自然生态安全边界看长江经济带生态文明制度体系坚持和完善的价值意蕴

自然生态安全边界的内涵有三个层面：一是国土空间格局的生态安全边界，建立国土空间开发保护制度，划定并严守生态保护红线，严格保护各类重要生态空间；二是生态系统功能安全边界，贯彻"山水林田湖草是生命共同体"的理念要求，提高生态系统调节和自我修复能力，祛滞化淤、固本培元，为人类提供数量更多、质量更好的生态产品；三是生态保护职责的安全边界以切实保障国家和区域生态安全为己任。

从自然生态安全边界的这一认识出发，认识和把握生态文明制度体系和长江经济带建设的基本要求，坚持和完善长江经济带生态文明制度体系的价值意蕴更显得理由充分、重大深远。

（一）坚持和完善长江经济带生态文明制度体系的前置认识

1. 生态文明制度体系是建设生态文明的根本性保障

生态文明建设是关系中华民族永续发展的千年大计。党的十八大以来，习近平总书记提出了一系列治国理政新理念新思想新战略，形成了习近平生态文明思想，一系列根本性、开创性、长远性的生态建设工作有序开展，全方位历史性、转折

性、全局性的优良生态环境逐步显现。

习近平强调:"只有实行最严格的制度、最严密的法治,才能为生态文明建设提供可靠保障。"党和人民关于建设生态文明的主张经法定程序上升为国家意志和法律制度,成了不可触碰的高压线,党的十九届四中全会明确提出坚持和完善生态文明制度体系,从根本上保障了生态文明建设,彰显了生态文明制度刚性的约束力。

2. 生态文明制度体系是实施国家战略的全局性保障

中国特色社会主义事业是一个全面而伟大的事业,"五位一体"总体布局和"四个全面"战略布局,是国家战略体系的核心构成部分,这一国家战略的实施必须有生态文明制度作保障。第一,"五位一体"总体布局是对社会主义现代化建设的总体把握和战略部署,是习近平新时代中国特色社会主义思想的重要组成部分,具有全面发展、全面进步的社会属性,既依托生态文明,也包含生态文明。人民群众不仅要求有丰富的物质财富、经济生活,而且要求有美好的生态环境,由求"温饱"到盼"环保",离开了生态文明制度体系,"五位一体"总体布局不可能实现。第二,"四个全面"战略布局是新时代中国共产党治国理政的总方略,这一方略既为生态文明建设提供战略指引和基本遵循,也需要生态文明制度体系提供强力保障。推进国家治理体系和治理能力现代化,是建设人与自然和谐的美丽强国的现代化,它要求我们努力形成更加成熟更加定型的中国特色社会主义制度,这一体制体系包含着生态文明制度体系。

3. 生态文明制度体系是实现中国梦想的长期性保障

中国梦包括"两个一百年"奋斗目标。全面建成小康社会是全党和全国各族人民共同追求的第一个百年奋斗目标。习近平总书记反复指出:"小康全面不全面,生态环境质量是关键。"把我国建设成为富强民主文明和谐美丽的社会主义现代化强国是全党和全国各族人民共同追求的第二个百年奋斗目标,"美丽"就是中国梦的绿色属性和根本底色。生态文明建设是事关"两个一百年"奋斗目标重大战略任务。我们党推动新时代生态文明建设行稳致远,正是从制度上明确生态文明建设的前进方向和工作要求,坚持和完善中国特色社会主义制度,推进国家治理体系和治理能力现代化。

(二)长江经济带发展战略与生态文明制度体系的相依相促

1. 长江经济带发展战略蕴含着长江生态文明建设

长江是中华民族的母亲河,流经 19 个省区市,水域面积占全国淡水总面积的一半,哺育了 4 亿中华儿女,其以独特的生态系统,丰富了全球生物多样性,维护了全球生态安全。中华人民共和国成立 70 多年来,特别是党的十八大以来,长江流域经济社会迅猛发展,综合实力快速提升。长江经济带横跨我国东中西三大地理单元,覆盖 11 个省市。2019 年,长江经济带地区生产总值 457805 亿元,同比增长 6.9%,占全国经济总量的 46.2%。在经济总量稳步增加的同时,新型城镇化建设步伐加快，全国 248 个新型城镇化综合试点地区中，长江经济带有 81 个。[①]

习近平指出，长江、黄河都是中华民族的发源地，都是中华民族的摇篮。通观中华文明发展史，从巴山蜀水到江南水乡，长江流域人杰地灵，陶冶历代思想精英，涌现无数风流人物。千百年来，长江流域以水为纽带，连接上下游、左右岸、干支流，形成经济社会大系统，今天仍然是连接丝绸之路经济带和 21 世纪海上丝绸之路的重要纽带。推动长江经济带发展，旨在更好地发挥长江黄金水道综合效益，建设沿江绿色生态廊道，构建高质量综合立体交通走廊，优化沿江城镇和产业布局，推动长江上中下游协调发展，满足人民群众日益增长的美好生活需要，努力形成生态更优美、交通更顺畅、经济更协调、市场更统一、机制更科学的黄金经济带，为全国统筹发展提供新的支撑。

2. 长江经济带发展战略呼唤着长江生态文明建设

长江经济带发展战略实施的突出障碍在于"生产、生活、生态"能否协调统一，问题的核心是生态。第一，从流域生态系统来看，重庆位于长江承上启下的"咽喉"部位，是长江上游流域的重要生态屏障区，区域生态环境脆弱，生态安全责任重大。第二，从国家战略部署来看，作为中西部唯一的直辖市，重庆理应在正确把握生态环境保护和经济发展的关系、探索协同推进生态优先和绿色发展新路子中走在前列。第三，从现实发展形势来看，重庆必须加快转型步伐、实现高质量发展。2016 年以来，习近平总书记两赴重庆，对重庆绿色发展提出了更高要求、更多期盼。按习近平总书记的要求，重庆立足"西部大开发的重要战略支点，'一带一路'和长江经济带的联结点"的"两点"定位，实现内陆开放高地，山清水秀美丽之地的"两地"目标，达到"推动高质量发展，创造高品质生活"的"两高"要求，努力在推进新时代西部大开发中发挥支撑作用、在推进共建"一带一路"中发挥带动作用、在推进长江经济带绿色发展中发挥示范作用。2020 年 1 月 3 日，习近平总书记主持召开中央财经委员会第六次会议时强调，建设成渝地区双城经济圈，助推西部乃至全国高质量发展。无论是长江经济带发展还是成渝双城经济圈建设，生态问题是当务之急，尊重自然规律、生命规律是首要任务，"生态优先、绿色发展"是首选方针。

3. 长江经济带发展战略的生命在于生态文明制度

"凡将立国，制度不可不察也。"思想是行动的先导，理论是实践的指南，制度是行为的规范。从广义政策学来看，制度是政策的重要构成部分，政策和制度都是一个完备的规范，由各种具体政策和制度有机构成，服务于党的总路线、总方针、总目标。党的十九大把生态文明建设纳入了新时代坚持和发展中国特色社会主义的基本方略。方略就是政策、制度，政策制度化、法治化是制度建设的重要基础，建设生态文明，必须依靠制度、依靠法治。长江生态文明制度是党和国

[①] https://cjjjd.ndrc.gov.cn/zoujinchangjiang/jingjishehuifazhan/202101/t20210121_1265579.html.

家制度体系的有机构成部分。毛泽东指出："政策和策略是党的生命。"习近平指出：制度优势是一个国家的最大优势，制度竞争是国家间最根本的竞争。制度稳则国家稳。据此推论，长江生态文明制度就是长江经济带发展战略的生命所在和制度保障，就是长江经济带的最大优势，生态文明制度稳，则长江经济带稳，进而国家稳。

（三）坚持和完善长江经济带生态文明制度体系的建设要求

我国生态文明制度历史底蕴深厚，优势显著，成果丰富。特别是自党的十八大以来，以习近平同志为核心的党中央蹄疾步稳推进全面深化改革，着力增强生态文明建设系统性、整体性、协同性，建立、健全、完善了国土空间开发保护、空间规划体系、自然资源资产产权、资源有偿使用和生态补偿、资源总量管理和全面节约等制度，环境治理体系、环境治理和生态保护市场体系、生态文明绩效评价考核和责任追究等制度。坚持和完善长江生态文明制度体系，既有坚持和巩固，又有完善和发展，在坚持和完善中，不断将长江生态文明制度优势更好转化为长江经济带建设效能和长江生态治理效能。

党的十九届四中全会审议通过的《中共中央关于坚持和完善中国特色社会主义制度、推进国家治理体系和治理能力现代化若干重大问题的决定》用了一个专门部署坚持和完善生态文明制度体系，强调了"实行最严格的生态环境保护制度""全面建立资源高效利用制度""健全生态保护和修复制度""严明生态环境保护责任制度"四大要求，这是坚持和完善长江生态文明制度体系的重要遵循。

党的十九届四中全会指出："中国特色社会主义制度是党和人民在长期实践探索中形成的科学制度体系。"这个制度体系包括生态文明制度体系。凡属体系都一定有结构，长江经济带各种生态文明制度的衔接规则和联系方式在本质上是个结构问题。长江经济带生态文明制度体系，充分展示了长江经济带生态文明制度体系建设和长江生态治理方面取得的成就、积累的经验、形成的原则，深刻揭示了党和国家在长江经济带生态文明制度体系建设成就的深层奥秘，从一个特定的方面彰显了我国国家制度和国家治理体系的最大优势、根本属性、强大治理效能、动力支撑和活力之源，生动诠释了长江经济带生态文明制度体系和治理体系的核心价值观，为我们从长江经济带生态文明制度建设角度，坚定中国特色社会主义道路自信、理论自信、制度自信、文化自信提供了基本依据。

从马克思主义唯物辩证法来分析，长江经济带生态文明制度体系所彰显的显著优势不是机械的、静止的，而是一个开放发展的系统。坚持和完善长江经济带生态文明制度体系，不能简单地分哪些是坚持哪些是完善，而要把它作为一个整体，与时俱进、改革创新，在坚持中完善，在完善中坚持，以适应坚持和完善中国特色社会主义制度、推进国家治理体系和治理能力现代化的总体目标要求，从而推动中国特色社会主义制度更加完善、国家治理体系和治理能力现代化达到更高水平。用不同标准可将制度体系分成不同的体系种类，从制度过程看，主要包括源头严控、过程严管、后果严惩三大体系。源头严防是治本之策。要坚持和完善长江经济带自然资源资产产权制度、自然资源资产管理体制、自然资源监管体制、主体功能区制度，建立空间规划体系、国家公园体制，落实用途管制。过程严管是关键之举。要坚持和完善长江经济带资源有偿使用制度、生态补偿制度、资源环境承载能力监测预警机制、污染物排放许可制、企事业单位污染物排放总量控制制度。后果严惩是根本之法。要坚持和完善长江经济带生态环境损害责任终身追究制，实行损害赔偿制度。此外，还要坚持和完善长江经济带生态资源节约集约使用、退耕还林、耕地河湖休养生息、环保市场、环境保护管理制度、区域联动机制、国有林区经营机制和集体林权、环境信息公开等制度体系。

二、从自然生态安全边界看长江经济带生态文明制度体系坚持和完善的逻辑规则

（一）坚持和完善长江经济带生态文明制度体系

坚持和完善长江经济带生态文明制度，必须贯彻习近平生态文明思想，体现习近平关于长江经济带生态文明建设的重要论述。

1.必须体现习近平关于长江经济带生态文明建设的总体要求

习近平提出的"生态优先、绿色发展"就是长江经济带生态建设的总体要求。"生态优先"就是把修复长江生态环境摆在压倒性位置，"绿色发展"就是把"绿色＋"融入经济社会发展各方面，关键是要处理好绿水青山和金山银山的关系。这不仅是实现可持续发展的内在要求，而且是推进现代化建设的重大原则。同时，要整体把握党的十九届四中全会精神，以坚持和完善中国特色社会主义制度、推进国家治理体系和治理能力现代化为主轴，不断拓展和深化长江经济带生态文明建设体制机制改革，在长江经济带的发展中打好生态环境基础，解决生态环境问题，推动长江经济带生态文明制度体系建设更加成熟更加定型。

2.必须体现习近平关于长江生态文明建设的战略方针

习近平提出的"共抓大保护，不搞大开发"就是长江经济带生态建设的战略方针。长江拥有独特的生态系统，是我国重要的生态宝库。党的十九大报告指出，要"以共抓大保护、不搞大开发为导向推动长江经济带发展"。2018年4月24日，习近平在湖北宜昌考察时指出：长江经济带建设要共抓大保护、不搞大开发，不是说不要大的发展，而是首先立个规矩，把长江生态修复放在首位，保护好中华民族的母亲河，不能搞破坏性开发。"共抓大保护"，就是全流域共同抓好生态环境保护，全方位加强生态系统治理；"不搞大开发"，就是不搞建设性破坏，实现高质量发展。要抓好"建"，保护和建设好山水林田湖草综合生态系统，筑牢长江上游重要生态屏障；要抓好"治"，扎实推进碧水、蓝天、绿地、田园、宁静环保行

动，加大非法码头整治、非法采砂整治等治理力度；要抓好"管"，为加大生态环境监管力度，全面深入推行河长制、湖长制；要抓好"改"，为建立环保督察常态化机制，健全生态补偿机制。就重庆而言，要深入践行"绿水青山就是金山银山"理念，因地制宜选择发展产业，深化供给侧结构性改革，加强大数据智能化创新，大力推进产业绿色化差异化发展。要统筹抓好开放通道、开放平台、开放主体、开放机制、开放环境建设等工作，加快建设内陆开放高地。要深入推进城乡融合，突出抓好乡村振兴、城市提升两大基本面，不断增强人民群众的获得感、幸福感和安全感。

3. 必须体现习近平关于长江生态文明建设的战略目标

国家生态文明建设规划与新时代中国特色社会主义建设总体规划是一致的。坚持和完善长江生态文明制度，要充分体现习近平关于长江生态建设的战略目标，到2020 年，生态环境明显改善，水资源得到有效保护和合理利用，河湖、湿地生态功能基本恢复，水质优良（达到或优于Ⅲ类）比例达到了 75% 以上，森林覆盖率达到了 43%，生态环境保护体制机制进一步完善；长江黄金水道瓶颈制约有效疏畅、功能显著提升，基本建成衔接高效、安全便捷、绿色低碳的综合立体交通走廊；到2030 年，水环境和水生态质量全面改善，生态系统功能显著增强，水脉畅通、功能完备的长江全流域黄金水道全面建成，创新型现代产业体系全面建立，上中下游一体化发展格局全面形成，生态环境更加美好、经济发展更具活力、人民生活更加殷实，在全国经济社会发展中发挥更加重要的示范引领和战略支撑作用。

4. 必须体现习近平关于长江生态文明建设的战略举措

习近平提出的"江湖和谐、生态文明"就是长江生态文明建设的战略举措。要建立健全最严格的生态环境保护和水资源管理制度，强化长江全流域生态修复，尊重自然规律及河流演变规律，协调处理好江河湖泊、上中下游、干流支流等的关系，保护和改善流域生态服务功能。在保护生态的条件下促进发展，实现经济发展与资源环境相适应，走出一条绿色低碳循环发展的道路。

（二）坚持和完善长江经济带生态文明制度体系的基本规则要求

1. 夯实坚持和完善长江经济带生态文明制度体系的基础

一是增强长江经济带生态文明制度体系建设的公开性。习近平指出："出台政策措施要深入调查研究，摸清底数，广泛听取意见，兼顾各方利益。政策实施后要跟踪反馈，发现问题及时调整完善。要加大政策公开力度，让群众知晓政策、理解政策、配合执行好政策。"长江经济带生态文明制度要体现长江经济带和长江生态建设的基本规律，体现人民的根本愿望，才有旺盛的生命力。

二是促进长江经济带生态文明制度体系建设的法治化。要促进程序化，即符合法律规章和制度程序，避免盲目性和不规范性。要促进科学化，即建立健全约束和监督机制，避免"黑箱"操作。要促进民主化，即体现制度的价值取向，让制度对象有更多机会参与决策，从而提高长江生态制度的法治化质量。

三是提高长江经济带生态文明制度体系理解的准确性。制度理解是制度执行的先导。提高长江生态制度理解的准确性，要全面透彻理解，把握其特定的目标、内容、功能、价值、适用范围和实施条件，决不能重走人类历史上"先污染后治理"的老路，要像保护眼睛一样保护生态环境，像对待生命一样对待生态环境。2020年4月20日，习近平在秦岭考察调研时强调：秦岭违建是一个大教训。从今往后，在陕西当干部，首先要了解这个教训，切勿重蹈覆辙，切实做守护秦岭生态的卫士。这也适合于长江经济带生态文明建设。各地要因地制宜，对长江生态制度进行必要的加工和再决策，使各项具体实施措施，既要与中央及上级政策目标保持一致，又能适合本地区本单位具体情况，实现制度效用最大化。

四是增强长江经济带生态文明制度体系宣传的内核力。要增强习近平长江生态重要论述的影响力和渗透力，增强科学判断长江生态形势的宣传力、打赢包括长江保护修复等七大标志性战役攻坚战的宣传力、加快构建长江生态文明五大体系的宣传力、长江生态政策的协同机制宣传力，深刻理解长江生态文明制度体系的伟大创新、时代意义和精神实质。

2. 创新坚持和完善长江经济带生态文明制度体系的方式

制度是更加刚性的政策。2014年2月17日，习近平在省部级主要领导干部学习贯彻党的十八届三中全会精神全面深化改革专题研讨班上指出：要弄清楚整体政策安排与某一具体政策的关系、系统政策链条与某一政策环节的关系、政策顶层设计与政策分层对接的关系、政策统一性与政策差异性的关系、长期性政策与阶段性政策的关系。既不能以局部代替整体，又不能以整体代替局部；既不能以灵活性损害原则性，又不能以原则性束缚灵活性。习近平论述的"五对关系"，为我们解决长江生态政策执行中重大问题提供了基本遵循，也为破解执行难问题提供了法宝。

3. 加强坚持和完善长江经济带生态文明制度体系的监督

坚持和完善长江生态文明制度的监督是保证既定制度目标得以实现，防止制度执行偏差的重要手段。要提高长江生态文明制度监督主体的监督意识和素质，增强专门监督机构的权威，构建严密有效的监督网络，完善生态文明制度体系监督的制度，保障和健全责任追究制度。习近平强调："要抓问题要害，做到眼睛向下、脚步向下，既要发现实施中的共性问题，也要关注群众反映强烈的热点难点问题。"长江生态文明制度执行的监督最终效果要落实在弘扬优良作风、整改不足、纠正错误上。

4. 提高坚持和完善长江经济带生态文明制度体系的能力

坚持和完善长江经济带生态文明制度的主体是人。长江生态文明制度问题由人认定，制度方案由人制定，制度的合理性、合法性和科学性，制度的执行和实施，都直接取决于人的理性精神和能力。提高坚持和完善长江生态文明制度人员的能力，主要包括领会制度能力、综合谋划能力、配置资源能力和自我完善能力等。领会制度能力即正确理解制度的内涵要求和精神实质的能力；综合谋划能力即将制度意图和本地区本部门发展实际相结合，设计坚持和完善的计划、程序的能力；配置资源能力即调配人力、物力、财力等各种要素资源，集成各种有利条件，综合运用经济、法律和行政等手段，实施制度规划，保障制度有效落实的能力；自我完善的能力即在制度实施过程中及时发现、修正制度设计瑕疵和不合时宜举措的能力。

（三）坚持和完善长江经济带生态文明制度体系的关键在于执行

从制度过程理论来看，长江经济带生态文明制度过程包制度的制定、执行、评估、终结、监督五个阶段，其中制定是制度过程的起点，执行是制度过程的关键。制度目标的实现，取决于两大因素：一是制度制定的针对性；二是制度执行的有效性。制度执行的有效性，来自制度执行主体的意识、制度资源的支持、制度生态的营造等，核心问题是执行的力度和效度。毛泽东说："抓而不紧，等于不抓。"习近平指出："崇尚实干、狠抓落实是我反复强调的。如果不沉下心来抓落实，再好的目标，再好的蓝图，也只是镜中花、水中月。"

英国社会学家帕森斯说，随着政府规模的增大和事务性工作的增多，信息传递将出现一定程度的损耗，工作效率和政策执行能力将会相应降低，这就是著名的帕森斯定律。美国政策学者艾利森认为："在实现政策目标的过程中，方案确定的功能只占10%，而其余的90%取决于有效的执行。"拉里·博西迪和拉姆·查兰在《执行：如何完成任务的学问》中说："没有执行，一切都是空谈。"因此，执行是将长江经济带生态文明制度理想转化为现实、目标转化为效益的唯一途径。

三、从自然生态安全边界看长江经济带生态文明制度体系坚持和完善的巫山实践

（一）将坚持和完善长江经济带生态文明制度体系化为"上游使命、上游责任"

2019年4月17日，习近平在重庆考察时要求重庆发挥三大作用之一，就是在推进长江经济带绿色发展中发挥示范作用，"要深入抓好生态文明建设，坚持上中下游协同，加强生态保护与修复，筑牢长江上游重要生态屏障"。这是对重庆交办的重大任务，寄予的重大期望。

巫山素称"渝东门户"，地处三峡库区腹心，"水陆空铁"交通要素齐备，生态环境优势明显，在长江经济带生态带建设中，担负着塑造"上游形象"、体现"上游水平"、守卫"上游关隘"的重任，诚可谓"天降大命于巫山"，巫山便将坚持和完善长江经济带生态文明制度体系化为"上游使命、上游责任"，担当唱好"双

城记"的生力军，守卫生态核心区，做好"水文章"、念好"山字经"、办好"红叶节"、练好"气字诀"、打好"文化牌"，以绿色产业作为绿色发展的动能支撑，变资源优势为优势资源、变生态资源为生态商品、变经济后发为生态先发，着力提高生态资源的价值输出能力，用"生态产业化、产业生态化"为这片诗情画意的神奇山水赋予深厚的绿色底蕴。

（二）将坚持和完善长江经济带生态文明制度体系融入"一江碧水、两岸青山"

1. 筑牢江水东出最后防线：保障"一江碧水"中的坚持和完善

2018 年 3 月 10 日，习近平在参加十三届全国人大一次会议重庆代表团审议时向李春奎关切地问："巫山段长江的水质怎么样？"李春奎回答说："达到了 Ⅱ 类水质。"习近平赞许说："不错。"早在 2013 年 11 月 9 日，习近平关于《中共中央关于全面深化改革若干重大问题的决定》的说明中指出："山水林田湖是一个生命共同体，人的命脉在田，田的命脉在水，水的命脉在山，山的命脉在土，土的命脉在树。"长江流经县境巫山 57 千米，是长江重庆段流向湖北的最后一道关口。巫山县 161 条河流、25 座水库，注入长江的有 25 条河流，包括大宁河、大溪河、神女溪、抱龙河和三溪河 5 条长江一级支流。175 米水位蓄水后，全县三峡水库岸线达到 550 千米，水域面积 25.7 万亩。保护好"一江碧水"，不仅事关巫山的"区域发展"，也事关护好重庆水环境质量"最后一道防线"。巫山将绿色"上游出口意识""上游镇关责任"融为一体，全面落实河长制，设置各级河长 614 名。生态环境部公布的监测数据显示，长江干流巫山段总体水质日益向好，水质符合国家 Ⅱ 类标准，辖区无劣 Ⅴ 类水体，地表水水质达标率连续 6 年保持 100%，境断面水质好于重庆市入境断面水质，土壤环境质量总体保持稳定，环境安全风险总体态势可控。[①]

2. 建好长江上游生态屏障：守望"两岸青山"中的坚持与完善

习近平强调，开展全民义务植树是推进国土绿化的有效途径，是传播生态文明理念的重要载体。习近平在听李春奎汇报有关植树造林时间："现在植树造林是飞播造林还是人工造林？"李春奎回答说："以人工造林为主，统一规划设计，公开招标投标，采用机械挖坑，进行人工施肥、培土。"习近平总书记还饶有兴致地问："现在三峡库区是否还能看到猴群？"李春奎回答："随着库区生态环境不断改善，巫山小三峡里的猴群越来越多，还发现了国家珍稀动物金丝猴的踪迹，带给前来游览的中外游客很多乐趣。"

如何守望"两岸青山"，巫山县全方位有机融入绿色发展，作了有益探索。一是将绿色发展与森林培育保护结合起来，通过持续实施天然林保护、退耕还林等

---

① http://m.cnr.cn/news/20171120/t20171120_524032639.html.

工程，累计造林 133 万亩，从 2018 年起，每年造林 20 万亩以上，并加强矿山、工程创面修复和地灾防治等，2019 年森林覆盖率已达到 60%。二是将绿色发展与生态空间格局结合起来。巫山注重构建科学合理的生态空间格局、国土空间格局、城镇空间格局，统筹推进城镇建设规划，不断优化红线保护，划定并严守生态保护、永久基本农田、城镇开发边界三条红线，重新划定后的生态面积为 1075.67 平方千米，占县域面积的 36.43%，确保了生态保护红线面积不少，城镇面貌焕然一新。三是将绿色发展与生态环境保护结合起来。强化上游意识，担当上游责任，致力于生态保护，严格执行产业准入负面清单，否定选址长江 5 千米的采石厂 7家，实施退耕还林、长江防护林等营造 20.2 万亩，创面植绿恢复 14 处，森林面积覆盖率达 58%。实施生态治理，开展石漠化治理 56 平方千米，水土流失治理 128平方千米，完成 25 家公共机构餐饮业油烟污染深度治理，取缔夜市烧烤摊点 300余家，关闭拆除 10 家砖厂、11 家 24 门以下生产设备和窑体，关闭非法码头 15 家，非法采砂场 4 家，增殖放流鱼苗 122 万尾，清理水面漂浮物 2.15 万吨，县城及大昌垃圾填埋场渗滤改造项目建成投用，完成畜禽养殖三区划定，完成农村环境连片整治 8 个，关闭禁养区畜禽养殖场 1 家，限养区畜禽养殖场 5 家，乡镇污水处理设施全覆盖，续建污水处理厂 6 个，修建雨污管网 32.7 千米，城乡生活污水集中处理率分别达到 92.3%、81%，"户集、压收、乡镇运转、区域处理"垃圾收运模式全面推广，建成城镇垃圾压缩中转站 8 座，城镇、农村生活垃圾处理无害化处理率分别达到 100%、90%。四是将绿色发展与生态文化旅游结合起来。巫山依托绿水青山的自然风光和厚重的人文底蕴，高质量建设小三峡（小小三峡）、神女景区、当阳大峡谷 3 个 AAAAA 级景区和一批 AAAA 级景区，高标准推进景区规范化、智能化建设，高效率提升景区品牌化、国际化水平，全面打造以"核心景区"担纲、"知名节庆"助威、"全域旅游"富民的国际知名现代化旅游城市，做亮"神女恋城·红叶巫山"核心品牌。2019 年，成功建成国家首批全域旅游示范区，成功入榜中国最美县域榜单，全年接待游客 1902.83 万人次，实现旅游综合收入 83.22 亿元。[①]

　　3. 助推人民群众走向富裕：栽种"致富之树"中的坚持和完善

　　人不负青山，青山定不负人。习近平曾深情地说，环境就是民生，青山就是美丽，蓝天也是幸福，发展经济是为了民生，保护生态环境同样也是为了民生。在习近平总书记的关切鼓励下，2019 年以来，巫山县每年栽种"巫山脆李"23 万余亩，丰产面积达 8 万亩，年产 10 万吨，产值达 10 亿元，最高的 1 户年收入可达 10 万元以上，惠及农民 5 万户、15 万人，带动脱贫 9000 余户、3.5 万余人。重庆市委、市政府高度重视，把"巫山脆李"作为区域公共品牌打造。

---

① 资料来源：《巫山县统计年鉴》（2018—2019）。

（三）将坚持和完善长江经济带生态文明制度体系寓于"三峡红叶、四季云雨"

1. 用"三峡红叶"引领"绿色发展"

习近平总书记 2016 年 1 月在重庆调研和 2018 年 3 月参加十三届全国人大一次会议重庆代表团审议时，都兴致勃勃地提到巫山红叶，说"中国处处有美景，一些省市有油菜花节、牡丹花节，一些省市拥有广阔竹海，而巫山有满山红遍的三峡红叶，这些景色都是我们建设美丽中国的宝"。2019 年 3 月 5 日，习近平参加十三届全国人大二次会议内蒙古代表团审议时指出："要探索以生态优先、绿色发展为导向的高质量发展新路子。"巫山红叶绵延 70 多千米、10 万余亩、200 多个品种，观赏期从当年 11 月初直至次年 1 月。截至 2019 年，巫山连续举办了 13 届长江三峡国际红叶节，累计接待游客 4500 万人次。

2. 借"四季云雨"助推"绿色脱贫"

习近平总书记饶有兴趣地询问神女峰和三峡巫峡段的位置，李春奎回答道，神女峰位于巫山境内，巫峡也主要在巫山境内。我国生态环境质量持续改善的基础还不稳固，受自然条件变化影响较大，特别是大气环境质量受气象条件影响明显，习近平总书记对此高度重视。巫山县大力加强空气环境治理，空气质量优良天数不断增加，近年来，全县空气质量优良天数平均超过 350 天，荣膺"全国百佳深呼吸小城"殊荣，以其丰富多彩的气候资源优势和旅游资源优势，入选重庆三峡国家气象公园。

（四）把坚持和完善长江经济带生态文明制度体系引进"千年古镇、万年文明"

习近平总书记指出：中华传统文化源远流长、博大精深，中华民族形成和发展过程中产生的各种思想文化，记载了中华民族在长期奋斗中开展的精神活动、进行的理性思维、创造的文化成果，反映了中华民族的精神追求，其中最核心的内容已经成为中华民族最基本的文化基因。

巫山既是著名文化名县，也是著名生态美县和旅游强县。204 万年前的"巫山人"是最早的亚洲人类，5000 年前的"大溪文化"遗址是新石器文化代表，1000 年前建成的大昌古镇至今保护良好，巫文化、巴楚文化、神女文化在这里交相辉映。毛泽东《水调歌头·游泳》中的"神女应无恙，当惊世界殊"成千古名句。而今，习近平总书记两度关注巫山红叶。两代领袖如此聚焦一县，这在我国绝无仅有，蕴含着伟大领袖的巫山生态人文情怀，既是巫山独享的至高赞誉，也是巫山独有的文化财富，还是巫山独有的永续动力，无疑将永载史册。

巫山县在贯彻长江经济带生态文明制度体系中，坚持"山水结合、文旅融合、水陆并进"旅游发展路径，做好"生态＋""人文＋"两大文章，依托"一城·两轴·三片·十一廊道"发展布局，推进巫山旅游产品由观光为主向观光、休闲度假相结合的复合功能转变，由过境式快游，向腹地游、深度游转变，由门票经济向产业经济转变，2019年成功举办了第四届巫山"神女杯"艺术电影周、第四届长江三峡（巫山）国际越野赛和第三届当阳大峡谷国际户外挑战赛，"晒文化·晒风景"大型文旅推介活动获全市最佳效果奖。设立山东、广东等5个营销组，开展"相约飞巫山·陆上游三峡""广州情·巫山行"等系列旅游主题宣传活动，航空旅游组团游客首次突破3000人次。赴芬兰、瑞士、新加坡等地开展境外文旅推介15场次。文旅融合、生态优先的绿色发展引领巫山继续前行。

四、结语

2020年4月20日，习近平在陕西秦岭牛背梁考察强调："要自觉讲政治，对国之大者要心中有数。"2020年8月18~21日，习近平在安徽考察时强调：长江经济带建设，要共抓大保护、不搞大开发。要增强爱护长江、保护长江的意识，实现"人民保护长江、长江造福人民"的良性循环，早日重现"一江碧水向东流"的胜景。生态安全边界就是"国之大者"，就是国家永远的"乡愁"，就是最大的政治。万里长江从巫山奔腾而过，养育滋润了巫峡万物生灵，巫山人民有情有责，将习近平关于巫山生态问题的重要指示记在脑子里、融在血液中、落在行动上，担当起"国之大者"，让生态文明制度踏歌长江经济带"一江春水向东流"。

参考文献

［1］中共中央关于坚持和完善中国特色社会主义制度 推进国家治理体系和治理能力现代化若干重大问题的决定［EB/OL］.［2019-11-05］. http://www.gov.cn/zhengce/ 2019-11/05/content_5449023.htm.

［2］中共中央 国务院关于加快推进生态文明建设的意见［EB/OL］.［2015-04-25］. http://www.gov.cn/gongbao/content/2015/content_2864050.htm.

［3］习近平关于社会主义生态文明建设论述摘编［M］.北京：中央文献出版社，2017.

［4］习近平在重庆考察并主持召开解决"两不愁三保障"突出问题座谈会［EB/OL］.［2019-04-17］. http://www.gov.cn/xinwen/2019-04/17/content_5383915.htm.

［5］2016年1月5日，习近平在（重庆）第一次长江经济带发展座谈会上的讲话。

［6］2018年4月26日，习近平在（武汉）第二次长江经济带发展座谈会上的讲话。

［7］2018年3月10日，习近平在重庆代表团的讲话。

［8］2019年3月5日，习近平在内蒙古代表团的讲话。

［9］中国共产党第十九届中央委员会第五次全体会议公报［EB/OL］.［2020-10-29］. http://www.xinhuanet.com/politics/2020-10/29/c_1126674147.htm.

［10］中国共产党重庆市第五届委员会第九次全体会议决议［EB/OL］.［2020-11-28］. https://www.cbg.cn/show/5555-217722.html.

从"巫山脆李"生态产品品牌建设
看脱贫攻坚成果巩固拓展

雷兆玉

摘要：党的十九届五中全会公报明确要求：坚持绿水青山就是金山银山理念，守住自然生态安全边界。重庆市委五届九次全会决议也指出：要着力探索生态优先绿色发展新路子，巩固提升脱贫攻坚成果。农业生态产品品牌建设是生态产品建设的骨干项目，是守住自然生态安全边界的重要支撑，也是巩固拓展脱贫攻坚成果、推进乡村振兴战略的重要抓手。地处三峡库区腹心的重庆市巫山县，在脱贫攻坚和全面小康中，农业生态产品品牌引领着产业发展，促进了产业兴旺。"巫山脆李"是农业生态产品品牌成功打造的典型，是精准扶贫的支柱产业、乡村振兴的重要引擎，在该县整体脱贫摘帽中彰显了奇功，为三峡库区脆李产业带建设奠定了基础。随着"巫山脆李"农业生态品牌声誉在更大范围的提升，重庆市将"巫山脆李"升华为重庆市区域公用品牌，作为区域公用品牌"巫山脆李"，探索生态优先绿色发展新路子，力图在更大区域内将其作为实现巩固拓展脱贫攻坚成果同乡村振兴有效衔接的重要产业，继续发挥品牌硬核作用，化产品优势为品牌胜势，大力推进绿色转型发展，促进人与自然和谐共生，促进生态产业化、产业生态化。

关键词：巫山脆李；区域公用品牌；全面小康；脱贫攻坚；乡村振兴；硬核

党的十九届五中全会公报明确要求：坚持绿水青山就是金山银山理念，守住自然生态安全边界，而生态产品就是守住自然生态安全边界的重要支撑。中共重庆市委五届九次全会指出：要着力探索生态优先绿色发展新路子，进一步学好用好"两山论"，走深走实"两化路"，把修复长江生态环境摆在压倒性位置，大力推进绿色转型发展，促进人与自然和谐共生，巩固提升脱贫攻坚成果，农业生态产品品牌建设是生态产品建设的骨干项目。也是巩固拓展脱贫攻坚成果、推进乡村振兴战略的重要抓手。本文以"巫山脆李"品牌打造为例，就生态产品品牌打造与脱贫攻坚成果巩固拓展略作探析。

作者简介：雷兆玉，重庆市巫山县委党校副校长，正高级讲师。

一、"巫山脆李"品牌建设是巩固拓展脱贫攻坚成果的力量硬核

农业生态产品品牌建设是 21 世纪以来"三农"工作的成功创造，也是生态产品建设的成功创造，特别是党的十八大以来，党和国家把品牌作为农业现代化和生产产业化的核心标志，积极推进农业生态产品品牌建设。2016 年的中央一号文件首次提出"品牌"战略，要求"大力发展名特优新农产品，培育知名品牌"；2017 年的中央一号文件安排了特色农产品标准化生产示范、地理标志农产品和原产地保护基地工作；2018 年的中央一号文件强调要"培育农产品品牌，保护地理标志农产品，打造一村一品、一县一业发展新格局"；2019 年的中央一号文件将品牌建设与乡村振兴紧密关联；2020 年的中央一号文件对品牌建设作了全面系统的部署。党的十九届五中全会明确要求，要着力探索生态优先绿色发展新路子，大力推进绿色转型发展，促进人与自然和谐共生。农业生态产品品牌建设逻辑证明："三农"工作的时代主题是脱贫攻坚，脱贫攻坚的抓手是产业兴旺，产业兴旺的抓手是品牌强盛，因此农产品品牌就是巩固提升脱贫攻坚成果的力量硬核。

巫山县位于重庆东部，是西部地区的一个国家级贫困县，也是重庆市 14 个国家级贫困县之一，是秦巴山集中连片贫困区重点县、三峡工程首淹首迁县。2014年，全县尚有贫困村 120 个，占全县行政村总数的 39%；建卡贫困户 20592 户、66564 人，占全县农业总人口的 13.7%，高出重庆市平均水平 5 个百分点。脱贫攻坚战一打响，巫山县委、县政府就提出了"大产业带动大扶贫"，确定了"县有支柱产业、乡镇有主导产业、村有特色产业、户有骨干项目"的产业扶贫格局。"巫山脆李"的生态价值、经济价值和社会价值较高，但长期以来"盛名之下其实难副"。巫山县将脆李生产作为打赢"脱贫攻坚战"的特色生态产业，坚持规模化、科技化、生态化、市场化、品牌化发展，成效明显。2014 年 5 月，"巫山脆李"被中国果品流通协会授予"中华名果"称号。2014 年 5 月，巫山县被授予"中国脆李之乡"称号。2015 年 9 月，"巫山脆李"在国家工商总局成功注册为地理标志商标，2017 年 7 月，巫山县被授予"全国优质李生产基地县"称号，2017 年 6 月，"李行天下"中国特产·巫山馆在京东总部举行开馆。2020 年，巫山县共种植脆李 28万亩，遍及 22 个乡镇，挂果面积 10.7 万亩，惠及农民 5 万户，带动贫困户 10130户脱贫致富。事实证明，"巫山脆李"是精准扶贫的支柱产业、乡村振兴的重要引擎，在全县整体脱贫摘帽中彰显了奇功，为三峡库区脆李产业带建设奠定了基础，是巩固提升脱贫攻坚成果的重要支柱产业。①

---

① 巫山县乡村振兴局脱贫攻坚统计数据（内部资料）。

二、"巫山脆李"品牌建设闪耀着两山理论两化道路的灿烂光芒

用"红雨随心翻作浪，青山着意化为桥"来形容"巫山脆李"品牌建设非常形象，巫山脆李是巫山人民坚持以习近平生态文明思想、扶贫工作论述和重庆工作系列讲话精神及关于"巫山脆李"工作的重要指示为指导，深学"两山论"，笃行"两化路"，将"产业振兴"和"脱贫攻坚"落实在品牌打造之中的重要成果。

（一）重识绿水青山，彰显了脆李品牌特色优势

一方水土不仅养育了一方人，还培育了一方特产，但长期以来"巫山面目不相识"。脱贫攻坚战打响后，巫山坚持用两山理论准确把握巫山山水优势，并有效化为脆李品牌优势。

一是山地环境优势。巫山地处东经 109°33′~110°11′、北纬 23°28′~30°45′，大巴山、巫山、七曜山三大山脉交会县境，山大坡陡，海拔最低为 145 米，最高为 2691.8 米，高差 2546.8 米。典型的山地地貌，延长了巫山脆李的货架期。其他区域脆李的上市期一般为二三十天，而巫山脆李能超 60 天，特殊的山地环境形成了巫山脆李的货架优势。

二是气候条件优势。巫山立体气候特征明显，气候温和，雨量充沛，日照充足，四季分明，年平均气温为 18.2℃，最高气温为 41.7℃，极端最低气温为 –6.9℃，≥10℃积温 5857.3℃。全年无霜期 320 天左右，总降水量为 1056.8mm，相对湿度为 68%，年平均日照总时数为 1570.9 小时，排重庆市第一。适宜的气候条件，滋养了巫山脆李的甜脆口味感。

三是水土资源优势。巫山土壤种类多样，结构独特，土质疏松、土壤肥沃，透气性好，特别是红砂土质酸碱性好；长江横贯东西，境内 9 条支流和 54 条小溪，组成网状水系。良好的水土环境，形成了"巫山脆李"的生长优势区。

四是水果品质优势。"巫山脆李"是由曲尺乡柑园村江安李的一个芽变枝变异而来，它历经数千年自然选择、优胜劣汰，既保留了适生性强、生长速度快的生长特点，又获得了适应长江低山河谷地带早春回温快、光照积温多而形成的看似没熟却青脆汁甜的特性，果形端正，均匀整齐，营养丰富，有养颜美容、润滑肌肤的功效，被誉为"可以吃的化妆品"。水果品质是巫山脆李的核心优势。

五是历史文化优势。西晋文学家傅玄的《李赋》中有"潜实内结，丰彩外盈，翠质朱变，形随运成。清角奏而微酸起，大宫动而和甘生"之赞，史载巫山脆李在唐朝即已广泛栽种，距今千年有余，巫山脆李传承着悠久历史和丰富文化。

（二）登上时代快车，激发了脆李品牌强劲动力

习近平指出：机遇总是垂青勇于竞争的人。像"巫山脆李"这种传统小水果，在

三峡库区可谓栽种广泛，果形口味相差无几，"巫山脆李"能摘得桂冠，盖源于巫山人民善抓机遇、乘势而为的勇气与智慧。

一是紧踏生态文明建设的时代浪潮。党的十八大以来，习近平生态文明思想不断丰富发展成熟，生态文明建设被列入国家发展战略。巫山县把习近平新时代中国特色社会主义思想落实在经济社会发展的大地上，明确提出"生态立县战略"，将巫山脆李作为落实"生态建设""脱贫攻坚"战略的重要抓手，使脆李发展有了正确的思想灵魂和强大的时代氛围。

二是抓住新一轮退耕还林的大好时机。2014年，国家实施了新一轮退耕还林还草工程，把干果、水果等经济与生态效益兼备的特色林果品种作为优先重点项目，巫山县更敏锐地强调以经济林为主体，把"巫山脆李"作为骨干项目，推动生态林业民生林业发展，确保"退得下、稳得住、能致富、不反弹"，既有效治理了县境内的长江两岸及陡坡耕地水土流失，又使退耕农户从中得到丰厚的收益。

三是发挥城乡统筹发展的强大推力。城乡统筹发展战略的实施加速了城乡资源要素流动，增强了城乡互动联系，中共中央和中共重庆市委出台了一系列强农惠农富农与扶贫开发政策。及时把握"巫山脆李"强劲市场竞争力和价格走势，吸引了丰富的城市资金、技术、人才、项目等投入，加强规范化、高标准基地建设，积极地开发巫山脆李的市场营销和休闲果园，形成了"巫山脆李"可持续发展的强大推力。

四是顺应居民消费安全的内在需求。随着居民消费结构升级，人民群众对安全农产品需求十分迫切。巫山县依托"巫山脆李"优势农业资源、农业生态资源，培育精品农业，配套脆李商品化处理和加工业，"巫山脆李"安全化生产的质量动因正在于此。

五是坚持山地农业产业的科学布局。巫山县依托高、中、低山区域布局，形成了独具特色的"三带特色种植业"：高山带发展烤烟、魔芋、药材、林菌，中山带发展以干果为主的林果业，低山带发展柑橘、蔬菜等，沿江低海拔至中山之间广阔的中低山带，正是"巫山脆李"产业化发展的大好空间。因此，"巫山脆李"的发展，完善了巫山县农业产业的整体布局。

（三）不负领袖关怀，推动脆李品牌飞得更高更远

2018年3月10日上午，习近平总书记参加第十三届全国人民代表大会第一次会议重庆代表团审议，在听取李春奎发言时，饶有兴致地就巫山神女、红叶、脆李、猴群、水质、绿化六个问题详细了解情况，特别是对"巫山脆李"，连发三问："脆李是否属于李子的一种？个头有多大？颜色是红色、青色还是黄色？"李春奎答道："巫山脆李就是李子，已有上千年种植历史，颜色偏青色，因为质地脆嫩、汁多味香，所以叫作脆李。巫山在绿化造林和脱贫攻坚过程中，发动群众种好'巫山脆李'这一'摇钱树'，很多农户靠种果树致富了。"习近平总书记笑道：

"我在福建工作的时候，当地古田县出产一种水果叫油柰，也属于李子品种，皮薄肉厚，酸甜清脆，很好吃，想来和巫山脆李差不多。"

巫山有三张享誉全国的名片——巫山红叶、巫山神女峰、巫山脆李，都在得到习近平总书记的关注和点赞后"飞得更高更远"。2016年1月，习近平在重庆视察时看到巫山红叶的展板时兴致勃勃地提到，"记得上世纪80年代初，有一部红遍全国的电影《等到满山红叶时》，说的就是三峡，给人印象深刻"。2018年3月，习近平在重庆代表团座谈时又提及巫山神女峰和巫山红叶，他说："中国处处有美景，一些省市有油菜花节、牡丹花节，一些省市拥有广阔竹海，而巫山有漫山红遍的三峡红叶，这些景色都是我们建设美丽中国的宝贝。"

习近平的神笔点睛，迅速使巫山脆李名声大振。巫峡儿女倍受鼓舞，再创佳绩。2018年，农业农村部授予"巫山脆李"品种权，纳入国家品牌计划，中央电视台8个频道每天16次滚动播出脆李广告。2018年经国家权威部门评审，"巫山脆李"品牌价值达到13.34亿元，居同类产品第一位。2019年7月，巫山脆李获得了"全国气候好产品"荣誉，12月，被农业农村部等9部委联合认定为"中国特色农产品优势区"。"巫山脆李"在脱贫攻坚中发挥了硬核功效，成为继巫山红叶、巫山神女峰之后又一张享誉全国的名片。

三、"巫山脆李"品牌建设丰富了生态产品品牌战略的宝贵经验

品牌的打造是有规律的。"巫山脆李"品牌打造紧紧围绕脱贫攻坚战略实施，并与乡村振兴的长效机制建立有机对接，既发挥了品牌战略作用，又丰富了品牌建设实践经验。

（一）加强五个保障

一是加强组织保障。巫山县成立了领导小组，组建了"果品发展中心"及相关机构，建立"321干部对接"机制（乡镇主要领导3个、分管领导2个、中层干部和驻村及村社干部1个），出台了《巫山县干部对接脆李管护绩效考核办法》，有力地促进了"巫山脆李"品牌建设。

二是加强资金保障。首先是加大资金投入。巫山县每年都安排财政专项资金，争取市财政专项资金，整合各类上级资金，逐年有所递增，保障资金投入。其次是推动基地建设。对新建50亩以上柑橘、脆李园的种植主体，建园及管护达到补助条件的，分两次给予500元/亩的补助，建园当年补助60%，次年补助40%，成功发展脆李种植大户4850户。再次是加强金融服务。量身定制金融扶贫产品，与金融机构合作，为3189户贫困户提供新增免抵押、免担保、贴息贷款13381.2万元，经过诚信度、劳动力、家庭收入等指标评定后，贫困户可获得0.5万~5万元小额贷款，贫困人口覆盖率为25.3%。协调保险公司创新保险产品，脆李种植大户

和贫困户保险覆盖率达100%。①

三是加强政策保障。"巫山脆李"产业政策体系较为完备,如种苗供应由政府集中采购,免费发放给农户种植;基地管护实行政府补贴、社会化服务;创建"三品一标"新型农业,经营主体按照1万~10万元的标准获得资金奖励,加强农产品经纪人培训,建设气调冷库。

四是加强科技保障。巫山县成立了脆李研发中心,加强与高校和科研单位的合作,制定了"巫山脆李"地方标准,并举办了全国李杏学术交流会、优质李鉴评会、脆李产业高峰论坛等。绘制完成"小班图",实施挂图作战。

五是加强人才保障。通过招聘引进高层次专业技术人才、每年培训新型职业农民、脆李种植技术能手,管护技术骨干,建成了县有专业技术团队、乡有专门技术组织、村有技术骨干的三级管护技术人才体系。

(二)促进"五化"建设

一是种植实现规模化。巫山县在脆李产业发展中,项目围绕规划做、资金围绕项目投,不断提升产业集约化、标准化和商品化水平,调动了贫困户的内生动力。

二是经营实现组织化。坚持以适度规模经营为主,农户以土地"单户经营"或"联户经营"的方式,重点培育20~50亩规模、以职业果农为主的家庭果园2000个以上。引入社会资本建设50亩规模以上的大业主果园,重点培育农业企业、专业合作社、家庭农场等经营主体。建立了"龙头企业+基地+贫困户"模式。

三是管护实现标准化。编写出版了《巫山脆李优质高效生产技术》一书,大力推广标准化管理技术。建有育苗600万株的脆李苗圃基地,建立母本园及采穗圃60亩挂牌保护,建立县级专家团队、乡镇技术骨干、村级技术队伍、种植能手和果农"五层"技术服务体系。

四是包装实现品牌化。建立脆李种植质量安全追溯与监管体系,实现标准化生产和绿色防控。定期开展打假行动,严禁本地果农未熟摘卖、以假冒充等违法行为,全力维护品牌形象。

五是营销实现市场化。巫山县立足市场需求,构建多点支撑销售渠道。开通了"巫山脆李"官方网站和官方微信服务号,在中央电视台梅地亚中心成功举办了"李行天下·巫山脆李推介(品鉴)会",加强专业合作社、种植大户与水果经销商合作,健全"巫山脆李"订单式销售机制。依托全国水果商网络,远销福建、北京、上海、广东、香港等地,走向全国。

(三)促进五大融合

一是农林融合,用绿水青山摘掉贫困帽。将脆李发展与退耕还林、绿化长江、

---

① 资料来源:根据《巫山统计年鉴2020》整理得到。

三峡后续、石漠化治理等林业重点工程建设相结合，既绿化了荒山，又摘了贫困帽。

二是农旅融合，让贫困农户吃上"旅游饭"。巫山依托绿水青山的自然风光和厚重的人文底蕴，高质量建设小三峡（小小三峡）、神女景区、当阳大峡谷三个AAAAA级景区和一批AAAA级景区，高标准推进景区规范化、智能化建设，高效率提升景区品牌化、国际化水平，全面打造以"核心景区"担纲、"知名节庆"助威、"全域旅游"富民的国际知名现代化旅游城市，做亮"神女恋城·红叶巫山"核心品牌。

三是商旅融合，促进线上线下"双驱动"。抓住成功创建全国农村电子商务示范县的机遇，与深圳智慧城电子商务公司签订"淘实惠"进农村战略合作协议，建成327个淘实惠电子商务服务站点，其中贫困村119个；产生贫困村脆李订单8万余个/年，实现销售280余万元/年。与京东、顺丰速运、中国邮政等合作建成脆李专业销售体系，助推巫山脆李"快捷便销"。每年定期举办巫山脆李产销对接会，统一发布"巫山脆李"包装、LOGO和二维码标识，统一宣布上市或下市，全面规范巫山脆李销售。2018年，京东物流实现"巫山脆李"常态化无人机运输。2020年，电商交易额超过5亿元，占销售总额的40%以上。[①]

四是工旅融合，打造特色旅游"伴手礼"。建成库容4.5万立方米、保鲜量3.5万吨的脆李气调保鲜库，"巫山脆李"可延市2个月。引进大型食品生产企业推动脆李深加工，以巫山脆李为原材料，无添加、纯手工制作"成话李"供不应求，2018年就实现"成话李"销售200余万元，带动80余贫困户脱贫增收。积极与湖北省秭归县屈姑集团、武汉南博集团合作，研制脆李饮品、果酒、李干、果脯等附加值高的产品，延伸了脆李产业链条。

五是智能插翅，扶贫全产业链"大数据"。"巫山脆李"的生产发展，正赶上了智能发展的时代浪潮。巫山县高度重视"巫山脆李"的数字产业化、产业数字化建设，建成了"巫山脆李"全产业链大数据平台，为推动"巫山脆李"高质量发展、创造人民群众高品质生活插上智能翅膀。

四、"巫山脆李"品牌升为重庆农业生态产品区域公用品牌的战略构想

（一）"巫山脆李"农业生态公用品牌建设的价值取向

我国农业历经规模化、标准化等不同发展阶段后，已经步入品牌化时代。近年来，"巫山脆李"已"名扬天下，享誉中外"，2018年，重庆市政府确定将脆李、脐橙、荔枝三大水果作为重庆农产品区域品牌打造。分别以"巫山脆李""奉节脐

---

① 资料来源：根据《巫山统计年鉴》（2018～2020）整理得到。

橙""涪陵龙眼荔枝"举旗，整合周边相关区县资源，通过跨区域集中布局，打造"产业生态化、生态产业化"的样板。

2019年4月15~17日，习近平总书记在重庆主持召开解决"两不愁三保障"突出问题座谈会时强调："要探索建立稳定脱贫长效机制，强化产业扶贫。"2020年3月6日，习近平在决战决胜脱贫攻坚座谈会上指出："脱贫摘帽不是终点，而是新生活、新奋斗的起点。"将"巫山脆李"打造成为区域公用品牌，就是稳定脱贫、产业扶贫长效机制的具体体现。因此，当前在打赢脱贫攻坚战斗中再发强力，继而在乡村振兴中充分发挥硬核作用，这便是"巫山脆李"品牌升级为重庆区域公用品牌的价值取向。

（二）"巫山脆李"农业生态公用品牌建设的战略布局

打造"巫山脆李"公共品牌，必须树立全市一盘棋思想，将"巫山脆李"发展纳入重庆市乡村振兴战略行动计划中，相关区县要克服地方保护主义和摒弃狭隘的地域观念，在基地布局、品种选择、品牌创建上步调一致、相互配合、抱团发展，各单位和各行业也要形成强大合力，通过政策导向、投资倾斜，集中支持重点产业、重点区域，优先支持国家级和市级贫困区县，促进"巫山脆李"这一优势产业向优势产区和优势基地集中。在库区海拔500~1000米的中山区域，以巫山为中心，包括巫溪、奉节、云阳、开州、万州、石柱等区县，通过品种搭配和海拔高差调节成熟上市时间，根据市场容量和重庆气候资源，重点发展7月中旬至8月下旬成熟的青脆李，力争2025年新建脆李标准园20万亩，改造提质老果园20万亩，总面积达到85万亩，具体布局如表1所示。

表1 2025年脆李园布局

种植区县	现有(万亩)	2025年目标（万亩）	改造（万亩）	投资总量（万元）	财政补贴（万元）
巫山	20	27	8	6.2	1.8
巫溪	7.5	12	2	2.3	0.7
奉节	4	6	2	1.4	0.4
开州	6	12	2	3.2	1.0
万州	7.5	15	3	3.9	1.2
云阳	4	7	2	1.4	0.4
石柱	1	6	1	1.6	0.5
合计	50	85	20	20	6.0

（三）"巫山脆李"农业生态公用品牌建设的战略实施

一是以积极投入加强科学引导。坚持以市场主导、政府引导、各类主体投入为主的原则，协同合力推进产业布局、基地规划、基础设施，加大招商引资力度，多渠道争取外部支持，积极引导城市资本下乡发展水果产业，鼓励大学生和回乡青年到农村种果创业，积极研究探索发展农村资金互助等新型合作金融业态，探索建立风险补偿金等措施，支持贫困农户通过小额扶贫信贷发展特色产业。

二是以全程服务提供科技支撑。加强良种繁育体系建设，建设无病毒良种繁育基地。创新绿色防控运作机制，完善病虫监测和检疫网络。完善技术推广服务体系，稳定充实技术服务队伍，推进全程社会化服务，推动果农专业化、职业化。

三是以规范管理促进科学生产。牢固树立产业发展的标准化、品牌化、科技化、市场化理念，加快制订完善"巫山脆李"产业标准，推行生产基地无公害、绿色、有机和地理标志产品认证，实现投入品使用安全化、生产过程规范化、产品质量优质化，做到品质安全可追溯。

四是以协同推进科学发展。创新体制机制，培育优势主体，拓展销售渠道，加强品牌整合，整体打造"巫山脆李"统一品牌，形成统一的技术标准、统一的准入条件、统一的LOGO、统一的包装。加快"巫山脆李"集散中心和仓储、运输等物流体系和信息体系建设，大力推广电子商务、直销配送、农超对接等营销模式，实现线上与线下紧密结合，生产与消费无缝衔接，大力培育和引进大型流通型龙头企业和名优特色水果流通经纪人。积极开展特优产品"三品一标"的申请和保护，加快市场信息预警预报机制建设。要延伸产业链条，建立技术研发中心，鼓励科研院所和生产企业加强协作，开展全产业链研究，实现由分散劳动密集型、简单初级加工转向规模生产和精深加工的全产业链发展。要拓展产业功能，加快一、二、三产业融合发展，形成集生产、观光、休闲、信息化服务、标准化管理于一体的现代农业综合体，拓宽农民增收渠道，带动农业经济发展和农村繁荣。

"巫山脆李"农业生态产品品牌建设的明天，是打造重庆市区域生态公用品牌和中国南方脆李第一品牌，这一价值目标必须建立在脱贫攻坚、全面小康基础之上，延展在乡村振兴战略实施之中，在全面建设社会主义现代化的进程中，化资源优势为价值胜势，化产业优势为市场胜势，化产品优势为品牌胜势，促进生态产业化、产业生态化，在"绿水青山"转化为"金山银山"中发挥更加有力的作用。

全面建成小康社会的哲学意蕴

陈琼珍

摘要："全面建成小康社会"的战略目标是马克思主义与中国现代化道路历史性实践的结合，是社会发展在特定国家具体社会历史阶段实践逻辑的展开。以习近平同志为核心的党中央科学地运用马克思主义哲学辩证唯物论、唯物辩证法和唯物史观，系统地回答了"全面建成什么样的小康社会""如何全面建成小康社会""为谁全面建成小康社会"等基本问题，是马克思主义中国化的理论创新，也是新时代中国人民奋斗前行的行动指南。

关键词：全面建成小康社会；马克思主义；哲学

"全面建成小康社会"是中国的第一个百年奋斗目标，是历史赋予中华儿女的新的历史重任，亦是当前最广泛而深刻的社会实践。2020 年是决胜全面建成小康社会的最后攻坚时期，古人云"行百里而半九十"，我们比历史上任何时期都更加接近这一伟大目标，此时更是不可有任何松懈、麻痹和动摇。要使全社会对全面建成小康社会在思想上达成高度的认同，在行动上实现自觉的实践，有必要从哲学的角度深化对全面建成小康社会的认识，从而深刻理解中国发展战略的科学内涵和思想精髓。

一、坚持辩证唯物主义的核心观点，回答 "全面建成什么样的小康社会"

马克思主义哲学辩证唯物主义强调万事万物共同的本质和基础在于物质，自

基金项目：广东省哲学社会科学规划 2019 年度项目"习近平总书记关于时代新人重要论述的哲学基础研究"（项目编号：GD19YXY01）阶段性成果；广州市哲学社会科学"十三五"规划 2018 年度青年课题（项目编号：2018GZQN01）阶段性成果；中山大学 2018 年度高校基本科研业务费青年教师培育项目（项目编号：18wkpy45）阶段性成果。

作者简介：陈琼珍，女，江西抚州人，博士，中山大学马克思主义学院讲师，从事马克思主义人学和马克思主义中国化研究。联系方式：chenqiongzhen2004@126.com；电话：18816807691；通信地址：广东省广州市海珠区新港西路 135 号中山大学文科楼 322。

然界和人类社会都同样遵循物质统一性原则。物质决定意识，意识对物质具有反作用，一切从实际出发作为认识、分析和解决问题的出发点。以习近平同志为核心的党中央正是基于辩证唯物主义的这一核心观点，立足于中国社会发展的实际，根据新时代下中国特色社会主义实践的新变化和新特点，提出了全面建设创新、协调、绿色、开放、共享的社会主义小康社会的战略目标。

第一，遵循世界的物质统一性原理，确定全面小康社会的本质。无论是自然界还是人类社会都同样遵循物质第一性原则。可见，社会历史发展的首要前提和基础不是别的，就是物质生活生产。正如马克思所言，"第一个历史活动就是生产满足这些需要的资料，即生产物质生活本身，而且，这是人们从几千年前直到今天单是为了维持生活就必须每日每时从事的历史活动"①。物质生产能力即社会生产力是社会发展的决定性力量，"马克思和恩格斯是唯物主义者。他们用唯物主义观点观察世界和人类，看出一切自然现象都有物质原因作基础，同样，人类社会的发展也是受物质力量即生产力的发展所制约的"。②因此，可以确定第一个百年奋斗目标，即全面建成小康社会的本质就是以解放和发展社会生产力为基础，以改革政治、经济、社会、文化和生态体制为直接动力，基本实现全体人民共同富裕的社会，为最终实现"每个人自由而全面的发展"的共产主义社会打下坚实的基础。

第二，准确把握社会主义初级阶段和新时期中国经济发展新常态的实际，与中国经济高质量发展阶段相适应，确立新发展理念，提出全面建成小康社会的具体任务书。要确定全面小康社会的具体规定性仍然要遵循物质第一性原则，必须从当前中国社会发展的实际出发。首先，以习近平同志为核心的党中央从我国社会基本矛盾、社会生产力、综合国力、国际地位等方面科学地定位中国处于并将长期处于社会主义初级阶段，这是当代中国的最大国情、最大实际。经过40多年的改革开放，中国社会生产力有了巨大的发展，然而在肯定我国社会生产力发展的同时也不回避当前发展所遇到的难题，并集中体现在提升发展质量和效益、提高社会文明水平、完善党的建设、解决民生短板和社会矛盾等方面。③其次，全面建成小康社会作为社会主义初级阶段的一个具体过程，呈现中国特色社会主义发展的新变化和新特点。习近平总书记多次强调中国经济进入新常态，"我国经济已经由高速增长阶段转向高质量发展阶段，正处在转变发展方式、优化经济结构、转换增长动力的攻关期"④。要破解发展难题，推动社会生产力进一步解放和发展，

① 马克思恩格斯选集（第1卷）[M].北京：人民出版社，2012：158.
② 列宁选集（第1卷）[M].北京：人民出版社，1995：91.
③ 习近平.决胜全面建成小康社会 夺取新时代中国特色社会主义伟大胜利——在中国共产党第十九次全国代表大会上的报告[M].北京：人民出版社，2017：9.
④ 习近平.决胜全面建成小康社会 夺取新时代中国特色社会主义伟大胜利——在中国共产党第十九次全国代表大会上的报告[M].北京：人民出版社，2017：33.

必须放弃传统强调经济"量"的扩张，转为注重经济"质"的提升，牢固树立创新、协调、绿色、开放、共享的发展理念。五大新发展理念的提出回答了"全面建成什么样的小康社会"这一基本问题，强调当前全面建成小康社会指的就是建成创新、协调、绿色、开放、共享的小康社会。总之，习近平总书记立足于中国社会发展的实际，遵循实事求是原则，提出了全面建成小康社会的具体要求，从而为全面建成小康社会提供了根本遵循。

全面建成的小康社会是以"创新发展"为规范的、具有生机活力的小康社会。习近平总书记倡议建设创新型国家，必须加强科技创新的引领作用、尊重企业创新的主导地位、推进政府服务创新的体制建设，最大程度地发挥创新作为引领社会发展第一动力的效用，在创新发展中实现更高品质的小康社会。全面建成的小康社会是以"协调发展"为规范的协调稳定、健康有序的小康社会。"协调发展"是新时代实现平衡和充分发展的要求，是全面建成小康社会的必然要求。全面建成协调的小康社会更注重中国特色社会主义发展的全局性和战略性，逐步缩小区域差距、城乡差距、部门差距和阶层差距，推动物质文明建设和精神文明建设协调发展，既强调当代发展又考虑后代发展的良性社会。全面建成的小康社会是以"绿色发展"为规范的绿色低碳、可持续发展的小康社会。习近平总书记的"绿色发展"理念继承和发展了马克思主义生态观思想，在强调自然是人类生存和发展条件的基础上，阐明了"绿水青山就是金山银山""保护环境就是保护生产力""良好生态环境是最普惠的民生福祉""人与自然生命共同体"等命题。绿色小康社会就是人与人、人与自然、人与社会和谐共生的社会。全面建成绿色小康社会就是要更加尊重自然、顺应自然和保护自然，依据资源环境承载能力调节发展，坚持节约资源和低碳环保的生产方式和生活方式，构建人与自然生命共同体，建设资源节约型、环境友好的美丽中国。全面建成的小康社会是以"开放发展"为规范的开放包容、合作共赢的小康社会。历史证明，只有坚持开放发展，才能获得更多的发展机遇和更大的发展空间。此外，"开放发展"是新时代经济新常态的重要标志之一，是全球化时代的必然要求。全面建设开放的小康社会就是要继续扩大和深化对外开放，发展全球伙伴关系，促进国家之间、地区之间的交流合作，构建人类命运共同体，为推进人类文明发展贡献中国智慧和力量。全面建成的小康社会是以"共享发展"为规范的公平正义、全民共享的小康社会。人民共享是社会主义的本质要求，理应由人民群众共享改革发展成果，逐步实现共同富裕，实现社会发展与人的发展的共赢，最终实现"每个人自由而全面的发展"。共享小康社会是发展为了人民、发展依靠人民、发展成果由人民共享的公平正义的社会状态。全面建成共享的小康社会就是要更加提高和改善民生水平，建设教育强国，提高就业质量，完善社会保障，实现脱贫，加强健康中国建设，实现"人人尽责、人人享有"。

二、运用唯物辩证法的科学方法，回答
"如何全面建成小康社会"

以习近平同志为核心的党中央运用科学的唯物辩证法正确地认识和处理全面建成小康社会过程中遇到的各种问题，科学运用系统性思维统筹全局、正确处理整体和部分的辩证关系，坚持用"两点论"和"重点论"统一辩证方法分析问题和解决矛盾，运用联系的观点统筹好国内国际两个大局，全面贯彻落实量变质变规律，旨在解决当前中国发展的不平衡不充分难题，持续推进中国特色社会主义现代化建设，全面建成创新、协调、绿色、开放、共享的小康社会。

第一，采用系统性哲学思维，处理好整体和部分的辩证关系。整体是事物内部各部分相互联系构成的有机统一体，部分是构成事物有机整体的各个要素。整体不是各个部分的简单相加，当各个部分以合理的方式组成整体时，这一整体就具备了各个部分没有的全新性质和功能。以系统观来看全面建成小康社会目标，一方面，可以将其看作中国特色社会主义现代化这一有机整体中的子系统，同全面深化改革、全面依法治国、全面从严治党子系统三者之间相互影响、相互渗透，共同构成了中国特色社会主义现代化有机整体：全面深化改革为全面建成小康社会提供制度保障、全面依法治国为全面建成小康社会提供法律保障、全面从严治党为全面建成小康社会提供政治保障。另一方面，要把全面建成小康社会作为一个由政治、经济、社会、文化、生态以及人的发展等构成的有机整体。按照唯物辩证法的基本原理，避免用机械论的方法来全面建成小康社会，即"把全面建成小康社会"这一总目标理解为政治小康、经济小康、社会小康、文化小康、生态小康和时代新人等子目标的简单相加。要从整体、全局和战略的高度来制定全面建成小康社会的实施方案，避免将各个子系统看作互不相干、单独存在。经济、政治、社会、文明、生态以及人的发展等子系统相互作用和相互促进，共同构成了全面社会这一大系统。习近平总书记高屋建瓴，落实"五位一体"总体布局和新发展理念的系统化战略实施逻辑，从整体上解决当前发展不平衡、不充分、不持续等根本问题，补短板、强弱项、促发展，提升社会发展的整体效能，从而全面建成创新、协调、绿色、开放、共享的小康社会。

第二，坚持"两点论"和"重点论"的辩证统一。"两点论"是毛泽东对马克思主义唯物辩证法的核心观点——对立统一规律的中国化解读，强调要一分为二地看问题。"重点论"是一种强调重点和关键，用重点带动一般的辩证思维。"两点论"和"重点论"两者是辩证统一关系："两点论"是有重点的两点论，反对无重点的均衡论；而"重点论"是强调两点中的重点，反对无重点的"一点论"。在全面建成小康社会的社会实践中，必须坚持"两点论"和"重点论"的辩证统一，习近平总书记反复强调，"在任何工作中，我们既要讲两点论，又要讲重

点论，没有主次，不加区别，眉毛胡子一把抓，是做不好工作的"，① "我们想问题、作决策、办事情，不能非此即彼，要用辩证法、要讲两点论，要找平衡点"。全面建成小康社会既要统揽全局又要突出重点；既要注重全局的顶层谋划，体现全面建成小康社会的整体性和系统性，又要牢牢抓住重点和关键点。我们既要对全面建成小康社会的政治、经济、社会、文化、生态以及人的发展等做全面部署，又要突出脱贫攻坚，振兴农村、生态问题、党领导发展的能力、国家治理体系和治理能力等重点领域和关键环节，特别是贫困问题是全面建成小康社会的底线，打赢脱贫攻坚战，争取 2020 年在现行标准下实现农村贫困人口脱贫，筑牢全面建成小康社会的底线。

第三，运用联系的观点统筹好国内国际两个大局，在立足于本国发展的同时兼顾人类文明的发展和进步，利用国内国际"两个资源和两个市场"，积极推进构建人类命运共同体，为全面建成小康社会提供良好的外部环境。联系观是唯物辩证法的根本观点，恩格斯更是把唯物辩证法定位为"关于普遍联系的科学"②。在经济全球化时代下，各个国家和地区之间的联系和依存日益加深，虽然和平和发展是时代的主题，但是不稳定性不确定性突出，人类面临诸多共同的难题，这些难题同国内发展难题并存和叠加使全面建成小康社会难度加强，因此必须以更高的全球视野认识和处理全面建成小康社会。习近平总书记指出"各国人民同心协力，构建人类命运共同体""中国积极发展全球伙伴关系，扩大同各国的利益交汇点，推进大国协调和合作"③。一系列"重要论"进一步凸显用世界普遍联系和共同发展的辩证思维来全面建成小康社会，强调立足本国、对内深化改革，着眼世界、对外扩大开放，积极构建人类命运共同体，为全面建成小康社会创造良好的国际环境，走中国特色社会主义现代化道路，彰显走向世界舞台中央的中国为人类贡献的中国力量。

第四，运用质变量变发展规律指导全面建成小康社会。一切事物发展变化都包含质变和量变两个部分，量变的最终结果是质变，质变的前提条件是量的积累。质变引起新的量变，为新的质变开辟道路，无论是自然界还是社会历史都遵循这一普遍的客观规律。当前，全面建成小康社会也是遵循这一客观规律的，然而，具体事物量变质变有其特殊性。需要注意的是，全面建成小康社会的质变属于阶段性质变。所谓阶段性质变，指的是中国特色社会主义从温饱到小康、从总体小康到全面小康、从全面建设小康社会到全面建成小康社会的发展，是社会主义初级阶段在总的量变过程中的部分质变。由于社会主义初级阶段这一根本性质未变，

① 习近平 2015 年 1 月 23 日在主持中共十八届中央政治局第二十次集体学习时的讲话。
② 马克思恩格斯选集（第 4 卷）[M].北京：人民出版社，1995：259.
③ 习近平 . 决胜全面建成小康社会 夺取新时代中国特色社会主义伟大胜利 [M].北京：人民出版社，2017：59.

只是其中较次要的性质发生了变化，使社会主义的发展呈现阶段性特征。正是由于前面发展阶段实现了量的积累，使全面小康社会成为可能，而当量的积累完成之后便会引发质变，完成第一个百年奋斗目标，使中国特色社会主义建设进入新阶段。从侧面也证明了全面建成小康社会并非轻而易举，而是一项极其艰巨和复杂的系统性工程，必须积极应对全面建成小康社会实现过程中的困难和挑战。但也不应因为这些难题就丧失了全面建成小康社会的信心，毕竟生产力发展、共同富裕的社会主义是社会历史发展的必然趋势。在新质要素的逐渐积累和旧质要素逐渐消除的过程中完成全面小康社会的建设。当全面建成小康社会后，中国社会发展则会进入新一轮量的积累阶段，全面小康社会的完成势必引起中国特色社会主义发展的新量变，为第二个百年奋斗目标，即建成富强民主文明和谐美丽的社会主义现代化强国开辟道路，量变与质变互相转换，周而复始。

三、立足马克思主义唯物史观的根本立场，回答"为谁全面建成小康社会"

马克思主义唯物史观认为人民群众是社会历史的主体，是一切财富的创造者，亦是社会变革的决定力量，是推动社会历史发展的根本动力。马克思坚定地站在人民的立场来解释和改变世界，一生都致力于实现人民的解放和全面发展。习近平总书记在纪念马克思诞辰 200 周年会议上强调，"人民性是马克思主义最鲜明的品格"。坚持人民主体地位，同样是习近平总书记治国理政的一贯主张。习近平主政浙江时就强调"社会发展以人的发展为归宿"[①]"社会资本的积累，最终也都体现于人的发展"[②]。党的十八大以来，习近平在历史唯物主义群众史观的基础上提出了"以人民为中心"的思想，并在党的十九大报告中郑重指出，"必须坚持以人民为中心的发展思想，不断促进人的全面发展、全体人民共同富裕"[③]。"全面建成小康社会"命题全面贯彻于马克思主义"以人民为中心"的思想中，坚持为人民服务的根本宗旨和群众路线，以满足人民日益增长的美好生活需要为主线，强调全面建成小康社会是为了人民、依靠人民，确立了全面建成小康社会人民主体的价值意蕴。

第一，强调全面建成小康社会是"为了人民"。为人民谋福利、为民族谋复兴是中国共产党的初心和使命，而这个初心和使命在当前社会历史阶段就表现为人民全面建成中国特色社会主义小康社会。中国共产党在百余年的征程中从未忘记

① 习近平.之江新语［M］.杭州：浙江人民出版社，2007：150.

② 习近平.之江新语［M］.杭州：浙江人民出版社，2007：225.

③ 习近平.决胜全面建成小康社会　夺取新时代中国特色社会主义伟大胜利——在中国共产党第十九次全国代表大会上的报告［M］.北京：人民出版社，2017：19.

这一初心和使命，党和国家领导人在领导全国各族人民从温饱到小康、从总体小康到全面小康、从建设小康到建成小康，无不体现"以人民为中心"的理念，这同西方资本主义以人的全面异化为代价来追求资本增殖形成根本反差。中国特色社会主义始终重视人的全面发展，并将人的全面发展作为经济、社会等发展的目的，"以人的全面发展为中心的社会发展"。这里的"人"不是指某个人或某群人，而是指全体人民。正如习近平所说，"保证全体人民在共建共享发展中有更多获得感，不断促进人的全面发展、全体人民共同富裕"，同马克思所讲的"富有的人和富有的人的需要代替了国民经济学上的富有和贫困"有着异曲同工之妙。落实全面建成小康社会是为了人民，这是一切工作的着力点和落脚点。当前必须坚持全面贯彻落实群众路线，始终践行全心全意为人民服务的根本宗旨，将以人民为中心的发展原则具体落实到各项事业、方针和政策制定和实施中，才能全面建成小康社会，真正实现人民的幸福和民族的复兴。

第二，用人民美好生活需要检验全面坚持小康社会的成效。习近平总书记一再强调，必须始终把人民利益摆在至高无上的地位，要抓住人民最关心最直接最现实的利益问题，不断满足人民日益增长的美好生活需要①，这段论述深刻地阐述了新时代全面建成小康社会的基本路线问题，人民群众的美好生活需要是全面建成小康社会的出发点，也是检验全面小康社会建成成效的评价标准。全面建成小康社会必须坚持以"人民为中心"的价值取向，在实践活动中坚持把人民利益放在首位，切实解决民生问题，改善人民生活、保障人民权益、增强人民获得感，强调建成满足人民日益增长美好生活需要的小康社会。

随着中国特色社会主义现代化建设的不断深入，人民的需要由单一的和低层次的物质文化需要转变为多元的和高层次的美好生活需要：多元指的是人的需要不能仅停留在物质和精神方面，还包括民主、法治、公平、正义、安全和环境等多方面的需要；高层次指的是人民在满足低层次的物质生存需要的基础上，期盼高层次的发展、自我实现等需要。从全面建成小康社会这一战略目标来看，为了解决人民日益增长的美好生活需要同不平衡不充分的发展之间的矛盾，建成一个惠及全体人民的、充分的、平衡的、高品质的社会主义小康社会，让广大人民群众共享社会发展的成果，不断增强人民在物质、精神、民主、法治、公平、正义、安全和环境等方面的获得感。由此可见，全面建成小康社会是满足人民美好生活需要的手段。立足于当前实际，贯彻创新、协调、绿色、开放、共享的发展理念，为社会成员创造良好的生存和发展环境，让人民更加幸福、社会更加进步、国家更加富强、民族迈向伟大复兴。

第三，明确全面建成小康社会的主体——人民。中国的历史就是中国人民的

---

① 习近平.决胜全面建成小康社会 夺取新时代中国特色社会主义伟大胜利——在中国共产党第十九次全国代表大会上的报告［M］.北京：人民出版社，2017：45.

奋斗史。正是依靠全体中国人民的艰苦奋斗，中国实现从站起来到富起来的历史飞跃，正迎接强起来的美好未来。人民群众是历史的创造者，是决定党和国家前途命运的根本力量。党和国家的事业始终以人民为中心，并依靠人民创造历史伟业。[①] 这一论断深刻阐明了人民群众同社会发展、历史进步的内在逻辑，为依靠人民力量实现全面建成小康社会提供重要的哲学依据。全面建成小康社会，一是尊重人民主体地位。人民是全面建成小康社会的真正动力，实现全面建成小康社会需要凝民心、集民智、汇民力。二是坚持党的领导地位。这里需要注意的是，坚持人民地位同坚持党的领导地位两者并不矛盾，根本原因在于中国共产党是无产阶级政党，是中国人民和中华民族的先锋队，代表了最广大人民群众的根本利益。所以，坚持人民主体地位和坚持党的领导是辩证统一关系。全面建成小康社会离不开人民群众，离开人民群众，全面建成小康社会就会失去力量；全面建成小康社会离不开党的领导，离开党的领导，全面建成小康社会就会失去方向。全面建成小康社会既要坚持党的领导，在党的正确领导下，遵循科学的规划，发挥社会主义制度的优势，调动人民群众的积极性、主动性和创造性、凝聚起全面建成小康社会的强大力量，实现全面建成小康社会的战略目标。

任何真正的哲学都是时代精神的精华。以习近平同志为核心的党中央立足于中国特色社会主义实践，以马克思主义立场、观点和方法确立社会发展战略目标，科学运用马克思主义哲学的辩证唯物主义、唯物辩证法和唯物史观，科学地回答了"全面建成什么样的小康社会""如何全面建成小康社会""为谁全面建成小康社会"等基本问题，是马克思主义中国化的最新理论成果，丰富和发展了马克思主义哲学，是推进中国特色社会主义现代化强国建设的实践指南。

---

① 习近平. 决胜全面建成小康社会　夺取新时代中国特色社会主义伟大胜利——在中国共产党第十九次全国代表大会上的报告［M］.北京：人民出版社，2017：21.

政党·国家·世界

——理解中国历史性解决绝对贫困问题的三重意蕴

张润峰 梁 宵

摘要： 消除贫困始终是人类矢志不渝的追求，也是众多马克思主义者的奋斗目标与价值诉求。在中国共产党的坚强领导下，困扰中华民族几千年来的绝对贫困问题历史性地得到解决，这不仅为全面建成小康社会奠定坚实基础，还具有十分重要而广泛的理论和现实意义，概括起来就是政党意义、国家意义和世界意义三者的有机统一。从政党意义层面来看，消除绝对贫困问题正是中国共产党严格兑现执政承诺的本质体现，这不仅能夯实自身的执政基础，还能切实增强自身的执政本领；从国家意义层面来看，消除绝对贫困问题既能深化乡村振兴战略实施，还能彰显社会主义制度显著优势，更能铸牢中华民族共同体意识；从世界意义层面来看，中国创造国际反贫困事业的伟大奇迹，不仅能为全球反贫困事业作出卓越贡献，还能为发展中国家反贫困事业共享减贫经验。

关键词： 中国共产党；消除绝对贫困；政党意义；国家意义；世界意义

消除贫困始终是人类矢志不渝的追求，也是众多马克思主义者的奋斗目标与价值诉求。中华人民共和国成立以来，中国共产党始终牢记消除贫困、改善民生、逐渐实现共同富裕这一重大使命，尤其是改革开放 40 多年来，在中国共产党的坚强领导下，全中国累计使 7.7 亿农村贫困人口成功摆脱贫困，困扰中华民族几千年来的绝对贫困问题历史性地得到解决。中国取得这一历史性成果不仅使其成为世界上消除贫困人口最多的国家，也使其成为世界上率先完成联合国可持续发展峰会《2030 年可持续发展议程》提出的减贫目标，这不仅为全面建成小康社会奠定了坚实的基础，还具有十分重要而广泛的理论和现实意义，概括起来就是政党意义、国家意义和世界意义三者的有机统一。

基金项目：本文为国家社科基金重大专项"建设具有强大凝聚力和引领力的社会主义意识形态研究"（18VZT004）的阶段性研究成果。

作者简介：张润峰，男，河南周口人，华东师范大学马克思主义学院博士研究生，研究方向：马克思主义与当代中国研究，电话：17521342893，邮箱：zhangrunfeng9405@163.com。梁宵，女，山东肥城人，华东师范大学马克思主义学院博士研究生，研究方向：国外马克思主义理论研究。

一、"承诺·根基·本领"三维映射中国历史性解决绝对贫困问题的政党意义

（一）兑现执政承诺：坚决如期全面打赢新时代精准脱贫攻坚战

"反贫困是古今中外治国理政的一件大事。消除贫困、改善民生、逐步实现共同富裕，是社会主义的本质要求，是我们党的重要使命。"[①] 也是中国共产党创建百年以来历代领导集体在革命、建设和改革各个时期带领全国各族人民进行不懈奋斗的重要目标。在 1927 年 8 月至 1937 年，中国共产党领导广大人民群众进行"打土豪、分田地"的革命斗争，其实质既是一场经济革命、实现"耕者有其田"的伟大理想，也是一场社会革命、给广大人民群众生存带来保障的同时推进社会财富再分配，更是一场政治革命、建立人民当家作主的苏维埃政权，让广大劳苦大众翻身得到解放。中华人民共和国成立前夕，毛泽东在受中国人民政治协商会议第一届全体会议委托起草会议宣言时，就正式提出将消除贫困作为中华人民共和国重要的奋斗目标，并郑重指出新成立的中央政府"将领导全国人民克服一切困难，进行大规模的经济建设和文化建设，扫除旧中国所留下来的贫困和愚昧，逐步地改善人民的物质生活和提高人民的文化生活"。[②] 20 世纪 50 年代初，以毛泽东同志为核心的党的第一代领导集体就明确表示，"如果我们不建设起强大的现代化的工业、现代化的农业、现代化的交通运输业和现代化的国防，我们就不能摆脱落后和贫困，我们的革命就不能达到目的"。[③] 这实际上就是"四个现代化"建设的雏形。

改革开放初期，以邓小平同志为核心的党的第二代领导集体将社会主义现代化建设、最终实现共同富裕作为改革开放的重要指向和奋斗目标。邓小平曾深情表示："贫穷不是社会主义，社会主义要消灭贫穷。不发展生产力，不提高人民的生活水平，不能说是符合社会主义要求的。"[④] 20 世纪 80 年代中后期，全国范围内有计划、有组织、大规模的扶贫工作正式拉开了序幕，扶贫模式也实现了由救济式向开发式的转变，以江泽民同志为核心的党的第三代领导集体将中国共产党对扶贫事业的认知与理解上升到了一个新的高度，江泽民反复强调，"我们党是以全心全意为人民服务为宗旨的，我们的政府是人民的政府，帮助贫困地区群众脱贫

① 中共中央文献研究室 . 习近平关于全面建成小康社会论述摘编［M］. 北京：中央文献出版社，2016：155.
② 中共中央文献研究室 . 建党以来重要文献选编（1921—1949）：第 26 册［M］. 北京：中央文献出版社，2011：771.
③ 中共中央文献研究室 . 建国以来重要文献选编：第 5 册［M］. 北京：中央文献出版社，1993：584.
④ 邓小平文选（第 3 卷）［M］. 北京：人民出版社，1993：116.

致富，是党和政府义不容辞的责任"。① 通过制定并积极推进实施《国家八七扶贫攻坚计划》，到了 20 世纪末期，中共中央制定的基本解决中国农村贫困人口温饱问题的扶贫攻坚战略目标基本得到实现。在此基础上，以胡锦涛同志为总书记的党中央高瞻远瞩，始终将发展作为第一要义，制定并实施了一系列有利于农村脱贫致富的政策措施。到了 21 世纪第一个十年之尾，按照当时的扶贫标准来看，中国农村贫困地区的反贫困工作基本实现了由消除绝对贫困向解决相对贫困的关键性转变。至此，中国贫困地区的反贫困工作进入了新阶段，同时将稳定实现扶贫对象不愁吃、不愁穿，保障其义务教育、基本医疗和住房确定为 2020 年中国深入推进扶贫开发的总体目标。②

党的十八大以来，以习近平同志为核心的党中央全面打响了新时代中国贫困地区精准脱贫攻坚战，既原创性发展出了"精准扶贫"的工作模式和路径，又历史性明确彻底解决中国绝对贫困问题的时间表和路线图。党的十九大报告指出，让贫困人口和贫困地区同全国一道进入全面小康社会是我们党的庄严承诺。建党百年来的历史实践证明，中国共产党人始终紧紧扭住这个庄严承诺，一茬接着一茬干，一棒接着一棒跑，勇担使命、砥砺前行，取得了前所未有的历史性成绩，国家统计局发布的数据显示，截至 2019 年末，全国农村贫困人口从 2012 年末的 9899 万人减少至 551 万，累计减少 9348 万人，年均脱贫近 1336 万人，且连续七年脱贫人数都在 1000 万人以上，贫困发生率也由 2012 年末的 10.2% 降至 0.6%③，区域性整体贫困基本得到解决，全面脱贫攻坚的目标任务接近完成。2020 年伊始，中共中央制定了 21 世纪以来第 17 个指导"三农"工作的中央一号文件，向全党全国全社会发出了集中优势力量全面打赢新时代精准脱贫攻坚战的时代号召，立下了脱贫攻坚战最后堡垒必须攻克的扶贫开发"军令状"。由此可见，中国共产党有自信、有底气、有担当、有能力向中国人民兑现这一庄严承诺，迎来历史性解决中国千百年来绝对贫困问题这一激动人心的重大时刻。

（二）夯实执政根基：不断厚植中国共产党长期执政的群众基础

众所周知，合法性事关一个政党执掌政治权力的根基，这既决定着一个政党能否获得执政权力，又决定着一个政党能否长期执掌政治权力。也就是说，没有合法性的取得，一个政党就无从谈起执掌政治权力；没有合法性的维系和发展，一个政党就无从谈起长期执掌政治权力，前者为执掌政治权力奠定基础，后者为长期执掌政治权力提供保障，两者共同构筑一个政党牢固的执政根基。因此，习近平反复强调，"党的先进性和党的执政地位都不是一劳永逸、一成不变的，过

① 江泽民文选（第 3 卷）[M].北京：人民出版社，2006：250.
② 胡锦涛文选（第 3 卷）[M].北京：人民出版社，2016：568.
③ 2019 年全国农村贫困人口减少 1109 万人 [N].光明日报，2020-01-24.

去先进不等于现在先进，现在先进不等于永远先进；过去拥有不等于现在拥有，现在拥有不等于永远拥有"。

中国共产党执政地位是建立在牢固的合法性基础之上的，这既是源于历史发展的选择，又是人民群众的选择。"得民心者得天下，失民心者失天下。"这一古语道出了一个古今不变的执政规律，即民心才是最大的政治，决定执政地位之兴衰。毛泽东在《论联合政府》一文中作出了这样一个著名论断："共产党人的一切言论行动，必须以合乎最广大人民群众的最大利益，为最广大人民群众所拥护为最高标准。"[①] 邓小平也曾语重心长地发出警醒之问："我们要想一想，我们给人民究竟做了多少事情呢？"[②] 有没有把人民是否拥护、是否赞成、是否高兴和是否答应始终作为一个衡量我们事情想的对不对、工作做的好不好的根本标准呢？江泽民提出的"三个代表"重要思想、胡锦涛提出的坚持以人为本的"科学发展观"都是对这一重大问题进行的实践解读与理论诠释。由此可见，在不同的历史时期和历史条件下，中国共产党建构和巩固其执政地位的具体做法虽有所变化，但始终将"民心是最大的政治"这一核心思想作为其一切工作的出发点和落脚点。

党的十八大以来，习近平以深邃的历史思考对新时代中国共产党的执政观进行宣示和深化。履新之初，他就在党的群众路线教育实践活动工作会议上深刻指出："我们党来自人民、植根人民、服务人民，党的根基在人民、血脉在人民、力量在人民。失去了人民拥护和支持，党的事业和工作就无从谈起。"[③]

在党的十九大报告中，习近平再次强调："人民是历史的创造者，是决定党和国家前途命运的根本力量。"[④] 由此可见，习近平关于"民心是最大政治"的重要论述深刻回答了中国共产党"为谁执政、靠谁执政、如何执政"的这一重大问题。建党百年的历史实践证明，中国共产党领导中国人民在革命、建设和改革时期之所以能够战胜各种艰难险阻并取得举世瞩目的成就，就是其始终坚持着全心全意为人民服务的根本宗旨，不断厚植并筑牢其长期执政的群众基础；也只有在推进社会主义现代化过程中始终坚持以人民为中心的发展思想，不断满足人民群众的物质文化需求，才能得到人民群众的真心拥护和支持。中国共产党领导中国人民在新时代全面打赢精准脱贫攻坚战，历史性地解决绝对贫困问题正是满足人民群众日益增长的美好生活需要的战略环节和重要领域，这不仅直接关系到人民群众的幸福感、获得感和安全感，还关系到中国共产党的执政形象和群众基础，更会深刻影响到中国共产党的执政根基和社会的繁荣稳定。

---

① 毛泽东选集（第3卷）[M].北京：人民出版社，1991：1096.
② 邓小平文选（第2卷）[M].北京：人民出版社，1994：128.
③ 习近平.习近平谈治国理政（第1卷）[M].北京：人民出版社，2018：367.
④ 习近平.决胜全面建成小康社会 夺取新时代中国特色社会主义伟大胜利——在中国共产党第十九次全国代表大会上的报告[M].北京：人民出版社，2017：21.

（三）增强执政本领：切实加强中国共产党的长期执政能力建设

纵观中国共产党执政的不同历史时期，无论是局部执政时期还是全面执政以来，中国共产党历来十分重视党的执政能力建设问题，但对提高自身执政能力建设的话语体系表达和侧重点则各有不同。早在新民主主义革命时期，毛泽东就曾提出，"我们队伍里边有一种恐慌，不是经济恐慌，也不是政治恐慌，而是本领恐慌"。[①] 中华人民共和国成立前夕，他又深刻提出了"进京赶考"这一沉重的历史命题。中华人民共和国成立初期，中国共产党非常谨慎、科学、成功地领导中国从新民主主义向社会主义的过渡。改革开放初期，邓小平十分鲜明地提出了"执政党应该是一个什么样的党，执政党的党员应该怎样才合格"[②] 这一重大问题。2000年2月，江泽民在广东省高州市领导干部"三讲"教育会议上首次提出了"执政能力"这个概念，二者具有同等的内涵与外延。在此基础上，党的十六大报告首次提出了"加强党的执政能力建设"[③] 这个崭新的命题，基于此，2004年9月，党的十六届四中全会通过的《中共中央关于加强党的执政能力建设的决定》不仅以十分鲜明的语言强调执政能力建设是中国共产党执政后的一项根本建设，还以高度凝练的语言对中国共产党执政能力的概念加以定义。党的十七大报告进一步强调，要以"继续加强党的执政能力建设"[④] 来不断推进党的建设这一新的伟大工程。这一时期，执政能力的内涵逐渐丰富、外延逐渐大于执政本领，后者则多与"领导干部"这一词汇紧密关联，对其内涵并未深入展开。

党的十八大以来，习近平站在党和国家事业发展全局的战略高度，紧紧扭住党的执政能力建设这条主线不动摇，并在党的十九大报告中修改了关于执政能力建设的话语表达，在其前面加上"长期"二字，进一步升华并彰显其深刻的政治意蕴和战略定力。与此同时，习近平又深刻提出"全面增强执政本领"这一加强党的长期执政能力的核心命题，既进一步明确了把党的执政本领建设融入党的执政能力建设之中，又进一步深化和丰富了执政本领建设的具体内容。他指出："领导十三亿多人的社会主义大国，我们党既要政治过硬，也要本领高强。"[⑤] 也就是要全面增强中国共产党的学习本领、政治领导本领、改革创新本领、科学发展本领、依法执政本领、群众工作本领、狠抓落实本领、驾驭风险本领八大本领。建党百年尤其是全面执政以来的实践证明，提升自身执政本领的最有效方法便是坚持人民主体地位，自觉践行党的群众路线，也正如习近平所言，"置身于人民群众之中，

① 毛泽东文集（第2卷）[M].北京：人民出版社，1993：178.
② 邓小平文选（第2卷）[M].北京：人民出版社，1994：276.
③ 中共中央文献研究室.十六大以来重要文献选编（上册）[M].北京：中央文献出版社，2005：39.
④ 中共中央文献研究室.十七大以来重要文献选编（上册）[M].北京：中央文献出版社，2009：39.
⑤ 习近平.决胜全面建成小康社会　夺取新时代中国特色社会主义伟大胜利——在中国共产党第十九次全国代表大会上的报告[M].北京：人民出版社，2017：68.

向人民群众生动实践汲取营养，也是领导干部提高执政本领的重要途径"。[1]中国共产党始终紧紧扭住消除国内贫困的这一庄严承诺正是自觉践行党的群众路线的深刻体现。

具体而言，在历史性解决绝对贫困问题过程中，不仅强化了中国共产党治国理政的创新思维、辩证思维、战略思维和底线思维，有力地增强了自身政治领导本领，也有助于其掌握和运用新发展理念，开创全面消除国内贫困的新局面，有力增强了自身的科学发展本领，还提升了其运用互联网技术和信息化手段解决现实难题的综合能力，有力增强了自身改革创新本领，更充分发挥其联系群众的桥梁纽带作用，练就服务群众的工作能力，有力增强了自身群众工作本领。同时，向人民群众成功兑现解决绝对贫困这一执政承诺，既能体现和深化其以钉钉子的精神狠抓工作落实的本领，又进一步彰显和增强了其勇于敢于并能够驾驭前进道路上遇到各种风险挑战的本领。由此可见，在推进历史性解决绝对贫困问题的这一伟大实践中必然带来中国共产党执政本领的增强，不断深化自身对执政规律的认识，切实强化和巩固自身的执政能力和领导水平。

二、"任务·自信·认同"三维解读中国历史性解决绝对贫困问题的国家意义

（一）抓实优先任务：以消除绝对贫困深化乡村振兴战略实施

综观中国共产党成立百年的奋斗史和中华人民共和国成立七十多年的伟大历程，无论是在新民主主义时期以"农村包围城市"为战略方针而进行的农村革命根据地建设、中华人民共和国建设时期以"农业现代化"为重要环节而进行的城市工业经济发展建设、改革开放时期以"联产承包责任制"为改革开端而进行的中国经济转型建设，还是从中国共产党"五年一届"的党代会到中国"一年一度"的全国人大和全国政协会议，农村、农业与农民问题虽然在不同时期不同阶段的建设重点、内容、路径以及目标不尽相同，但如何化解农村矛盾、推进农业发展、改善农民生活以及提高生活水平始终都是中国共产党和中国政府关注的焦点和重点，两者对这个问题的认识也经历了一个不断深化和完善的发展过程。

党的十八大以来，习近平始终高度重视"三农"工作，不断强化和改善中国共产党对"三农"工作的领导，推动农村农业发展取得辉煌成就。在党的十九大报告中，立足于我国农业农村发展面临的主要障碍和风险挑战，从解决我国社会主要矛盾出发，首次提出实施"乡村振兴战略"这一更为全面、更为系统的乡村发展战略。这既是对中国共产党执政宗旨的深刻体现，又是符合社会主义国家的本质要求，更是一个社会在特定历史发展阶段继承与发展的综合产物。2018 年 1

---

① 中共中央文献研究室.十七大以来重要文献选编（上册）[M].北京：中央文献出版社，2009：215.

月，中共中央、国务院印发的一号文件《中共中央　国务院关于实施乡村振兴战略的意见》；2018 年 9 月，中共中央、国务院印发的《乡村振兴战略规划（2018—2022 年）》明确提出了"乡村振兴战略"的时间表路线图和目标任务，真正把乡村发展建设有机融入国家总体发展战略规划之中，切实推动两者之间实现高度耦合。这不仅为从根本上解决中国"三农"问题和城乡发展不平衡不协调问题提供了重要途径，还必将在中国特色社会主义建设的实践场域中为全面建设社会主义现代化强国贡献力量。

马克思主义认为，历史由人民群众所创造，人民群众是生产力系统要素中最为活跃、最有能动性和最为革命的要素，其不仅决定着社会发展的方向，还创造了大量的社会财富和精神财富。就乡村发展而言，推动乡村深化发展，实现乡村振兴伟业，核心要素依然在人。消除绝对贫困正是激发农民积极性、焕发农业活力、推动农村发展的必由之路，没有全面的消除绝对贫困，农业的全面升级、农村的全面进步就无法保障，全面深入推进乡村振兴战略也就无从谈起。习近平在十九届中共中央政治局第八次集体学习时指出，"打好脱贫攻坚战是实施乡村振兴战略的优先任务"。[①] 两者虽然都是中国特色社会主义现代化建设顶层设计制度体系的重要组成部分，但是两者逻辑属性和逻辑层次却不尽相同。从任务逻辑来看，消除绝对贫困为全面实施乡村振兴战略提供基础保障，全面实施乡村振兴有助于巩固和深化贫困治理成果；从时间逻辑来看，全面消除国内绝对贫困，完成全面建成小康社会这一奋斗目标的底线任务将在 2020 年如期实现，而依据乡村战略"三步走"时间表安排，乡村振兴发展将在全面建成小康社会基础上，用 15 年推动乡村振兴取得决定性进展，农业农村现代化建设目标得以实现，再用 15 年实现乡村全面振兴和农业强、农村美、农民富有的战略目标；[②] 从范畴逻辑来看，2020年中国绝对贫困虽已消除，但相对贫困还会长期存在，乡村振兴战略则是旨在全面解决相对贫困这一重大问题，真正消除城乡发展间的鸿沟，最终实现共同富裕的宏伟目标。由此可见，中国历史性解决绝对贫困问题将为全面建成小康社会奠定坚实基础，实现由全面消除绝对贫困向全面消除相对贫困的历史性转变，乡村发展活力得以全面唤醒，这也必将扎实推进并深化乡村振兴战略全面实施，续写新时代乡村发展新辉煌。

（二）坚定制度自信：以消除绝对贫困彰显社会主义制度优势

制度问题关系到一个国家兴衰，自然也是一个国家在建设过程中面临的一个根本性问题。中华人民共和国成立以来，中国共产党带领中国人民在长期艰辛探索国家建设过程中形成了具有中国特色的社会主义制度，无论是以建构国家根本

① 习近平.把乡村振兴战略作为新时代"三农"工作总抓手［J］.求是，2019（11）.
② 乡村振兴战略规划（2018—2022 年）［M］.北京：人民出版社，2018：13-17.

制度为核心内容的社会主义建设时期，还是以改革国家体制制度为重点的社会主义改革开放新时期，抑或是以坚持和完善国家制度体系为基础的中国特色社会主义新时代，制度建设始终是中国共产党领导中国人民在国家建设实践中的聚焦点和着力点，推动着中国特色社会主义制度体系不断走向完善，为中国特色社会主义制度自信筑牢坚实基础。1954 年 9 月，毛泽东在第一届全国人民代表大会第一次会议上就已表达出对社会主义制度的坚定信心，他指出，这次会议所制定的宪法将大大地促进我国的社会主义事业。我们有充分的信心，克服一切艰难困苦，将我国建设成为一个伟大的社会主义共和国。[①]1980 年，邓小平在中共中央政治局扩大会议上更加豪迈地宣示出对中国特色社会主义制度的强大自信，他指出，"我们的制度将一天天完善起来，它将吸收我们可以从世界各国吸收的进步因素，成为世界上最好的制度"。[②] 2016 年 7 月，习近平在庆祝中国共产党成立 95 周年大会上用"优势"和"先进"二词旗帜鲜明地表达了对新时代中国特色社会主义制度饱满的信心和坚定的信念，他深情地指出："中国特色社会主义制度是当代中国发展进步的根本制度保障，是具有鲜明中国特色、明显制度优势、强大自我完善能力的先进制度。"[③]

中国共产党和中国人民对于中国特色社会主义制度优势的强大自信既不是孤芳自赏，更不是毫无根据的盲目乐观，而是有标准可依、有原则可循。所谓的依照标准，就是以解放生产力、改善民生为评判导向，正如邓小平所言，"社会主义的优越性总要通过生产的发展和人民生活的提高来体现，这是最起码的标准，空头政治不行"。[④]就遵循的原则来讲，就是以坚持共同富裕为基本价值取向，牢牢抓住"共同富裕是社会主义制度不能动摇的原则"。[⑤] 两者实质统一于坚持以人民为中心的发展思想中，这也正如习近平在党的十九大报告开宗明义地向全中国全世界宣示的那样，中国共产党和中国政府要永远把人民对美好生活的向往作为奋斗目标。由此可见，中国人民生活的安全感、获得感和幸福感则是彰显中国特色社会主义制度优势的最集中体现领域。这一领域的最大发展短板和障碍就是国内贫困问题，对此，邓小平多次提到，"要建设对资本主义具有优越性的社会主义，首先必须摆脱贫穷"。[⑥] 可以说，2013~2020 年，中国累计减少农村贫困人口近 1 亿人，历史性地解决了绝对贫困问题，向全世界有力宣示和彰显中国特色社会主义制度优势。尤其是体现出中国共产党领导中国人民集中力量办大事的制度优越性。正如邓小平所言，"社会主义国家有个最大的优越性，就是干一件事情，一下决心，

① 毛泽东文集（第 6 卷）［M］.北京：人民出版社，1999：350.
② 邓小平文选（第 2 卷）［M］.北京：人民出版社，1994：337.
③ 习近平.习近平谈治国理政（第 2 卷）［M］.北京：人民出版社，2017：36.
④ 邓小平年谱（1975—1997）（上卷）［M］.北京：中央文献出版社，2004：330.
⑤ 邓小平年谱（1975—1997）（下卷）［M］.北京：中央文献出版社，2004：1253.
⑥ 邓小平文选（第 3 卷）［M］.北京：人民出版社，1993：225.

一做出决议，就立即执行，不受牵扯"。① 具体而言，这一集中力量办大事的制度优势也正是中国特色社会主义制度组织动员优势、凝聚奋进优势、执行效率优势和社会保障优势的综合体现。

然而，中国共产党和中国政府在坚定制度自信的同时，也要充分认识到，制度优势并非一成不变，过去有优势不代表现在有优势，现在有优势也不代表将来有优势，这是一个动态演变的过程，必须牢牢抓住"将制度优势转化为治理效能"这条主线，不断地巩固、发展和完善，其中关键就在于改革创新与强化执行。为此，党的十八届三中全会提出，"全面深化改革的总目标是完善和发展中国特色社会主义制度，推进国家治理体系和治理能力现代化"。② 在此基础上，党的十九届四中全会制定审议并通过了《中共中央关于坚持和完善中国特色社会主义制度、推进国家治理体系和治理能力现代化若干重大问题的决定》，其目的就是在坚定制度自信的逻辑中加快推进中国特色社会主义制度体系的系统集成以及治理效能的高效转化，在推进实现国家治理体系和治理能力现代化的征程中进一步强化制度自信和彰显社会主义制度的政治优势。

（三）强化民族认同：以消除绝对贫困铸牢中华民族共同体意识

强化中华民族认同是建设中国特色社会主义的必然要求，为国家统一、社会稳定和民族团结奠定坚实的思想基础。"中华民族"真正具有现代性民族主义概念特征，是在清末时期经历了辛亥革命等战争的洗礼才逐渐沉淀下来，由此开启了以"中华民族"为"族体"的中国民族国家建构进程。"中华民族"意识又经历了长时间的社会化历程才逐渐被 56 个民族成员所深切感知和接受认同。直到中华人民共和国成立，在中国共产党的领导和推动下，"中华民族"这一概念和意识才逐渐被完全政治化，成为一个能够推动 56 个民族同胞形成政治共识的实体化民族性概念，由此实现了从"自在"到"自觉"的伟大转变，而这一伟大转变过程既建立起 56 个民族同胞对中国共产党的深切认同，又铸牢了中华人民共和国作为一个统一多民族国家的合法性基础。

中华人民共和国成立后，中国共产党的民族观在社会主义建设时期得到了不断的发展和完善。1952 年 8 月，中央人民政府委员会批准并颁布了《中华人民共和国民族区域自治实施纲要》，对民族区域自治工作作了规定，确立并实施了有关民族平等、团结、友爱、互助，各民族共同繁荣发展等方面的民族政策；1954 年 9 月，中华人民共和国第一届全国人民代表大会通过并颁布了《中华人民共和国宪法》（以下简称"五四宪法"），将民族区域自治确定为中华人民共和国的一项重要政治制度，为营造良好的社会主义民族关系、实现各民族人民当家作主的政治权

---

① 邓小平文选（第 3 卷）[M].北京：人民出版社，1993：240.
② 中共中央文献研究室.十八大以来重要文献选编（上册）[M].北京：中央文献出版社，2014：512.

利、促进社会主义现代化事业蓬勃发展、维护国家统一和安全提供制度保障。自党的十一届三中全会以来，中国共产党民族观在社会主义改革时期又得到不断地深化和完善，民族区域自治制度法制化建设取得重大成就。1982 年 12 月年颁布的中华人民共和国史上第四部宪法（以下简称"八二宪法"），既继承了"五四宪法"有关民族区域自治制度的基本精神，又重新确立了民族区域自治制度的关键地位，并在此基础上，对民族区域自治制度进行了更具体的创新设计，并于 1984 年 5 月审议通过了《中华人民共和国民族区域自治法》，这也成为民族区域自治制度得以深化和完善的重要里程碑，至此，各民族成员对中华民族这个大家庭的自觉认同感和归属感得到极大的提升。

党的十八大以来，习近平始终高度重视民族问题和民族工作，不断强化和优化中国共产党对民族工作的领导，推动中华民族团结进步事业取得辉煌成就。早在 1989 年 6 月，习近平在担任中共宁德地委书记期间就撰文深刻阐述，"民族问题处理得不好往往会引起社会的动荡，甚至政局的不稳。搞好民族工作是我们应尽的义务"。[①] 2014 年 9 月，习近平在中共中央民族工作会议上多次使用"中华民族共同体"概念，这一概念也是首次出现在中共中央历代主要负责人的正式讲话中，他明确指出，"做好民族工作，最关键的是搞好民族团结，最管用的是争取人心"。[②] 系统阐述了打牢中华民族共同体思想基础的出发点和着力点。2017 年 10 月，铸牢"中华民族共同体"意识更是被历史性地写入党的十九大报告中。在从"中华民族"到"中华民族共同体"的历史演进中，可以看出，中国共产党对民族观的认知不断地得以深化、发展和完善。同时，这一认知过程旨在说明，只有铸牢"中华民族共同体"意识，才能强化对中华民族的认同感和归属感，才能搞好各民族间的团结、友爱和进步，才能着力推动各民族的共同繁荣发展。然而，要想铸牢"中华民族共同体"意识，赢得各民族成员的自觉认同，就必须有效解决当前较为突出的民族问题。这一时期，消除各民族地区和成员间的绝对贫困现象、加快经济文化建设等方面的迫切要求则是民族问题最为集中的反映。由此可见，中国历史性解决绝对贫困问题，有力促进了各民族地区基本朝着相等或相近的经济水平发展，着力缓解了各民族间事实上的不平等，增进了各民族成员对"中华民族"的民族情感，铸牢了"中华民族共同体"意识，强化了对"中华民族"的自觉认同，真正促进了各民族像石榴籽一样紧紧地抱在一起，为实现中华民族伟大复兴凝聚起团结奋斗的人心力量。

---

① 习近平．摆脱贫困［M］．福州：福建人民出版社，1992：88.

② 中共中央宣传部．习近平总书记系列重要讲话读本（2016 年版）［M］．北京：人民出版社，2016：179.

三、"奇迹·样本"双维透视中国历史性解决
绝对贫困问题的世界意义

(一)创造中国奇迹：为全球反贫困事业发展作出卓越贡献

自第二次世界大战结束以来，贫困问题既是当今世界发展面临的最大全球性挑战，也是世界各国普遍关注的焦点问题，消除贫困自然也成为国际社会的共同目标和共同责任。为促进发展中国家经济社会事业的可持续发展，逐渐缩小贫穷国家与富裕国家之间的发展差距，缓解和消除发展中国家的贫困和饥饿，联合国以"十年"为一个战略周期，先后于 1960 年、1970 年、1980 年制定并于次年实施了三个发展十年国际发展战略，但是由于各个时期世界各国经济发展出现了各种出乎意料的不利情况，造成这三个发展十年国际发展战略的目标和目的要么是基本上没有实现，要么是大部分没有实现。尽管如此，随着改革开放的脚步和有计划的商品经济体制的确立，中国仍然保持着较快的增长和变革速度，中国国家统计局资料显示，按照 1984 年价格确定的每人每年 200 元的较低生活水平的贫困标准衡量，中国农村贫困人口从 1978 年末的 2.5 亿人减少到 1985 年末的 1.25 亿，贫困发生率也相应地由 30.7% 下降到 14.8%。随着以美苏为两大阵营的冷战格局逐渐瓦解，贫困问题更加得到了国际社会的重视和关注，1990 年 12 月，联合国大会通过了《联合国第四个发展十年国际发展战略》，将帮助发展中国家消除贫困和饥饿确定为特别优先的发展领域[①]。为深化国际社会对贫困问题的重视程度，着力推进全球反贫困事业有效发展，1992 年 12 月 22 日，联合国第 47 届大会决定将每年的 10 月 17 日确定为国际消除贫困日。1995 年 3 月 12 日，联合国发布了《哥本哈根社会发展问题宣言》，确立起以人民为发展中心为首要原则的行动框架，对消除全球饥饿和营养不良，达成消灭世界贫穷的目标作出承诺。

2000 年 9 月，联合国召开了千年首脑会议并通过了《联合国千年宣言》，承诺在 2015 年底前，使世界上每日收入低于 1 美元的贫困线人口比例和挨饿人口比例降低一半，其成为世界各国消除贫困事业的指导性文件。具体到中国而言，中国始终致力于国内经济社会的全面发展，特别是自 20 世纪 80 年代中期开始，大力实施以解决农村贫困人口温饱问题为重点目标的有计划有针对性的扶贫开发政策，先后实施了《国家八七扶贫攻坚计划》和两个为期 10 年的《中国农村扶贫开发纲要》，推动中国农村贫困人口大幅度减少。2011 年，中国社会科学院发布的《人权蓝皮书》显示，以当时的农村贫困标准衡量，中国农村贫困人口从 1978 年末的 2.5 亿人减少到 2010 年末的 2688 万，贫困发生率由 30.7% 下降到 2.8%，提前 5 年率

---

① 国家发展和改革委员会宏观经济研究院社会发展研究所.民生：中国全面建设小康社会 40 年 [M].北京：人民出版社，2018：204.

先完成两个减半目标，这彰显了中国反贫困事业的巨大成就，创造了国际社会反贫困事业的奇迹。2015 年 7 月，联合国发布了《千年发展目标 2015 年报告》，该报告显示，中国既是已经基本完成千年发展目标的国家，又是千年发展目标完成最好的发展中国家。在《联合国千年宣言》收官之际，2015 年 9 月，联合国召开可持续发展峰会，193 个会员国历史性地一致通过了《2030 年可持续发展议程》中制定的 17 个可持续发展目标，而"在全世界消除一切形式的贫困"则被确定为首要发展目标，向全世界宣示和深化国际社会携手消除贫困的决心和信心。事实上，2011 年 11 月，中国政府就决定将农民人均纯收入 2300 元作为国家扶贫标准线，中国国家统计局发布的数据显示，这一新的扶贫标准出台，使全国农村贫困人口覆盖面由 2010 年末的 2688 万人扩大到 1.28 亿人，再次向国内国外宣示中国共产党和中国政府消除贫困的能力和决心。2018 年 12 月，习近平在庆祝改革开放 40 周年大会上向全世界全中国宣示，"我国贫困人口累计减少 7.4 亿人，贫困发生率下降 94.4 个百分点，谱写了人类反贫困史上的辉煌篇章"。① 按照 2011 年决定的国家扶贫标准衡量，由 1978 年末的 7.7 亿人减少到 2017 年末 3046 万人，贫困发生率也由 1978 年末的 97.5% 降至 2017 年末的 3.1%。截至 2019 年末，全国只剩 551 万人尚未解决绝对贫困，贫困发生率只有 0.6 个百分点。然而，越到最后越要紧绷全面消除绝对贫困这根弦，既要啃下最后的"硬骨头"，又要重点关注"亚贫困人口"和"边缘贫困户"，同时更要全力严防有关人员因疫致贫、返贫，在这一关键时刻，2020 年 3 月 6 日，习近平出席决战决胜脱贫攻坚座谈会，并向全党全国全社会发出坚决如期夺取脱贫攻坚全面胜利的伟大号召，再次彰显中国共产党带领中国人民必将打赢脱贫攻坚战、全面消除现行标准下农村绝对贫困人口的决心和信心。中国取得全面消除贫困的这一历史性成就，不仅提前 10 年完成了联合国可持续发展峰会《2030 年可持续发展议程》提出的减贫目标，为全球反贫困事业发展做出了卓越贡献，而且再一次创造了国际社会反贫困事业的伟大奇迹。②

（二）树立中国样本：为发展中国家反贫困事业共享减贫经验

中华人民共和国成立以来，中国共产党和中国政府面对动态变化的发展环境和致贫要素的双重压力，始终坚持将消除国内贫困、保障贫困人口基本生活作为一项重大的政治任务，积极推进反贫困治理理念、方式和政策的创新发展，在不同阶段创造性提出和实施了以救济扶贫为方式的广义扶贫、以瞄准贫困区域为重点的开发式扶贫、以整村推进为方式的村级参与式扶贫、以精准为理念的精准扶贫战略，取得了前所未有的辉煌成就，历史性解决了绝对贫困问题，这既彰显出中国共产党领导中国人民创造伟大奇迹的动员能力和执政能力，又为发展中国家

① 习近平.在庆祝改革开放 40 周年大会上的讲话［M］.北京：人民出版社，2018：15.
② 中华人民共和国年鉴社.中国国情读本（2020 年）［M］.北京：新华出版社，2020：60.

反贫困事业共享中国式成功减贫经验。事实上，随着近年来中国扶贫开发道路不断取得显著性成就，国际社会上许多政要、专家学者就已对中国减贫方案进行高度赞扬。2017年10月，"2017减贫与发展高层论坛"在北京召开，联合国秘书长古特雷斯为此致贺信表示，"精准减贫方略是帮助最贫困人口、实现2030年可持续发展议程宏伟目标的唯一途径。中国已实现数亿人脱贫，中国的经验可以为其他发展中国家提供有益借鉴"。[①] 2018年2月1日，《人民日报》以"中国减贫之路'优质高效'——国际人士积极评价中国脱贫攻坚成就"为专题，集中报道了国际社会知名学者对中国脱贫攻坚的评价。美国著名未来学家约翰·奈斯比特表示，从全球背景来看，中国减贫的努力对寻求摆脱贫困的新兴经济体具有巨大价值。法国著名经济学家米歇尔·阿列塔指出，中国的扶贫成功经验值得推广学习。墨西哥专栏作家、中国问题专家阿尔伯特·罗德里格斯指出，每个国家都有其特有的国情和发展道路，中国显然找到了一条适合自己的发展道路，这让中国人民享受到发展成果，也给其他发展中国家带来信心和启示。[②]

习近平在不同场合曾多次提到中国反贫困经验。2017年2月，习近平在主持十八届中共中央政治局第三十九次集体学习时，将中国反贫困经验总结为"五条"，"概括起来主要是加强领导是根本、把握精准是要义、增加投入是保障、各方参与是合力、群众参与是基础"。[③] 2018年2月，习近平在打好精准脱贫攻坚战座谈会上再次总结中国反贫困经验，并在"五条"经验的基础上，增加了一条"坚持从严要求、促进真抓实干"，将中国反贫困基本经验由"五条"扩展为"六条"，这"六条经验"实质上就是中国经过实践检验建构起的反贫困治理体系，为全世界发展中国家反贫困事业稳步推进树立起中国样本，具有重要的借鉴意义和价值启示。具体来讲，从"坚持党的领导、强化组织保证"这一条经验中所得出的启示就是发展中国家在推进反贫困事业过程中必须有一个强有力的领导力量，为本国反贫困事业发展方向提供根本的组织保障；就"坚持精准方略、提高脱贫实效"这一条经验所得出的启示就是发展中国家在推进反贫困事业过程中必须调整固有的"大水灌溉式"减贫方式，而要树立"精准"理念，重点解决好"扶持谁、谁来扶、怎么扶、如何退"四个关键问题，真正做到精准识别、精准研策、精准施策、精准推进和精准落地等；就"坚持加大投入、强化资金支持"这一条经验所得出的启示就是发展中国家在推进反贫困事业过程中必须加速提高本国经济发展水平，增强国家经济实力，为反贫困事业提供充足的资金保障；就"坚持社会动员、凝聚各方力量"这一条经验所得出的启示就是发展中国家在推进反贫困事业

① 习近平.在决战决胜脱贫攻坚座谈会上的讲话［M］.北京：人民出版社，2020：7.
② 中国减贫之路"优质高效"——国际人士积极评价中国脱贫攻坚成就［N］.人民日报，2018-02-01.
③ 习近平在中共中央政治局第三十九次集体学习时强调更好推进精准扶贫精准脱贫　确保如期实现脱贫攻坚目标［N］.人民日报，2017-02-23.

过程中既要差异性认知各国存在的贫困问题，又要看到凝聚国内各方力量消除贫困的普遍适用性，最大限度地凝聚和扩大反贫困力量；就"坚持从严要求、促进真抓实干"这一条经验所得出的启示就是发展中国家在推进反贫困事业过程中要严格要求脱贫工作，杜绝"数字脱贫"和"面子工程"，让消除贫困的成果真正经得起历史和人民的检验；就"坚持群众主体、激发内生动力"这一条经验所得出的启示就是发展中国家在推进反贫困事业的过程中既要激发贫困主体的自我脱贫意识，又要培养相应的技术能力，充分发挥贫困主体的积极性，促进贫困主体通过自我努力实现脱贫致富。

全面建成小康社会的知识图谱
——基于 CiteSpace 文献计量法

刘　越　张露梅

摘要： 基于 CSSCI 来源文献，运用 CiteSpace 文献计量方法，从文献数量、发文作者、研究机构、关键词词频分析、主题聚类等角度，对我国 2012~2019 年全面建成小康社会研究成果进行知识图谱的展现，旨在为我国全面建成小康社会的相关研究进行全面梳理。研究发现，全面建成小康社会的相关研究发文数量在 2012 年后出现大幅上升，并在 2016 年达到高峰；在该领域内虽然研究者较多，但尚未出现合作密切的核心作者群；同时，经济研究所和高校的马克思主义学院是国有企业改革问题研究重镇，但是研究机构之间的合作交流较少；研究热点集中于"全面建成小康社会""习近平新时代中国特色社会主义思想""四个全面""五位一体""治国理政"等。从主题聚类来看，研究是基于"四个全面"和习近平新时代中国特色社会主义思想两个方面来分析全面建成小康社会的内涵、战略地位、战略目标和相应举措。从突现性关键词的转变可以看出，全面建成小康社会研究从全局战略思想向精细化目标迈进。

关键词： 全面建成小康社会；知识图谱；CiteSpace；研究热点

一、引言

"小康"一词源于《诗经》，主要意思是人们劳作不休，能得到安养、休息，过上小康的生活，小康是对理想生活的一种朴素表达，反映了民众对丰衣足食、安居乐业理想生活的向往。邓小平运用"小康"这一富有中国传统文化特色、能够为老百姓所乐道的词语来描绘中国特色社会主义现代化建设目标。

2020 年是决胜全面建成小康社会、打赢精准脱贫攻坚战、实现"十三五"规

基金项目：国家社会科学基金"新发展阶段数字经济和实体经济深度融合发展研究（Z1BJy157）"。
作者简介：刘越，男，安徽财经大学经济学院副教授，主要研究方向：当代经济问题；张露梅，女，安徽财经大学经济学院硕士研究生，主要研究方向：当代经济理论问题。

划收官之年。为确保全面建成小康社会圆满收官，需要着力抓重点、补短板、强弱项，不断提高社会主义现代化建设水平，但是当前我国在某些领域还存在一些薄弱环节制约着全面建成小康社会的发展。《中共中央　国务院关于抓好"三农"领域重点工作确保如期实现全面小康的意见》提出了以下五点目标：坚决打赢脱贫攻坚战；对标全面建成小康社会，加快补上农村基础设施和公共服务短板；保障重要农产品有效供给和促进农民持续增收；加强农村基层治理；强化农村补短板保障措施。全面建成小康社会是根据我国经济社会发展实际提出的，是建设中国特色社会主义历史进程中的重要阶段。

从现有研究来看，学术界主要采用归纳分析和逻辑分析综述全面建成小康社会研究现状。例如，蒋明敏和王艺苑（2019）基于党的十八大以来学术界关于全面建成小康社会的相关研究文献，认为学者对全面建成小康社会的科学内涵、历史定位与战略意义、评估监测、关键"短板"、实现路径等方面的研究取得了实质性研究进展。李建国（2016）从历史演进和现实路径的角度分析了我国全面建成小康社会的过程，认为应按照"五位一体"全面进步、惠及全体人民、覆盖全部地区的本质要求，统筹贯彻新发展理念，把握重点和关键，补齐短板、提高质量，确保全面建成小康社会的目标如期实现，但这一方法依赖于研究者对文献的熟悉程度，文献选择难免挂一漏万且数量有限，导致研究结论主观性较大，未免失之偏颇。与现有研究相比，本文的边际贡献主要体现在两方面：第一，对小康社会研究的知识图谱考察不仅采用了高频关键词中心性分析了生态经济研究的知识基础，而且通过关键词聚类分析考察了小康社会研究热点的转变；第二，基于2012~2019 年的 1357 篇 CSSCI 文献，样本量更大，文献质量更高，更有时效性。

2020 年全面建成小康社会是实现中华民族伟大复兴中国梦的关键一步，站在这一重要的历史时点，在新时代"五位一体"总体布局的要求下，如何继续推进社会建设，实现中华民族伟大复兴，是学术界和决策层迫切需要解决的重大课题。当前我国小康社会思想研究机构和作者如何分布？小康社会研究的知识基础包含哪些内容？小康社会研究热点和研究前沿如何变化？回答这些问题不仅有助于研判小康社会研究的发展趋势，促进小康社会研究高质量地增长，而且对于小康社会建设具有重要的政策参考价值。

二、研究设计

（一）数据来源

中国知网收录期刊种类繁多，其中 CSSCI 来源期刊文献代表国内高水平科研成果，研究问题关注度高，理论更为前沿。为了保证研究的广度和深度，本文基于中国知网数据库中收录的 CSSCI 来源文献，以"全面建成小康社会"为主题，研究期为 2012 年 1 月 1 日到 2019 年 12 月 31 日，剔除会议、新闻、信息不全等无效文献，共检索到 1357 篇有效相关文献。基于这 1357 篇 CSSCI 来源有效文献数据，运用 CiteSpace 5.3 知识可视化软件对全面建成小康社会研究进行可视化分析。

（二）研究方法及工具

知识图谱是通过可视化方式来展现学科发展历程、研究现状、前沿领域以及整体知识框架的多学科融合的一种研究方法。本文运用的工具是 CiteSpace5.3 知识可视化软件，该软件提供了信息可视化分析途径，可以绘制作者及发文机构合作网络、关键词共现图谱，其关键词突现网络图谱能集中展现的某个知识领域的演进历程及探测研究前沿，具有"一图展春秋，一览无余；一图胜万言，一目了然"的美称，能够对文献数据进行描述和科学分析。

三、研究可视化分析

（一）文献发表时间分布

文献选择时间段为 2012~2019 年，文献类型为 CSSCI 期刊论文，总计获得 1357 篇文献。从文献的时间分布来看，学术界发文最早出现于 2004 年，2011 年之前关于全面建成小康社会的研究甚少，可以忽略不计；2011 年后，有关全面建成小康社会研究开始大量涌现。2012 年有 51 篇，2016 年有 299 篇，2019 年有 122 篇，表明全面建成小康社会研究整体上呈现出波动上升趋势（见图 1）。这主要是因为在 2012 年党的十八大报告中首次提出全面建成小康社会，并且在之后提出的"四个全面"治国理政总体框架中将"全面建成小康社会"放在统领全局的地位，促使学术界对全面建成小康社会的研究力度不断加大。

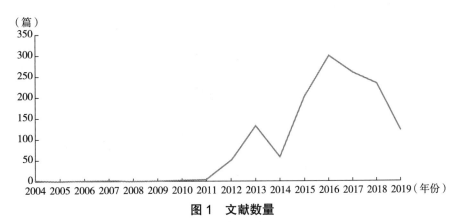

图 1　文献数量

（二）作者共现分析

核心作者是指在某一研究领域发挥重要影响力和作用的科研人员，不仅其成果颇丰，还代表了该研究领域的文献质量，从侧面反映了该领域研究方向和热点趋势，因此分析核心作者发文情况十分必要。根据发文数量，2012~2019年排名前十的作者分别是胡鞍钢、杨宜勇、辛向阳、邸乘光、肖贵清、包心鉴、李君如、文丰安、习近平和韩喜平。其中，胡鞍钢对生态经济的研究成果最多，达到了16篇，排名第一。如表1所示。

表1　作者发文数量

排名	作者	篇数	首次发文年份	排名	作者	篇数	首次发文年份
1	胡鞍钢	16	2013	6	包心鉴	7	2015
2	杨宜勇	10	2015	7	李君如	6	2016
3	辛向阳	10	2015	8	文丰安	6	2018
4	邸乘光	9	2013	9	习近平	5	2017
5	肖贵清	9	2015	10	韩喜平	5	2015

作者共现网络能够反映研究领域内核心作者的交流合作情况，科研成果的完成少不了作者之间合作研究，取长补短。一般来说，网络密度越高说明作者间在这一领域的交流合作越频繁。运用CiteSpace 5.3绘制了小康社会研究的作者共现网络图谱（见图2），图谱中共包含80个节点和27条连线，网络密度仅为0.0085，可见学者们在小康社会研究领域的合作交流并不密切。发文量较多的胡鞍钢、杨宜勇、辛向阳等并未形成核心作者群，而发文量较少的王剑锋、吴兴旺、王延中等之间的合作较多。

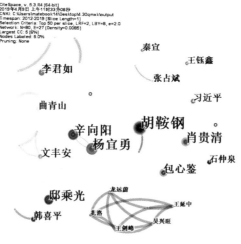

图2　小康社会研究的作者共现网络图谱

（三）发文机构分析

从机构发文共现分析可以看出科研力量的分布情况。从发文数量的机构分布来看，主要分布在经济研究所和高校的马克思主义学院。排名前四的研究机构分别是：中国人民大学马克思主义学院、中国社会科学院马克思主义学院、清华大学国情研究院和清华大学马克思主义学院，其中，中国人民大学马克思主义学院发文数量最多（21篇）、中共中央党史研究室发文数量排名第十（8篇）（见表2）。中国人民大学马克思主义学院早期研究点主要集中于"四个全面"战略布局，后期集中研究全面建成小康社会与国家治理问题。中国社会科学院马克思主义学院重点关注的是从国家经济发展状况、历史演进的不同阶段来看全面建成小康社会。

表2 发文机构情况

序号	发文机构	篇数	序号	发文机构	篇数
1	中国人民大学马克思主义学院	21	6	清华大学公共管理学院	11
2	中国社会科学院马克思主义学院	18	7	中国社会科学院	9
3	清华大学国情研究院	15	8	中共中央党校	9
4	清华大学马克思主义学院	15	9	北京科技大学马克思主义学院	8
5	武汉大学马克思主义学院	13	10	中共中央党史研究室	8

从机构合作的可视化图谱来看（见图3），图谱中节点共87个，连线23条，网络密度为0.0061，表明研究机构间关于全面建成小康社会研究的合作并不密切，其中以中国社会科学院马克思主义研究院的合作连线最为密集，表明中国社会科学院马克思主义研究院在这一研究领域影响力较大，合作更为广泛。从机构分布的地域看来，主要集中在北京，可以看出小康社会研究在社会科学研究院和高校间已形成一定规模，但地域性较为明显，机构之间的合作交流较少。

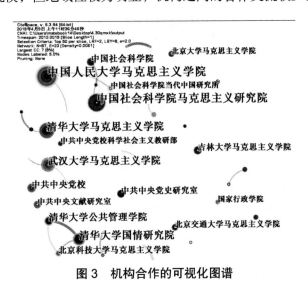

图3 机构合作的可视化图谱

四、研究热点分析

研究热点反映学术界在一定时期内在该领域关注的焦点，关键词能完美地提炼和概括文章的核心内容，因此通过对关键词进行词频统计、共现分析、聚类分析、突现关键词分析可以有效把握某一研究领域的热点。

（一）关键词共现分析

关键词的出现频率能充分反映学术界对这一问题的关注程度，而关键词中心性衡量了知识节点在研究领域的枢纽作用，是构建知识网络的桥梁，其中心性越高，则意味着该节点对整个知识网络的重要性越高。为保持共现网络的可视性，将关键词可示节点阈值设置为 40。运用 CiteSpace 5.3 对关键词进行共现分析，由图 4 可知，关键词节点共有 267 个，节点间连线共有 912 条，网络密度为 0.0257。

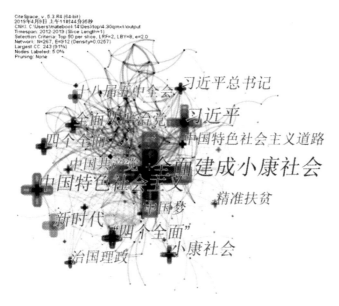

图 4　关键词共现

表 3 展现了出现频率前十位的关键词，频率最高的关键词是"全面建成小康社会"，出现频词远高于其他关键词，为 338 次，且其中心性为 0.28，说明其发挥了较好的核心枢纽作用；"中国特色社会主义""习近平总书记"等关键词的中心性也大于 0.1，可见以习近平总书记发表的重要讲话及中国特色社会主义思想在全面建成小康社会研究中具有重要作用。从其余的关键词可以看出，对全面建成小康社会的研究还包括"新时代""五位一体""全面从严治党""四个全面""治国理政"，其主要是围绕如何建成小康社会而细化的对国家大方向政策的研究。

表3　关键词词频分析

排名	关键词	频次	中心性	排名	关键词	频次	中心性
1	全面建成小康社会	338	0.28	6	小康社会	84	0.08
2	习近平	149	0.10	7	全面从严治党	66	0.02
3	中国特色社会主义	142	0.11	8	四个全面	64	0.00
4	新时代	91	0.05	9	习近平总书记	57	0.12
5	五位一体	90	0.02	10	治国理政	49	0.03

全面建成小康社会的战略意义在于：全面建成小康社会是中国共产党向中华人民和历史做出的庄严承诺、是实现民族复兴中国梦的关键一步、在"四个全面"战略布局中发挥着引领作用、深刻体现了以人民为中心的发展观、是中国特色社会主义道路的伟大胜利（陈立，2017）；党的十六大报告对全面建设小康社会的目标作了全面阐述，归结起来有四个方面的内容：①经济方面：国内生产总值到2020年力争比2000年翻两番，综合国力和国际竞争力明显增强，人民生活更加富足。②法治方面：依法治国的基本方略全面落实，人民的基本权益得到切实尊重和保障。③人民角度：全民族的思想道德、科学文化素质、健康素质明显提高。④自然方面：人与自然和谐相处，增强可持续发展能力。全面建成小康社会的实现路径主要有：适应和引领经济新常态，促进区域经济协调发展；破解"三农"难题，实现城乡一体化发展；改善民生问题，促进社会公平正义；提高文化软实力，增强综合国力；突破资源环境制约，实现中华民族的永续发展（张晖，2015）。我国在全面建成小康社会过程中仍然会面临诸多发展风险，主要包括经济风险、政治风险、社会风险、生态风险和文化风险，正确应对发展风险首先要树立风险意识，其次要研究风险规律，最后要探索风险最小化的发展道路（袁初明，2014）。补齐全面建成小康社会的短板和弱项，我国应该解决好五个方面的工作：第一，转变经济发展方式，着力提高经济发展的质量和效益；第二，打赢脱贫攻坚战，确保所有贫困地区和贫困人口如期迈入全面小康社会；第三，打好污染防治攻坚战，着力解决重点地区环境污染突出问题；第四，补足民生领域短板，着力保障和改善基本民生；第五，强化底线思维，着力增强重大风险防控意识和能力（刘儒、王媛，2019）。

（二）关键词聚类分析

运用CiteSpace 5.3中的K聚类方式对关键词进行聚类分析，得出网络模块数Modularity Q=0.5302，一般而言，Modularity Q介于0.4~0.8，说明聚合效果符合预期要求。从关键词聚类结果来看（见图5），聚类词主要有"四个全面"、习近平新时代中国特色社会主义思想、党的十八届五中全会、转变经济发展方式、政治体制等，这反映了全面建成小康社会研究的主要热点，具体可以归类为三个方面：①治国理政的战略思想，如"四个全面"、习近平新时代中国特色社会主义思想、邓小平理论；②实现全面小康社会的举措，如转变经济发展方式、政治体制改革；③重要会议节点，如党的十八届五中全会。可以看出，研究是基于"四个全面"和新时代中国特色社会主义思想两个方面分析全面建成小康社会的内涵、战略地位和制度体系、重要举措等。根据聚类的重合度，下面重点对"四个全面"战略布局和习近平新时代中国特色社会主义思想进行梳理。

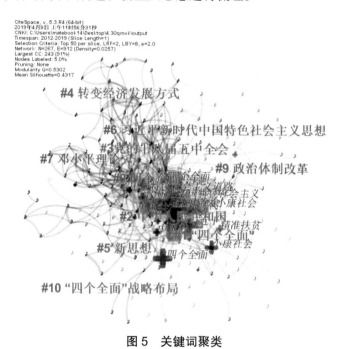

图 5　关键词聚类

"四个全面"是以习近平同志为核心的党中央对于治国理政的全新布局。党的十八大首次提出了到 2020 年"全面建成小康社会"的任务；2013 年 11 月，党的十八届三中全会提出全面深化改革；2014 年，党的十八届四中全会提出全面推进依法治国；2014 年 10 月 8 日，在党的群众路线教育实践活动总结大会上提出全面推进从严治党。从全面建成小康社会在"四个全面"中的地位来看，全面建成小康社会位于"四个全面"战略布局的首位，其核心在于"全面"，重点在于"建成"（徐晓风，2015）。"小康"是指经济、政治、文化、社会、生态文明建设"五位一体"的小康，全面建成小康社会与其他三个全面（全面深化改革、全面依法治国、全面从严治党）具有相辅相成、相互促进的关系。张建（2015）认为，实现"全面建成小康社会"的动力是全面深化改革、治理前提是全面依法治国、领导力来自全面从严治党；推行"全面深化改革"的方向、依据和基石则是全面建成小康社会、全面依法治国和全面从严治党；"全面依法治国"则是全面建成小康社会的要求、全面深化改革的必然之举和全面从严治党的制度基础;"全面从严治党"则为全面建成小康社会、全面深化改革和全面依法治国提供良好的领导权力和必要的制度保障。无论是深化改革,还是依法治国抑或是从严治党,都要以全面建成小康社会为目标。同时,其他"三个全面"能够为全面建成小康社会提供有力的经济基础环境、制度支持和政治保证(张晖,2015)。"四个全面"战略布局体现了我国短期目标,着眼于我国第一个百年奋斗目标,即2020年全面建成小康社会,具有举措性、明确性(何玉芳,2019)。

习近平新时代中国特色社会主义思想丰富发展了党的科学理论,深化了对中国特色社会主义发展的认识,也丰富了全面建成小康社会的内涵。党的十八大是我国新阶段的历史起点,习近平总书记发表的一系列重要讲话,深刻回答了新形势下党和国家发展的重大现实问题,提出了诸多新思想、新论断、新观点、新要求,丰富发展了马克思主义,形成了习近平新时代中国特色社会主义思想。中华民族伟大复兴的中国梦是中国人民孜孜以求的奋斗目标,全面建成小康社会是实现中国梦的第一阶梯(景俊海,2015)。在党的十八届五中全会上,习近平对全面建成小康社会的定义进行了深化和丰富,强调这一目标的难点在于"全面","小康"讲的是发展水平,"全面"讲的是发展的平衡性、协调性、可持续性[①]。"全面"应做到覆盖领域的全面,即"五位一体"实现全面进步;覆盖人口的全面,是惠及全体人民的小康;覆盖区域的全面,是城乡区域共同的小康(王丛标,2016)。

(三)突现关键词分析

不同时期内突现关键词的变化能够反映研究热点的转移,一般要求突现强度大于3,突现强度越高说明这一时期对这一突现词的研究越多。表4列示了全面建成小康社会时间持续2年以上,突现强度高达5以上的突现关键词。根据表4列举的高强度突现性关键词,可以看出全面建成小康社会研究大致历经了三个转变:早期关注点是中国特色社会主义道路和党的十八大报告与精神,中期主要围绕"四个全面"展开,后期出现了"精准扶贫"这一突现关键词,它是实现全面小康的重要一步。从突现关键词的转变可以看出,全面建成小康社会从全局战略思想向精细化目标迈进。

表4 突现关键词

关键词	年份	强度	开始年份	结束年份	2012~2019 年
中国特色社会主义道路	2012	8.8542	2012	2013	
科学发展观	2012	7.7321	2012	2013	

---

① 中共中央文献研究室. 习近平关于全面建成小康社会论述摘编 [M]. 北京:中央文献出版社,2019:149.

续表

关键词	年份	强度	开始年份	结束年份	2012~2019 年
党的十八大报告	2012	9.2924	2012	2013	
党的十八大	2012	5.6589	2012	2013	
党的十八大精神	2012	9.8135	2012	2013	
"四个全面"战略布局	2012	5.8254	2015	2016	
"四个全面"	2012	12.9535	2015	2016	
战略布局	2012	8.5574	2015	2016	
党的十八届五中全会	2012	12.2285	2015	2016	
精准扶贫	2012	6.4134	2017	2019	

精准扶贫是共同富裕的根本原则和社会主义本质的内在要求,也是实现全面建成小康社会目标的重要一步。"精准"扶贫相对于传统的"粗放"扶贫,是指针对不同贫困区域环境、不同贫困农户状况,运用科学有效的程序对扶贫对象实施精确识别、精确帮扶、精确管理的治贫方式(程世勇,2018)。全面建成小康社会最突出的短板为"三农"问题,表现在城乡二元结构差异,城乡发展不平衡、农村空心化、老龄化等导致的贫困问题。对于如何做到精准扶贫,张琦(2019)认为:一是要大力引导和支持贫困地区产业发展,创新产业扶贫方式,提高贫困人口的收入水平;二是要大力解决易地扶贫搬迁的后续帮扶工作,重点在于采取多元化帮扶措施,精准支持搬迁贫困户发展特色产业,促进贫困人口转移就业;三是要积极构建绿色减贫机制,积极挖掘贫困地区生态资源优势,为贫困地区和贫困人口脱贫致富创造有利条件;四是要加快构建脱贫攻坚与乡村振兴的有效衔接机制,研究并制定标本兼治的稳定脱贫机制,确保贫困地区和贫困人口脱贫的可持续性。

五、结论

基于中国知网 CNKI 数据库中 2012~2019 年收录的有关全面建成小康社会的 CSSCI 文献数据,运用 CiteSpace 5.3 可视化软件,从文献发表数量、作者与机构发文量及合作情况、关键词词频统计、主题聚类等角度对全面建成小康社会改革研究进行文献计量分析,得出以下结论:

从文献发表数量来看,在 2012 年后关于全面建成小康社会的文献数量出现了大幅上升,并在 2016 年达到了高峰,2016 年以后发文数量虽然出现了下降但每年的研究成果仍然不少。从作者发文及合作情况来看,该领域研究学者人数较多,但未建立合作密切的核心作者群。从发文机构及合作来看，研究机构以经济研究中心和高校为主，其中以中国人民大学马克思主义研究院的研究成果最为丰富，机构研究虽形成一定规模，但缺乏跨机构、跨区域的合作交流。从关键词词频分析来看，研究热点集中于全面建成小康社会问题、"四个全面"问题、治国理政问题，如"五位一体"、全面从严治党等。从主题聚类来看，研究方向是基于"四个全面"和习近平新时代中国特色社会主义思想两个方面分析全面建成小康社会的内涵、战略地位、战略目标和相应举措。从突现性关键词的转变可以看出全面建成小康社会从全局战略思想向精细化目标迈进。

邓小平曾对我国的改革开放有一个著名的判断："过去我们讲先发展起来。现在看，发展起来以后的问题不比不发展时少。"及时提醒我们，当我国历经改革探索摆脱贫困之后，新的问题将会更加突出。全面建成小康社会是为实现社会主义现代化建设宏伟目标和中华民族伟大复兴奠定坚实基础的小康社会，是改革发展成果真正惠及十几亿人口的小康社会，是经济、政治、文化、社会和生态全面发展的小康社会，必须贯彻"四个全面"和"习近平新时代中国特色社会主义思想"，落实"五位一体"总体布局，全面协调加以推进。

参考文献

[1] 蒋明敏，王艺苑. 全面建成小康社会：研究与展望 [J]. 毛泽东邓小平理论研究，2019（8）：31-36，108.

[2] 刘儒，王媛. 着力补齐制约全面建成小康社会的短板和弱项 [J]. 红旗文稿，2019（11）：26-28.

[3] 李春根. 全面建成小康社会：理论分析、进度监测与政策优化 [J]. 湖南师范大学社会科学学报，2018，47（4）：1-9.

[4] 陈有勇. 坚决打好全面建成小康社会三大攻坚战 [J]. 红旗文稿，2018（9）：39.

[5] 韩文秀. 决胜全面建成小康社会 [J]. 宏观经济管理，2017（12）：14-16.

[6] 韩振峰，陈国平. 全面建成小康社会的方法论 [J]. 理论学刊，2017（6）：4-11.

[7] 朱启贵. 全面建成小康社会评价指标体系研究 [J]. 人民论坛·学术前沿，2017（4）：52-60.

[8] 辛向阳. 破解制约全面建成小康社会的发展短板和问题 [J]. 中国特色社会主义研究，2017（1）：10-15.

[9] 黄家茂，王久高. 协调推进"四个全面"战略布局的关键一步：全面建成小康社会 [J]. 黑龙江社会科学，2016（6）：32-38.

[10] 周明海，毕照卿. 全面建成小康社会进程中的"四个全面"与"五位一体"关系研究 [J]. 山东社会科学，2016（2）：26-33.

[11] 贺新元. 深刻理解全面建成小康社会的历史地位 [J]. 思想理论教育导刊，2015（12）：27-30.

［12］徐学庆，胡隆辉.全面建成小康社会关键在于补齐短板［J］.中州学刊，2015（12）：5-10.

［13］陈立.全面建成小康社会的战略意义与改革攻坚［J］.国家行政学院学报，2017（4）：4-10.

［14］张晖.试论全面建成小康社会的战略目标［J］.山东社会科学，2015（7）：24-29.

［15］徐晓风."全面建成小康社会"的哲学意蕴［J］.学术交流，2015（4）：7-8.

［16］何玉芳."五位一体"与"四个全面"的内在逻辑［J］.人民论坛，2019（15）：15-17.

［17］景俊海.中国梦：深刻理解习近平总书记系列重要讲话的主线［J］.红旗文稿，2015（4）：4-7.

［18］王丛标.习近平对全面建成小康社会奋斗目标的丰富和发展［J］.党的文献，2016（6）：27-33.

［19］程世勇.全面建成小康社会与大格局内生化扶贫模式建构［J］.湖北社会科学，2018（11）：26-31.

［20］王晓毅.补齐"三农"短板决胜全面建成小康社会［J］.人民论坛，2020（8）：43-45.

［21］刘向军，张天姣.坚决打赢脱贫攻坚战的价值意蕴［J］.财经问题研究，2020（4）：20-27.

［22］李建国.全面建成小康社会的历史演进与现实路径［J］.学术探索，2016（12）.7-11.

［23］张建.全面推进依法治国面临的挑战与对策［J］.桂海论丛，2015（3）：115-119.

［24］张琦等.贫困地区易地扶贫搬迁后续扶持机制研究［J］.开发研究，2019（6）：7-15.

［25］袁初明.试论全面建成小康社会背景下我国面临的发展风险［J］.理论月刊，2014（1）：127-134.

全面建成小康社会与乡村振兴战略的有机衔接

阴　蕾　宋成校

摘要： 2020 年是全面建成小康社会目标实现之年，全面建成小康社会意味着农民生活水平迈上新的台阶。但是，如何确保全面建成小康社会后农村地区取得成果的可持续性，党的十九大适时提出了乡村振兴战略与之接轨。因此，本文以全面建成小康社会与乡村振兴战略的有机衔接为研究视角，首先简要概述小康社会的发展历程；其次分析全面建成小康社会与乡村振兴战略的内在关联以及两者在有机衔接过程中面临的障碍；最后提出在全面建成小康社会的基础上，确保乡村振兴战略顺利实施的现实路径。

关键词： 全面建成小康社会；乡村振兴战略；有机衔接

一、引言

全面建成小康社会是中国现阶段经济社会发展的成就总结以及迈向新发展高度的起点。2020 年是全面建成小康社会目标实现之年，而小康成色如何，在很大程度上要看"三农"工作成效[①]。正如习近平总书记强调的："小康不小康、关键看老乡。"因此，农村地区的经济社会发展对全面建成小康社会具有全局性意义。2020 年即将实现全面建成小康社会，这在一定程度上意味着中国农村经济社会取得突破式发展与阶段性进步、意味着农民的可支配收入增加以及生活水平的改善。但是，如何确保全面建成小康社会成果的持续性是政策制定者更应当关注的话题。为此，以习近平同志为核心的党中央高瞻远瞩，在党的十九大报告中提出了乡村振兴战略。实施乡村振兴战略，农业农村现代化是总目标，产业兴旺、生态宜居、

作者简介：阴蕾，女，重庆工商大学马克思主义学院硕士研究生，主要从事思想政治教育、农村发展研究（重庆 400067）。宋成校，男，南京财经大学经济学院硕士研究生，主要从事农村经济、财政与税收研究（南京 210023）。

① 参见《中共中央　国务院关于抓好"三农"领域重点工作确保如期实现全面小康的意见》。

乡风文明、治理有效、生活富裕是总要求[1]。这是在深刻认识城乡发展规律以及乡村发展逻辑的基础上开出的弥补"三农"短板的一剂良药，为乡村发展提供行之有效的新思路[2]；是从中国的国情、从中国当前经济社会发展的阶段性特征中做了深入的分析后得出的一个重大判断，也是今后中国发展中的重大战略[3]。因此，乡村振兴战略是接轨全面建成小康社会的重要战略方针，是全面建成小康社会后农村地区经济社会实现全面振兴的重要战略选择与理论支撑。

目前，学术界关于小康社会与乡村振兴战略两者关系的研究并不多，学者们普遍关注 2020 年全面脱贫与乡村振兴的逻辑关系。但是，全面建成小康社会与乡村振兴战略的内在逻辑与关系也应当被重视，这有利于确保政策实施的连贯性与思想的及时转变。因此，本文深入分析全面建成小康社会与乡村振兴战略的内在联系与有机衔接路径，旨在为巩固全面建成小康社会取得的成果以及乡村振兴战略的高效实施提供参考。

二、小康社会的历史演进

小康社会是我国改革开放以来经济社会发展的目标之一，其贯穿了改革开放 40 余年的全过程。不同时期党中央领导集体致力于实现全面小康社会、赋予小康社会不同的时代内涵，在特定历史阶段作出了不同的战略布局。例如，邓小平同志为全面建成小康社会描绘了宏伟蓝图，着力摆脱整体贫困、改善人民生活；江泽民同志着力解决人民生活温饱，带领人民走向总体小康；胡锦涛同志强调建设社会主义新农村、提升小康社会目标；习近平同志着力于补短板，意在带领人民全面建成小康社会。然而，中国作为一个农业大国，长期以来小农经济模式在农村经济中占据了主导地位，导致农村经济发展与城镇化速度不平衡不匹配，而农村经济社会的发展以及农村地区人民生活水平的提升，是确保全面建成小康社会目标实现的关键与重点。因此，在不同历史阶段，党中央以全面建成小康社会为导向、以国情为依据，针对农村地区提出不同发展目标。

（一）小康社会初期阶段

1979 年邓小平同志首次提出小康概念，并于 1987 年提出"三步走"战略构思。邓小平同志将小康社会的衡量重点放于国民生产总值或人均国民生产总值，旨在解决人民的温饱问题以及收入问题。与此同时，邓小平同志认为中国社会是

---

[1] 中共中央党史和文献研究院. 习近平关于"三农"工作论述摘编 [M]. 北京：中央文献出版社，2019。

[2] 朱红根，宋成校. 乡村振兴的国际经验及其启示 [J]. 世界农业，2020（3）：4–11，27.

[3] 陈锡文. 实施乡村振兴战略，推进农业农村现代化 [J]. 中国农业大学学报（社会科学版），2018，35（1）：5–12.

不是安定、中国经济能不能发展，首先要看农村能不能发展，农民生活是不是好起来。[①] 因此，在小康社会提出的初期阶段，以邓小平同志为核心的党中央高度重视农业、农村、农民问题，但更多的是关注农民的温饱以及收入问题。

（二）总体小康社会阶段

总体小康社会是一种发展不平衡、城乡差距逐步扩大的小康社会。这段时期，虽然城乡差距扩大，但是党中央高度重视农业农村农民问题，江泽民同志指出：没有农村的稳定，就不可能有我国整个社会的稳定；没有农民的小康，就不可能有全国人民的小康；没有农业的现代化，就不可能有整个国民经济的现代化。[②] 例如，1998 年通过的《中华人民共和国农村土地承包法》明确指出，土地承包经营期限为三十年，农民的土地承包经营权受法律保护。延长土地承包权年限，可以切实保护农民权益，调动农民积极性，促进农村地区的发展。但是，总体小康社会阶段仍关注农村的基本需求以及农民自身的物质利益。

（三）全面建设小康社会阶段

党的十六大以来，以胡锦涛同志为总书记的党中央从当时中国的实际出发，在综合分析中国农村改革发展进程中面临的新情况和新挑战的基础上，按照全面建设小康社会的要求，作出了建设社会主义新农村的重大战略决策。胡锦涛在十六届中共中央政治局第二十八次集体学习时强调：我国 13 亿人口，农村人口占大多数，农村和农业发展搞不上去，农民生活得不到显著改善，我们就不能实现全面建设小康社会的目标，就不能实现全国的现代化，不能实现全国人民共同富裕，不能实现国家长治久安。虽然我国总体小康的目标已经达成，但是建设社会主义新农村是全面建设小康社会的真实需要。胡锦涛农村社会发展思想开始意识到农村农民的政治文明、精神文明、社会文明等，但更多的还是关注农民生活的富裕程度。

（四）新时代全面建成小康社会阶段

党的十八大以来，在习近平新时代中国特色社会主义思想的指导下，全面建成小康社会迎来实现之年。全面建成小康社会是惠及全民的小康社会，而中国农村是这场建设战役中的主战场。习近平总书记提到：小康不小康，关键看老乡。一定要看到，农业还是"四化同步"的短腿，农村还是全面建成小康社会的短板。[③] 在现阶段，全面建成小康社会的要求是：补上全面小康"三农"领域突出短

---

① 邓小平文选（第 3 卷）［M］.北京：人民出版社，1993：78.

② 江泽民文选（第 1 卷）［M］.北京：人民出版社，2006：259.

③ 参见 2013 年 12 月 23 日至 24 日《习近平总书记在中央农村工作会议上的讲话》。

板两大重点任务，持续抓好农业稳产保供和农民增收，推进农业高质量发展，保持农村社会和谐稳定，提升农民群众获得感、幸福感、安全感，确保农村同步全面建成小康社会。①

总体而言，从"建设小康社会"到"全面建设小康社会"再到"全面建成小康社会"，既反映了中央政策继承和创新的有机统一，又反映了人们对小康社会科学内涵理解的不断深化；②并且，党中央高度重视农业农村农民问题，始终坚持农村与农民是小康社会的关键，全面建成小康社会为农村的后续发展奠定了强大的基础。但是，由于特定发展阶段的现实要求，全面建成小康社会的整个历程更加关注农民的物质利益与收入水平以及农村地区的基本设施的发展，在一定程度上忽视了农村地区与农民的全面发展与振兴。因此，在全面建成小康社会的基础上，党的十九大提出的乡村振兴战略，是与全面建成小康社会一脉相承的农村发展战略，是新时代农村地区发展的现实需要。

三、全面建成小康社会与乡村振兴战略的内在关联

（一）全面建成小康社会与乡村振兴战略拥有共同的体制优势

全面建成小康社会与乡村振兴战略都是中国共产党领导集体作出的重要的、正确的、适时的重大战略部署，这是我国显著的政治优势与制度优势。原因在于：中国共产党拥有强大的战斗力与凝聚力，团结一致、集中力量办大事。现阶段全面建成小康社会进程充分体现了中国共产党能够充分地凝心聚力，发挥中央权威与核心作用；乡村振兴战略在中国共产党集中统一领导下，同样可以如期实现。另外，中国共产党拥有强大的组织基础与群众基础，从党中央、各基层党组织，到广大党员同志与人民群众，能够在关键时刻齐心协力、攻坚克难，推动社会主义伟大事业的进步与发展，能够确保乡村振兴战略不断取得新的实质性的胜利。因此，全面建成小康社会与乡村振兴战略共同拥有中国共产党的集中统一领导这一优势。

（二）全面建成小康社会为乡村振兴战略提供经验借鉴

从小康社会的提出到全面建成小康社会，历经几十余年，在此过程中关于农村地区经济社会发展制定了许多政策方针，包括成效显著的举措与存在一定不科学、不合理的措施。成效显著的措施可以间接地反映农村地区的现实需求与现实特征；没有取得成效的举措可以认为是农村经济社会发展的一种经验，对这些措施与经验进行总结与分析可以更科学合理地制定农村地区经济社会发展的方针政

---

① 参见《中共中央、国务院关于抓好"三农"领域重点工作确保如期实现全面小康的意见》。
② 魏后凯."十四五"时期中国农村发展若干重大问题 [J].中国农村经济，2020（1）：2-16.

策。乡村振兴战略可以借鉴全面建成小康社会过程中的经验与措施，尽可能地避免在政策制定、实施过程中走弯路，从而更有效地保障农村地区经济社会的全面发展。

（三）全面建成小康社会与乡村振兴战略存在层层递进关系

全面建成小康社会与乡村振兴战略都是实现中华民族伟大复兴历程中的重要战略部署，两者的本质都是促进中国经济社会的全面发展，最终达到共同富裕。但是，两者是在不同历史时期、根据特定历史背景适时提出的战略方针。对于农村地区而言，全面建成小康社会是农村经济社会发展的前期目标，更加关注农民的收入水平或者物质资料的富裕程度以及农村基本设施的建设，其基本属性属于物质追求。党的十九大报告提出的乡村振兴战略阐明了农村地区产业兴旺、生态宜居、乡风文明、治理有效、生活富裕的总要求，其更加注重农村地区的全面发展，关注重心由满足农民的基本物质生活需求，转移到提升农民的精神素养与生活品质，最终实现真正意义的共同富裕。因此，全面建成小康社会与乡村振兴战略之间存在着一种层次的关系，乡村振兴战略在全面建成小康社会的基础上提出农村更高层次的发展目标。

（四）乡村振兴战略是全面建成小康社会成果可持续的保障

2020 年是全面建成小康社会的实现之年，这意味着中国进入了一个全新的发展时期，尤其是农村地区，农民基本生活需求得到保障，这为农民追求高品质的物质生活与精神生活提供了可能的空间。但是，这种生活水平的提升是否可持续？长期来看，能不能保障农民收入的持续增长、处于全面建成小康社会标准线的农民群体是否存在生活倒退到标准线以下的风险等问题都引起了广泛关注。因此，在"十四五"时期，尽管全面建成小康社会的目标已经实现，但仍需要巩固农村全面小康的成果，提高农村全面小康的质量，建设高水平的农村全面小康。[①]党的十九大适时提出了乡村振兴战略，旨在从乡村产业、乡村治理、生态环境、乡风习俗、生活质量等方面全面建设农村，不仅仅以提升农民收入为目标。换言之，乡村振兴战略更加注重为农村经济社会的持续发展注入内生动力，农民增加收入不一定外出务工、农民追求生活品质不一定去城市。长期来看，乡村振兴战略为农村地区挽留住人才、发展起产业，确保了全面建成小康社会所取得的成果能够持续，并不断实现突破式发展。

---

① 魏后凯."十四五"时期中国农村发展若干重大问题［J］.中国农村经济，2020（1）：2–16.

四、全面建成小康社会与乡村振兴战略有机衔接存在的主要问题

（一）有机衔接过程中面临的外部冲击

1. 城乡二元体制的束缚

由于长期以牺牲农业农村农民资源发展工业、发展城市，导致农村在长时期内发展缓慢，甚至出现发展停滞的局面。城市与农村发展速度的不平衡不匹配导致城乡二元结构出现、形成、固存，并在很长一段时期内难以打破。全面建成小康社会与乡村振兴战略都面临这种城乡二元结构背景。按照习近平总书记在党的十八届三中全会的判断，城乡发展不平衡不协调是中国经济社会发展存在的突出矛盾，是全面建成小康社会、加快推进社会主义现代化必须解决的重大问题，城乡二元结构是制约城乡发展一体化的主要障碍。[①] 然而，全面建成小康社会注重农民的物质利益或者收入的增加，而乡村振兴战略旨在农村地区全面式地、突破式地发展，是实现城乡一体化发展的重要战略选择。因此，乡村振兴战略受到城乡二元体制背景的制约程度高于全面建成小康社会。在这种现实情境下，乡村振兴战略与全面建成小康社会的有机衔接无疑会受到城乡二元体制的外部制约。

2. 中央政策与官员思想转变需要过程

小康社会目标的提出至今已有几十年的时间，为实现全面小康社会，在党中央的有力领导下出台了一系列政策与措施，确保全面、如期全面建成小康社会。关于小康社会的建设从顶层设计、具体执行以及运行机制都比较完善。但是，乡村振兴战略面临的最大瓶颈是理论的缺乏[②]，其需要根据中国农村现实特征摸索前进。另外，乡村振兴战略处于实施的初始阶段，许多官员的思想意识尚未完全转变，对政策方针的学习不够深入，普遍存在政府官员思想不能与时俱进的问题。在实践中，一些地方还存在对此重视不足、麻痹大意等突出问题，一些重要领域不会管、不敢管和管不好。[③] 这些都是在全面建成小康社会的基础上顺利实施乡村振兴战略的重要障碍。

（二）有机衔接过程中面临的内在障碍

1. 人才外流现象较严重

全面建成小康社会主要以增加农民收入为目标，在此过程中，由于城市高工资、高生活品质的拉力远高于农村地区经济社会发展迟缓的推力，导致农村劳动力非农就业转移比较普遍，尤其是农村子女，往往不愿从事农业或者在农村生活，

① 陈文胜.脱贫攻坚与乡村振兴有效衔接的实现途径［J］.贵州社会科学，2020（1）：11-14.
② 刘守英，熊雪锋.我国乡村振兴战略的实施与制度供给［J］.政治经济学评论，2018，9（4）：80-96.
③ 秦中春.治疆逻辑：新疆的长治久安和现代化治理研究［M］.北京：中国发展出版社，2017.

出现"精英进城、老人留守、村庄空心化"的衰落凋敝景象。[①] 刘守英和熊雪峰（2018）认为，农民跨区域就业造成大量社会问题，农村"三留守"问题尤其突出，[②]谁来振兴乡村成了一个问题！[③]因此，在全面建成小康社会后，如何确保外出农民有序返乡，尤其是农村大学生返乡为乡村振兴战略提供人才要素支撑，关系到乡村振兴战略实施的质量与效果。

2. 农村治理队伍相对落后

现阶段我国乡村治理任务既繁重又复杂[④]，中国农村地区村干部队伍普遍年龄较高、文化程度相对较低。虽然对农村的情况非常了解，但是在理论知识学习方面缺乏一定的能力与方法，尤其是对党的各项重大方针、战略等，村干部不能很好地理解与把握。乡村振兴战略的实施村干部是主要力量之一，实现乡村的全面发展需要村干部具备一定的理论学习能力与时俱进的思想。全面建成小康社会时期，村干部主要精力放在如何提高农民收入、改善农村整体风貌上，村干部只要选准合适的经济增长点便可实现，而乡村振兴战略意味着农村地区生活品质、基础设施、公共设施、生态环境、乡村治理的全面现代化发展，许多村干部缺乏对现代治理体系的认识与实施能力。例如，孔祥智发现，相当多的地区在乡村振兴开局之年致力于整顿村容村貌，由村委会出资招聘本村村民打扫街道、清理垃圾，并监督全体村民养成良好的卫生习惯。这当然是必要的，但很多地方仅仅做了这些，进一步的工作无资金、无计划，甚至无意识。[⑤]

3. 缺乏产业基础

在全面建设小康社会的过程中忽略了农村地区的产业发展，许多农村地区通过鼓励农民实现非农就业转移间接地提升农民升入增加、生活质量改善，而乡村振兴战略的总体要求之一便是实现产业兴旺，如何实现产业兴旺已经成为困扰各地对乡村振兴承担决策责任的一把手的难题。[⑥]换言之，全面建成小康社会阶段更加关注农业政策实施的效果，乡村振兴战略将重心置于为乡村注入内生发展动力，而农村地区的产业是乡村振兴主要的内生动力之一。因此，缺乏产业基础是全面建成小康社会与乡村振兴战略有机衔接的又一个障碍。

---

① 李韬.论乡村振兴战略实施中村庄结构性分化困境及其化解路径［J］.社会主义研究，2019（6）：133-140.

② 刘守英，熊雪锋.我国乡村振兴战略的实施与制度供给［J］.政治经济学评论，2018，9（4）：80-96.

③ 姚树荣，周诗雨.乡村振兴的共建共治共享路径研究［J］.中国农村经济，2020（2）：14-29.

④ 秦中春.乡村振兴背景下乡村治理的目标与实现途径［J］.管理世界，2020，36（2）：1-6，16.

⑤ 孔祥智.实施乡村振兴战略的进展、问题与趋势［J］.中国特色社会主义研究，2019（1）：5-11.

⑥ 温铁军，杨洲，张俊娜.乡村振兴战略中产业兴旺的实现方式［J］.行政管理改革，2018（8）：26-32.

五、在全面建成小康社会基础上乡村振兴的现实路径

全面建设小康社会是乡村振兴战略顺利实施的基础，而乡村振兴战略是全面建成小康社会成果的保障与进一步提升。并且，在全面建成小康社会的基础上，为乡村发展减少外部冲击干扰，注入内生发展动力，能够保证全面建成小康社会与乡村振兴战略的有机衔接。

（一）减少外部冲击的干扰

1. 加快实现城乡融合与均衡

城乡二元体制结构长期内难以破除，但是需要最大限度降低其带给乡村振兴战略的负面作用。因此，应加快实现城乡的融合发展以及均衡发展。具体而言，一方面，注重融合性。通过政策引导与成立示范基地的方式，实现城市与农村地区资源要素的互补与共享。城市可以提供先进的高新技术服务支持农业发展、给予农村地区更完善的金融服务体系等；农村地区拥有较佳的自然环境，可以为城市居民提供休闲度假场所、种植养殖体验基地等。以此，将城乡打造成为密不可分的发展共同体。另一方面，强调均衡性。不断完善并逐步实现城乡居民同等的公共服务、养老保险制度、医疗保险制度等社会保障体系。逐步实现全面建成小康社会时期的农民基本拥有在乡村振兴战略实现后的城乡均衡。

2. 完善乡村振兴战略的理论与政策研究

乡村振兴战略处于实施的初期阶段，需要进一步完善相关理论与政策研究，而在相关理论与政策的研究过程中需要充分借助各种平台与社会力量。首先是政府，是展开理论与政策研究的主体。政府在制定相关政策方面必须始终坚持以人民为主体，坚持以实现农村农民利益最大化为目标，并且要对农村地区进行深入的、持续性的调研，不断完善相关理论与政策。其次是充分利用高校或科研机构的力量，鼓励相关科研工作者对不同农村地区进行深入调查分析后，提出相关政策建议。最后是社会力量，尤其是新闻媒体的监督功能，监督政策实施的效果以及潜在的风险，倒逼乡村振兴战略的理论与政策逐步完善与丰富。另外，需要高度关注的是：全面小康社会注重实现整体的、全面的生活水平的提升；乡村振兴战略注重农村地区的全面发展与农民生活品质的提升。因此，在政策制定的过程中需要高度关注两者的差异性，坚持"精准施策"模式，针对不同文化习俗的地区、不同经济发展水平地区的农村，制定适宜的政策，确保政策的行之有效。

3. 促进相关官员思想观念的转变

存在一些政府官员不能准确地领略党中央各项方针政策的战略性与先进性，现阶段应当加强对政府官员、党员干部的再教育、集中学习工作。尽快形成以习近平新时代中国特色社会主义思想为支撑的全面建成小康社会与乡村振兴战略

有机衔接的三农工作思想体系。具体而言：首先，对相关官员进行乡村振兴理论的培训，并阐明乡村振兴理论与全面建成小康社会的内在联系与差异性，并且对其进行考核，根据考核成绩划分任务等级。其次，成立由三农专家组成的集体决策小组，对农村地区进行深入的调研考察后进行讨论决策。最后，实现责任终身制，以此提高相关决策的谨慎性、提高对理论知识的理解程度。

（二）为乡村振兴注入内生发展动力

1.夯实农村产业基础

在全面建成小康社会的基础上，大力发展农村产业，奠定产业基础。一是根据农村地区的不同特征合理引入工业，但要坚持适度原则，并且保证农村生态环境免受破坏。对于引进的工业给予政策支持与金融服务支持，降低可控因素导致的损失。二是注重发展农业产业，这是农村产业的核心与根基。农村地区农民、土地、新型经营主体以及物流体系是现代农业发展的主要因素。全面建成小康社会尚未实现四者的有机统一，但是在乡村振兴战略阶段，要建成以服务农民为原则，加快实现土地的合理流转，大力发展新型经营主体、发展职业农民；与此同时，国家出台政策并给予财政支持，建立完善的农村物流体系，借鉴顺丰、京东、天猫等经营模式，实现农产品根据需求生产供给以及供给链的集中整合。以此，保证农村地区建立起强大的农业产业基础，保障农民生活进一步提升，巩固全面建成小康社会的成果。

2.引进农业领域相关专业人才

全面建成小康社会时期农村大量劳动力与大量农业人才外流，因此在乡村振兴阶段需要引导农民工返乡以及鼓励大学生返乡支持家庭建设与发展。在具体措施方面：一是鼓励农民工利用先进农业技能、土地资源以及外出务工积累的资本等返乡创业，并给予最大力度的政策支持；二是利用政府信用聘请有志于服务乡村建设的学者与专家，为当地农村发展提供建议，并形成长效机制；三是鼓励农村大学生返乡创业，给予更高的优惠政策与技术支持等，不断地为乡村振兴战略输入新鲜血液。

3.促进乡村治理体系现代化

乡村治理体系现代化需要有一批高能力、高素质的农民群体参与，农民参与可以根据农村具体的现实情况作出决策，而高能力、高素质在一定程度上意味着决策的科学性与可行性。打造乡村现代治理体系需要充分发挥大学生村官、农业领域相关学者、其他村干部的协同作用。在全面建成小康社会时期，农村治理注重大学生村官的作用，但是由于农村情况相对复杂，在乡村振兴阶段仅有大学生村官与其他村干部并不能促进乡村治理队伍的结构优化。因此，本文认为，应当将有农村生活经验或者生活在农村的能人异士纳入乡村治理体系，其精力丰富、思维活跃、富有挑战性，并且对农业农村农民问题比较了解。因此，全面建成小康社会时期的大学生村官到乡村振兴战略的引入农业能人异士，能够优化乡村治理结构，确保乡村振兴战略顺利实施。

4.借助数字乡村为契机实现赶超

全面建成小康社会时期中国农村地区互联网得到更广泛的普及，农民网民不断增加，农村电商逐步兴起。在此基础上，乡村振兴阶段应当在农村地区推广大数据、物联网、人工智能等最新技术的应用，实现互联网与乡村建设的方方面面相联系，打造中国特色的数字乡村、数字经济，缩小城乡数字鸿沟。在具体措施方面，本文认为关键在于利用大数据与互联网平台等构建中国特色的农村物流体系。政府通过财政支持建设农村生产经营主体网络服务平台，鼓励农村各种经营主体通过该平台进行选择性的生产与交易；同时，加快构建专门服务于农村农业的物流体系，在交易完成后，物流专业人员第一时间实现农产品的运送。以此作为新的农村经济增长点与农村发展机遇，加快实现乡村的全面振兴。

全面建成小康社会：基本经验及其战略意义研究

王晨曦

摘要： 在中国特色社会主义新的伟大实践中，以习近平同志为主要代表的中国共产党人，紧紧围绕实现"两个一百年"奋斗目标，始终不忘为人民谋幸福的初心，牢记为民族谋复兴的使命，在理论与实践相结合的基础上为顺利、有效、按时以及高标准地完成全面建成小康社会的战略任务不断攻坚克难，开拓进取，为党和国家的事业发展凝心聚力。在当前这一关键时间节点上清晰认知全面建成小康社会的基本经验，对于推进社会主义现代化、实现中华民族伟大复兴具有重要的战略意义。

关键词： 全面建成小康社会；基本经验；战略意义

党的十八大以来，习近平总书记围绕全面建成小康社会发表了一系列重要论述，立足于中国特色社会主义新的发展阶段，详尽回答了全面小康是什么、怎么实现全面小康的重大问题。全面建成小康社会是我们的战略目标，到2020年实现这个目标，我们国家的发展水平就会迈上一个大台阶，我们所有的奋斗都要聚焦于这个目标[①]。

一、重视总结全面建成小康社会的基本经验

从中国共产党领导全国各族人民进行革命、建设和改革的历史过程来看，谋划和推进党和国家的各项事业，必须重视和深入分析总结党在各个历史时期取得的巨大成就和深刻教训，从正反两方面汲取经验，科学、准确地判断不断变化的世情、国情、党情。在党领导全面建成小康社会的实践过程中，我们的国家和社

作者简介：王晨曦，男，山东滨州人，山东师范大学马克思主义学院马克思主义中国化专业硕士研究生。

① 习近平.在省部级主要领导干部学习贯彻党的十八届五中全会精神专题研讨班上的讲话［N］.人民日报，2016-05-10（2）.

会各方面都取得了进步和长足发展，同时也积累了深刻的经验教训，因此有必要在决胜全面小康社会的关键节点上认真总结历史经验，从而为实现目标夯实基础。

（一）全国一盘棋，坚持党的统一领导不动摇

"坚持党中央集中统一领导，确立和维护党的领导核心，是全党全国各族人民的共同愿望，是推进全面从严治党、提高党的创造力凝聚力战斗力的迫切要求，是保持党和国家事业发展正确方向的根本保证。"[①]党的十九届四中全会通过的决议明确规定坚持党的集中统一领导是我国国家制度和国家治理体系的显著优势，并将其放在了首要位置，这是在深刻总结历史经验的基础上作出的重要决定和科学论断。回顾中国共产党领导的革命、建设和改革的伟大实践和历史成就，正是在党的集中统一领导下，国家和社会各方面高度统一，全国各族人民空前团结，充分发挥了全国一盘棋，集中力量办大事的显著优势，从而能够有效调动各方面的积极性为实现全面建成小康社会的目标服务。当今我国正处于百年未有之大变局和"两个一百年"奋斗目标的历史交汇期，在决胜全面建成小康社会的实现之年能否战胜前进道路上的艰难险阻，更好地发挥国家制度和国家治理体系的优势，关键就在于坚持党的集中统一领导不动摇，不断开创治国理政新局面。习近平总书记指出："历史和人民选择中国共产党领导中华民族伟大复兴的事业是正确的，必须长期坚持，毫不动摇。"[②]在当代中国，只有中国共产党能够站在时代发展全局的高度来制定实施正确的决策部署，也只有中国共产党能够凝心聚力，做到全国一盘棋，形成实现全面建成小康社会战略目标的磅礴伟力。

（二）立足国情，坚持与时俱进原则

虽然改革开放初期小康社会的建设目标和衡量标准具有一定的局限性，但是"小康社会"的内涵和要求不是一成不变的，而是基于我国社会主义初级阶段的基本国情，根据我国社会发展的新阶段新需要，不断赋予其新的时代内涵和丰富内容，从而更好地指导党和人民实现全面建成小康社会的任务。邓小平在会见日本首相时首次使用"小康之家"来描述中国的现代化，把"小康"的概念与社会主义现代化建设相融合，明确指出"只要全国上下团结一致地、有秩序有步骤地前进，我们就能够更有信心经过二十年的时间，使我国现代化经济建设的发展达到小康水平，然后继续前进，逐步达到更高程度的现代化"[③]，进而提出了建设小康社会的战略构想。1982 年 8 月，邓小平在同联合国秘书长德奎利亚尔谈话中提出"我们摆在第一位的任务是在本世纪末实现现代化的一个初步目标，这就是达到小

① 习近平.习近平谈治国理政（第 2 卷）［M］.北京：外文出版社，2017：17.
② 中共中央文献研究室.十八大以来重要文献选编（下）［M］.北京：中央文献出版社，2018：343.
③ 中共中央文献研究室.三中全会以来重要文献选编［M］.北京：人民出版社，1982：382.

康水平"[1]。党的十三大提出了基本实现现代化的"三步走"发展战略，正式将建设小康社会提升到国家战略的高度。党的十六大立足于我国已经胜利实现"三步走"战略中前两步目标的大前提下，对建设小康社会的目标和要求作出了及时的调整，制定了"全面建设惠及十几亿人口的更高水平的小康社会"[2]的战略规划。随着社会现代化进程的向前推进，党的十八大将规划内容再次调整、细化和丰富，从而在党的十六大的目标基础上进一步提出"确保到2020年实现全面建成小康社会宏伟目标"[3]这一新的更高要求。党的十九大在全面建成小康社会的关键时期指出，要围绕全面建成小康社会的总体要求，紧紧扭住社会主要矛盾调整落实全过程，特别是要坚决打好三大攻坚战，"使全面建成小康社会得到人民认可、经得起历史检验"[4]。

从"小康"到"全面小康"，从"建设小康社会"到"全面建设小康社会"再到"全面建成小康社会"，其内涵意蕴深刻体现了这一变化是党基于时代发展规律和我国国情而作出的正确决策，是经过历史和实践检验而得出的，并且是随着经济社会的发展而不断完善充实的。因此，在全面建成小康社会的收官之年，必须立足于社会发展现状及时调整各项政策措施，因地制宜、因时制宜，确保目标如期实现。

（三）"五位一体"，坚持全面协调可持续

"全面小康，覆盖的领域要全面，是五位一体全面进步。"[5]自党的十六大确立全面建设小康社会的奋斗目标以来，逐渐形成了一整套内容丰富、科学规范和衔接严密的体系。党的十七大将建设生态文明作为实现全面建设小康社会奋斗目标的新要求，党的十八大在生态文明建设中国特色社会主义事业的总体布局中，实现了由"四位一体"到"五位一体"的转变，体现了中国共产党已经牢固树立"既要金山银山，也要绿水青山"的生态文明观念，对于"全面小康"的内涵有了更深层次的认识，也蕴含着我们要建成真正惠及十几亿人口、全面协调可持续的小康社会的决心和信心。统筹推进"五位一体"总体布局而不是单纯追求经济总量和增长速度，是党在领导全国各族人民建设小康社会的实践过程中得出的科学结论，片面追求高经济的小康社会即使能够顺利实现，也必然是与人民群众的新期望新要求相违背的。全面建成小康社会要求我们在建设和发展的过程中综合考虑多方面的因素，通过过去牺牲环境来获得大量经济的做法是行不通的，必须

---

① 邓小平文选（第2卷）[M].北京：人民出版社，1994：416-417.

② 中共中央文献研究室.十六大以来重要文献选编（上）[M].北京：中央文献出版社，2005：14.

③ 中共中央文献研究室.十八大以来重要文献选编（上）[M].北京：中央文献出版社，2014：13.

④ 习近平.决胜全面建成小康社会 夺取新时代中国特色社会主义伟大胜利[N].人民日报，2017-10-28（1）.

⑤ 习近平.习近平谈治国理政（第2卷）[M].北京：外文出版社，2017：78.

坚持推进经济、政治、文化、社会和生态等全面发展，切实解决发展中的不平衡、不协调和不可持续性问题[①]，真正实现又快又好又健康的发展，建设高水平、高质量、全方面的小康社会。

（四）以人为本，坚持以人民为中心的原则

全面建成小康社会不仅要求社会的全面发展，同时也包含着促进人全面发展的内在要求，社会的全面发展为人的全面发展创造了前提和条件，进而实现建设小康社会的最终目标。党的十八届五中全会首次提出要贯彻执行以人民为中心的发展思想，"体现了我们党全心全意为人民服务的根本宗旨，体现了人民是推动发展的根本力量的唯物史观"[②]。全面建成小康社会是党向人民和向历史作出的庄严承诺，是党遵循人民对于美好生活的向往而作出的正确选择，顺应了全国各族人民的共同期盼。从"小康"的首次提出到全面建成小康社会目标的实现，都与党为人民谋幸福、为民族谋复兴的初心和使命紧密契合，党始终站在最广大人民利益的立场上，不断满足人民对教育、就业、社会保障、医疗卫生、居住条件等社会民生多方面的新要求，有效激励了全体人民主动投身于全面建成小康社会的伟大实践中，也只有以人民为中心的中国共产党才有这样的凝聚力、向心力和执行力，紧紧团结全国各族人民为实现"两个一百年"奋斗目标而共同奋斗。以人民为中心的作风是党在民主革命时期就已形成的优良传统，是党在革命、建设和改革时期的经验总结，要想建成真正全面的小康社会，必须坚持贯彻以人为本的工作原则，实现人民生活水平的全面提高。

（五）攻坚克难，坚持实干原则

全面建成小康社会目标的实现，凝结着中国共产党与全体人民的心血与汗水，彰显了中国风格、中国特色和中国气派，正如习近平总书记于2020年元旦发表的新年贺词中称："我们用汗水浇灌收获，以实干笃定前行。"[③]回顾小康社会建设的历史，中国共产党始终同广大人民群众站在奋斗一线，在夺取全面建设小康社会的道路上不断攻坚克难，实现了经济高质量高水平发展，使我国成为世界上第二大经济体，提升了我国的国际影响和国际地位；努力消除贫困，缩小城乡差距，坚持苦干实干，为2020年全面打赢脱贫攻坚战奠定了坚实基础；科教文卫事业取得重大突破，无论是5G技术的研发推广，还是在新冠疫情防控战中的职责担当，都极大地彰显了中国力量和中国气魄。面临着种种风险和考验，我们怀揣着实干

① 肖贵清.全面建成小康社会的内涵、战略地位和制度保障 [J].思想理论教育导刊，2015（9）：62–67.
② 习近平.在省部级主要领导干部学习贯彻党的十八届五中全会精神专题研讨班上的讲话 [N].人民日报，2016–05–10（2）.
③ 国家主席习近平发表二〇二〇年新年贺词 [N].人民日报，2020–01–01（1）.

精神在攻坚克难中创造出光辉伟业，推动小康社会的建设事业取得全方位、突破性的进展。"奋斗创造历史，实干成就未来"①，在具有里程碑意义的2020年奋力夺取全面建成小康社会的胜利，继续开创新的历史局面，依然面临着许多现实挑战，要想破除制约全面建成小康社会目标实现的障碍，唯有不负韶华、只争朝夕、砥砺奋进，坚持贯彻实干原则，保持"坚如磐石的战略定力"②，不断总结和积累经验教训，抓重点、补短板，越是艰难越是向前，从而如期实现全面建设小康社会的奋斗目标。

二、清醒认识全面建成小康社会的战略意义

"全面建成小康社会，承载着中华民族孜孜以求的美好梦想。"③2020年是全面建成小康社会、脱贫攻坚战以及"十三五"规划的收官之年，确保战略目标的如期实现是党对人民作出的重要承诺，对于进一步推动中国特色社会主义的发展具有重要的战略意义。

（一）推动中华民族伟大复兴中国梦的实现

"两个一百年"奋斗目标是在党的十五大首次提出的，经过一系列调整和完善逐渐成为中国特色社会主义的阶段性规划。全面建成小康社会作为全党全国各族人民共同奋斗的第一个百年目标，是实现中华民族伟大复兴中国梦的关键一步，是"人民对美好生活向往的集中体现，是当代中国共产党人最重要最现实的使命担当"④，具有重大而深远的意义。经过四十多年的改革开放，全面建成小康社会已经进入最为重要的决胜阶段，确保高质量高水平如期完成这一战略任务，不仅是中国共产党的承诺和担当，也关系着中国特色社会主义总任务的实现。全面建成小康社会是实现社会主义现代化承上启下的必经发展阶段，也是实现中华民族伟大复兴的关键一步，目标一旦实现，意味着我国经济更加发展、政治更加稳定、文化更加繁荣、社会更加和谐、生态更加文明，有利于激发广大人民群众的创造活力，更加积极主动地投身于第二个百年奋斗目标的过程中，从而进一步推动中国梦的实现。正如习近平总书记所说："全面建成小康社会，推进社会主义现代化，实现中华民族伟大复兴，是光荣而伟大的事业，是光明和灿烂的前景。"⑤在习近平新时代中国特色社会主义思想的指导下，实现全面建成小康社会的奋斗目标，继而向实现中华民族伟大复兴的宏伟目标迈出坚实而重要的一步。

---

① 习近平.在二〇二〇年春节团拜会上的讲话［N］.人民日报，2020-01-24（1）.
② 郭海军.保持坚如磐石的战略定力［N］.解放军报，2019-08-05（7）.
③ 习近平.在全国政协新年茶话会上的讲话［N］.人民日报，2020-01-01（2）.
④ 习近平.在"不忘初心、牢记使命"主题教育工作会议上的讲话［J］.旗帜，2019（7）：7-10.
⑤ 习近平.习近平谈治国理政（第1卷）［M］.北京：外文出版社，2014：92.

（二）展现中国特色社会主义制度的优势和力量

社会发展的每一次进步，都伴随着更完善的制度来推动社会历史的向前发展，并且制度对建设领域发挥着重要作用。[①] 改革开放以来，建设中国特色社会主义成为我们党全部理论和实践的主题，逐步形成了一套系统完善、运行有序的制度体系，全面建成小康社会的历史实践从根本上反映了广大人民群众对于美好生活的需求，充分证明了中国特色社会主义制度的优越性。第一个百年奋斗目标取得重大突破，我国社会生产力大幅提升，人均收入水平增加，并逐渐由经济大国走向经济强国。社会主要矛盾的变化反映出人民生活水平明显提高，统筹城乡的民生保障制度日益完善，人民不再仅仅满足于基本的生存需求，开始向往和追求更高质量的美好生活。政治更加繁荣、社会更加和谐，人民群众的公平意识、民主意识、权利意识等不断增强。全面建成小康社会的实践成果凸显了中国特色社会主义制度所具有的以人为本、公平正义、科学先进、行之有效的优势和力量，从而能够引起广大人民群众的共鸣和反响。正确的目标需要相应的制度来保驾护航，因此只有中国特色社会主义制度才能确保全面建成小康社会的如期实现，抓住实现目标的有利契机。

（三）为世界上其他国家提供中国智慧

我国作为世界上最大的发展中国家，在世界舞台中扮演着重要角色，在谋求自身发展的同时致力于推动人类命运共同体的构建，共享发展、共同富裕是全面建成小康社会的基石和最终目的，与构建人类命运共同体的理念一脉相承，顺应了当今时代的发展脉络。"实现共同发展是各国人民特别是发展中国家人民的普遍愿望"[②]，全面建成小康社会的如期实现将极大地增强我国在世界舞台中的话语权，进而更好地将成功经验和发展成果惠及世界各国，为广大发展中国家乃至发达国家提供中国经验和中国智慧。习近平总书记强调："中国发展取得了巨大成就，中国人民生活得到了极大改善，这对中国好，对世界也好。"[③] 全面建成小康社会不仅是中国特色社会主义发展道路上的一个重要里程碑，也是中国推动构建命运共同体过程中的一个关键节点。中国共产党正在领导中国人民为全面建成小康社会和实现中华民族伟大复兴的中国梦而奋斗，历史和实践证明，中国梦与世界梦是息息相通的，中国欢迎世界各国搭乘中国发展的"顺风车"，也欢迎其他国家借鉴中国的发展经验，全面建成小康社会的实现必将惠及世界各国人民，实现共同发展。

---

① 王显星.全面建成小康社会的内涵、实践意义及现实路径［J］.黑龙江工业学院学报（综合版），2019（12）：1-5.
② 习近平.习近平谈治国理政（第2卷）［M］.北京：外文出版社，2017：473.
③ 习近平.习近平谈治国理政（第2卷）［M］.北京：外文出版社，2017：483.

三、科学分析全面建成小康社会的实践途径

中国共产党立足于中国特色社会主义事业发展全局，制定和形成了"四个全面"的战略布局，其中全面建成小康社会是战略目标，全面深化改革、全面从严治党和全面依法治国则是确保全面建成小康社会目标顺利实现的战略举措，坚定不移地贯彻三大战略举措对于战略目标的实现必不可少。

（一）全面深化改革是全面建成小康社会的必由之路

实现党的十八大描绘的全面建成小康社会、加快推进社会主义现代化、实现中华民族伟大复兴的宏伟蓝图，要求全面深化改革[①]。全面深化改革是全面建成小康社会的动力之源，为全面建成小康社会提供了强大的推动力，必须充分认识到全面深化改革的必要性、紧迫性和艰巨性。既要立足于当前，科学精准地分析和破除阻碍全面建成小康社会实现的体制弊端，对于重要领域中的要点和难点准确把握，更要放眼长远，深入总结过去建设小康社会的经验教训，补短板、抓落实。明确全面深化改革的重点是经济体制改革，但又不完全拘泥于经济方面，而是经济、政治、文化、社会和生态等多方面、全方位的体制改革，贯彻落实党的十九届四中全会的决策部署，紧紧抓住改革中的"硬骨头"，不断攻坚克难，做到对症下药、有的放矢。根据全国各地区全面小康的建设情况制定相应的改革措施，改革方案和完成标准要随着实际情况的变化而变化，切忌上下"一般粗"，切实保证各项措施掷地有声，不失时机地圆满完成全面建成小康社会的战略目标。

（二）全面从严治党是全面建成小康社会的根本保障

习近平总书记在十九届中央纪委四次全会上的重要讲话，对新时代全面从严治党的新环境、新问题、新挑战和新要求有了更加清晰的认识，强调要"一以贯之、坚定不移全面从严治党，坚持和完善党和国家监督体系，强化对权力运行的制约和监督，确保党的路线方针政策贯彻落实，为决胜全面建成小康社会、决战脱贫攻坚提供坚强保障"[②]。中国共产党是全面建成小康社会的提出者、领导者和实践者，必须把握好世情、国情、党情的新变化和新发展，坚持党要管党、全面从严治党的新要求，不断推进党的建设伟大工程。毛泽东曾指出："党在过去犯过许多大的、小的、'左'的、'右'的、不合于马克思主义原则性的错误，党也从对

① 中共中央文献研究室．习近平关于全面深化改革论述摘编［M］．北京：中共中央文献出版社，2014：5.
② 习近平在十九届中央纪委四次全会上发表重要讲话强调　一以贯之全面从严治党强化对权力运行的制约和监督　为决胜全面建成小康社会决战脱贫攻坚提供坚强保障［J］．中国纪检监察，2020（2）：4-6.

这些错误斗争中锻炼得更强些，革命成绩也从克服错误的斗争中得出来。"[①] 因此，在全面从严治党的过程中必须重视积累经验教训，高度贯彻更高、更严的标准和要求，从而为全面建成小康社会提供坚强有力的根本保障。

（三）全面依法治国是全面建成小康社会的基本方略

国无法不立，民无法不治。一个国家如果没有详尽合理的规章制度，国家就会失去立足的根本；人民失去了法律制度的约束和规范，就难以得到管理。全面依法治国是党在领导革命、建设和改革的实践中得出的历史经验，是党治国理政的基本方略，也是实现全面建成小康社会的重要条件和保障。邓小平强调要做到"有法可依，有法必依，执法必严，违法必究"[②]，在坚持社会主义民主的同时推进社会主义法治建设，为中国的法治建设提供了方向引领。我国在探索法治建设的过程中，逐步建立了具有中国特色的社会主义法律制度，形成了一整套社会主义法治体系，为全面建成小康社会的实现提供了坚实的法律保障。依靠法治建设的小康社会，首先是一个法律良性运转的社会[③]，如果离开了法律的约束，全面小康则不能称为全面，这一目标的实现必须严守法律底线，不能为了追赶目标而做出逾越法律的行为，务必要保证全面建成小康社会在法治规范下运行。全面依法治国关系着新时代党和国家事业的发展，必须坚决维护宪法和法律的权威，对于当前法治体系中不完善不健全的部分要抓紧处理，从而有力支撑起全面建成小康社会的奋斗目标。

2020 年是党对人民承诺的兑现之年，但决胜全面建成小康社会仍面临着许多艰巨挑战，必须举全党全国全民族之力，咬定目标不放松，以最好的状态和魄力迈向全面建成小康社会的胜利终点。

---

① 中共中央文献研究室 . 毛泽东文集（第 1 卷）［M］. 北京：人民出版社，1996：507.
② 邓小平文选（第 2 卷）［M］. 北京：人民出版社，2014：147.
③ 梅燕京，张广昭 . 对全面建成小康社会内涵、路径和挑战的思考［J］. 人民论坛，2015（14）：30-32.

全面建成小康社会的历史嬗变、
经验总结及伟大意义

袁峰龙

摘要：小康思想包含中华优秀传统文化丰富深刻的哲学意蕴，是中华优秀传统文化和中国社会发展的创造性结合，是马克思主义社会发展理论的重大创新。梳理建设小康社会的嬗变进程，始终透视着中国人对美好生活的向往；加强全面建成小康社会的经验总结，是接续实现第二个百年奋斗目标的重要奠基；深刻认识全面建成小康社会的伟大历史性意义，是奋力谱写社会主义现代化建设新篇章的强大精神力量。回溯历史、总结经验、阐释意义是反映全面建成小康社会内在逻辑的思维理念，是解决全球贫困治理问题的中国智慧，对于进一步增强走中国特色社会主义道路的信心和决心，具有重要的理论意义和深远历史意义。

关键词：现代化；小康；中国梦

从"小康社会"战略构想到实现"总体小康"，从"全面建设小康社会"到"全面建成小康社会"，需要深刻把握"变"与"不变"辩证逻辑。"变"化的是小康蓝图的具体表述，"不变"的是中国人对美好生活一以贯之的向往。全面建成小康社会是中华人民共和国成立七十多年来取得的历史性成就，也是顺利开启第二个百年奋斗目标的关键点位。习近平在新的历史条件下提出关于全面建成小康社会的一些重要论断，科学回答了"小康"从何处来、走向何处的问题，为加快全面建成小康社会提供了理论指导和学理支撑。

一、"小康"内涵的历史流变

小康社会是中华民族千百年来的憧憬，承载着普罗大众孜孜以求的社会理

作者简介：袁峰龙，男，成都理工大学马克思主义学院硕士研究生，主要从事思想政治教育研究（成都610059）。

想。① 认真梳理"小康"概念及内涵的历史流变，是正确认识全面建成小康社会的逻辑前提。小康社会的理论和实践探索大致可以分为三个阶段：首先，始于《诗经》，多在传统文化典籍记载；其次，中华人民共和国的成立开启了建设小康社会新篇章；最后，党的十七大至今，全面建设小康社会目标更加明确、路径更加清晰。

（一）千年期盼："小康"愿景历久弥新

小康社会始终是我国先贤哲人和普罗大众恒久守望的美好梦想。考辨"小康"概念及基本内涵的历史起源与演进脉络，可以透视各发展阶段的价值诉求，具有重要的借鉴意义。"小康"一词发端于儒家文化元典《诗经》中，出现在《大雅》收录的《民劳》首句。诗中的"小者稍也，康者安也"即"小康"，其精髓在于"稍安"，流露着祈求君王善政、安居乐业的基本思想。孔子所言："今大道既隐，天下为家。各亲其亲，各子其子，货力为己，……足谓小康。""小康"语义演变成为具备政治伦理意蕴的特殊词汇，意指满足温饱、次第有序和讲究礼仪的社会。"小康"概念的传播初期蕴藏着政治色彩，逐渐成为统治阶层和普通百姓共同的价值诉求。随后，经济社会发展水平构成"小康"概念演化的核心，如"天成、长兴间，比岁丰登，中原无事，言于五代，粗为小康"②，自此"小康"的经济内涵不断丰富。再者，社会层面意义上的"小康"渐次演变成为稍次于"大同"的社会理想目标，"满足温饱、略有资产"的思想内涵进一步发展。"小康"社会成为我国传统社会追求"天下大同"的具体行动路向，传统文化视域下小康概念的历史嬗变，传递出中华民族希冀"自由、平等、摆脱贫困、丰衣足食"，③ 这是中国独有的文化记忆。

近代"小康"道路的艰辛探索更加凸显时代特征和阶级意志。《天朝田亩制度》描绘的"有田同耕、有饭同食"图景，表现出农民对理想富足社会的迫切渴望，实质是传统儒家"小康"思想的"再版"。资产阶级维新派代表康有为将"小康""大同"概念融合演绎为"三世"说，突出"小康"与"大同"的层次关系。孙中山的大同观是对传统"小康"概念的传承发展，他试图带领资产阶级革命派探索一条救亡图存的道路，但是资产阶级的软弱性无力改变中国积弱积贫的困境。

小康社会是中华民族念兹在兹的美好梦想，承续着"小康"概念及内涵的探索与实践。无论语义表达如何推陈出新，小康社会始终是对富足生活的理想化构建，本质内涵始终贯彻中华民族砥砺前行的发展征程。

（二）务实蓝图："小康"愿景指日可待

中华人民共和国的成立是开启小康社会探索新篇章的根本政治前提。中华人

---

① 国家主席习近平发表二〇二〇年新年贺词［N］.人民日报，2020-01-01（1）.
② 薛居正.旧五代史·卷四十四·唐书二十［M］.北京：中华书局，1976.
③ 中共中央文献研究室.建国以来毛泽东文稿（第7卷）［M］.北京：中央文献出版社，1990.

民共和国成立后，中国共产党带领人民历经艰辛努力和长期探索，绘就建设小康社会波澜壮阔的发展蓝图。从"一穷二白"走向繁荣富强，中国共产党历届领导人准确把握世情、国情、党情的深刻变化，为建设小康社会布设思路和探索道路。

文献记载毛泽东并没有直接涉及小康的论断，但是以毛泽东同志为主要代表的中国共产党人领导人民建立人民当家作主的社会主义新中国，确立社会主义制度，是建设小康社会的历史基点。毛泽东曾提出要"创设条件使人类社会发展进入大同领域"，并且强调要在中国共产党领导下消灭阶级和实现大同。[①]毛泽东用大同学说通俗表达共产主义的远大理想，是中国共产党人砥砺前行的动力来源，并成为中华民族走向伟大复兴道路的开篇。

邓小平首次明确提出了建设小康社会的具体目标和时间节点，成功运用传统词汇诠释社会主义初级阶段的理论要旨，用"小康"释义"四个现代化"内涵。他将人民生活水平作为阐述小康概念的首要因素，从全局谋划建设小康社会的行动理路。他创造性地论述了"小康之家""小康水平""小康社会""农村小康是全国小康的基础""小康状态"等概念，从多维度、多视角丰富了"小康"的价值意蕴。邓小平小康社会思想的形成、完善、发展大致经历了三个阶段：第一阶段为1978~1982年，是其小康社会思想的萌芽时期。这一时期邓小平小康思想的主要内容包括"翻两番""中国式的现代化"等，并提出我国现代化建设大体上分两步走的战略构想。他在1980年中央工作会议上提出"用20年的时间使我国现代化经济建设的发展达到小康水平"，是以经济发展目标为战略先导，辐射带动政治、文化、社会等领域同向驱动的基本构想。第二阶段为1983~1987年，这一时期是邓小平小康社会思想的巩固发展期。努力解决温饱问题，奋力开启社会主义现代化征程，是具有承上启下谱写新篇章的关键时期。第三阶段为党的十三大到党的十四大，这一时期是该思想的反思成熟期，邓小平提出"三步走"发展战略，从第一步解决温饱问题入手，第二步总体实现小康水平，第三步实现现代化，并提出了社会主义本质理论的一系列重要论断，为建设小康提供了极其重要的思想指导。在小康社会本质、实现标准、实践路径等方面进行了系统阐释与价值澄清。邓小平汲取传统"小康"思想的精华，赋予其鲜明的时代特征、高超的政治智慧、科学的理论注释。既符合马克思主义的基本原理，又极具中国风格和中国意蕴，为小康社会建设和社会主义现代化建设规划了具体路径。

迈入21世纪，党和国家事业发展进入新的历史发展阶段。从"总体实现小康"到"全面建设小康社会"，2000年，我们顺利实现了"三步走"战略的第一步、第二步目标，在国家财力、工业化进程、农业产量质量、基础设施建设、教育与科技发展、消费和生活水平等方面总体上达到小康水平。党的十六大报告中明确提出了全面建设小康社会的动员口号，发挥着同邓小平的战略构思与21世纪全面推

---

① 毛泽东选集（第4卷）[M].北京：人民出版社，1991.

进小康社会建设紧密衔接的重要作用。党的十六大报告明确了新时期全面建设小康社会的历史方位，要在总体实现小康的基础上努力建设"经济更加发展、民主更加健全、科教更加进步、文化更加繁荣、社会更加和谐、人民生活更加殷实的小康社会"。[①] 此时的小康目标统摄中国特色社会主义经济、政治、文化领域的协调发展，超越满足温饱的较低层次的目标，成为具备全面性、长期性和战略性的目标体系。新"三步走"战略为深化全面建设小康社会的基本标准提供了重要思路，是抓住 21 世纪头二十年战略机遇期的科学研判和关键抉择。

从"全面建设小康社会"到"全面建成小康社会"，党的十七大报告进一步完善了小康社会建设的目标指向，涉及经济、政治、文化、社会领域，全面建设小康社会的目标体系更加科学合理。"四位一体"是中国特色社会主义事业总体布局的重大提升，是小康社会建设在现实层面的逻辑承接与理论创新。胡锦涛致力于改善公共服务，再次赋予小康社会建设目标新的时代要求。他提出：首先，要调动一切因素着力实现全面小康的目标；其次，要将培育社会主义先进文化作为全面建设小康社会的关键点位，在经济、政治、文化、社会方面更新具体奋斗目标；最后，要推动形成覆盖范围更广、科学可持续的基本公共文化服务体系，为维护好实现好发展好人民根本利益创设基本的社会条件。这一更加具体的要求，使全面建设小康社会的规划更加系统完备，特征更加鲜明，目标更加清晰。"小康"的内涵与外延得到了进一步丰富和发展。

从邓小平首次提出社会主义小康到党的十七大，形成历史阶段性与现实关照性有机统一，总体上看是梯次推升的发展目标，是科学规划、精心部署、扎实推进的务实蓝图。小康目标在中国共产党治国理政战略部署中的演进与深化，充分证明现实条件和历史文化传统的深度融合衍生的巨大创造力和生产力。

（三）决战决胜："小康"愿景终将圆梦

党的十八大报告庄严提出了全面建成小康社会的执政承诺。党的十七大以来，我国的经济总量、人民生活水平、综合国力等方面成果显著，为全面建成小康社会夯实了坚实的物质基础。党的十八大首次提出了建设美丽中国的重要构想，推动构建"五位一体"的总体布局，明确全面建成小康社会与实现中国梦的紧密联系。党的十八大立足新时代新的历史方位，明确谱写全面建成小康社会的新篇章，清晰展现齐心协力奔小康的发展脉络。党的十八大以来，围绕新时代全面建成小康社会战略目标，以习近平同志为核心的党中央以非凡勇气和坚定信心，实施一系列重大战略部署，是针对不同领域、不同层次开展系统性与协调性相统一的行动策略。既有动力支撑，也有保障落实，着眼于经济社会各领域的全面提升，推动高质量全面建成小康社会。习近平着力解决发展中的问题、工作中的短板、转

---

① 中共中央文献研究室.十六大以来重要文献选编（上）[M].北京：中央文献出版社，2011：14.

型中的矛盾，突出问题导向，注重发展过程的协调性和平衡性，推动小康思想实现理论创新和实践创新。

党的十九大报告提出了党和国家新的奋斗目标，经济持续健康发展，政治生态更加清明，文化软实力进一步显著增强，社会治理体系和治理能力跨越式发展，生态文明建设成效卓著。习近平指出，要根据社会主要矛盾的深刻变化，统筹推进"五位一体"总体布局，强调确保小康建设令人民满意、经受历史检验。从历史溯源来看，"小康"概念始终与"富裕""贫穷"词汇紧密联系，核心体现的是社会经济发展水平。以往小康社会建设的进度监测倾向定量分析的方法，采用数量指标实证分析小康社会建设的成效及政策效果。习近平在注重社会发展客观指标的基础上，更加强调人民群众在全面建设小康社会过程中的幸福感和获得感。以习近平同志为核心的党中央提出的一系列新理念新思路新举措，体现科学视野和人文关怀的有机统一，同时具有极强的现实针对性。全面建成小康社会突出的短板和发展不全面的问题主要表现在民生领域。[①] 习近平谋划全面建成小康社会的战略部署，强调全体人民的共建共享，突出全面小康社会是中华民族复兴征程的基础和前提。

党的十八大以来，在以习近平同志为核心的党中央的领导下，社会各领域建设目标稳步推进，主要经济社会人均指标位次继续前移，综合国力发生历史性变化。中国特色社会主义进入新时代，"小康"的现代化内涵不断丰富发展。回顾建设小康社会的历史沿革，更加彰显新中国成立七十多年筚路蓝缕的奋进征程。

二、建设小康社会的经验总结

（一）牢牢坚持以人民为中心的发展理念

人民群众是"小康社会"的现实主体，全面建成小康社会是促进人全面发展的社会。"小康不小康，关键看老乡"，更加凸显以人民为中心的发展理念。习近平指出，小康社会不仅是数字经济概念，更是综合概念。全面建成的小康社会标准不仅需要量化一系列经济社会发展指标，更需要切实增强人民群众的获得感和幸福感。不断强化人民性是全面建成小康社会的核心要求，始终坚持人民利益至上的价值追求，更好地满足人民群众美好生活的需要，打造人与社会、人与自然和谐统一的美好家园。习近平的小康观是群众优先、全民共享的动态发展观。以人民为中心的发展理念要求紧紧围绕人民群众的迫切需要，更加关注解决民生领域的问题，尤其是积极回应弱势群体的利益诉求，维护好人民群众的切身利益。加强风险防控意识和能力，坚守底线思维，着力打好三大攻坚战。防范化解经济领域重大风险，确保经济社会发展稳中有进，持续深化供给侧结构性改革，是决战

---

① 习近平.习近平谈治国理政（第2卷）［M］.北京：外文出版社，2017：79.

决胜全面建成小康的关键。党的十九届四中全会明确提出加快推进生态环境治理体系和治理能力现代化，着力持续改善良好生态最普惠的民生福祉。2019年底，全国95%贫困人口实现脱贫，90%贫困县摘掉了贫困帽，充分体现了发展为了人民、发展依靠人民、发展成果由人民共享的"社会主义小康发展观"。

中国共产党始终牢记小康建设为了谁，依靠谁，我是谁的初心，着眼于让人民群众广泛共享小康成果，在社会主义现代化探索中不断深化认识。以人民为中心的发展理念要求必须充分尊重人民群众的创造性，提高人民生活水平是邓小平小康社会理论的核心内涵，极大地激发了人民群众的奋斗意识，激活了推进小康社会建设的内生动力。人民群众是小康社会的真正建设者，是建设小康社会的依靠力量。[①] 小康社会是我国几代人共同团结奋斗的目标，实现全面建成小康社会的伟大目标离不开人民群众的全力支持和共同努力。全面建成小康社会，不是"数字游戏"，[②] 要更加切实关注人民群众的迫切需要，解决好全体人民普遍关心的突出问题。正如习近平强调的，用"小康"阐释现当代中国的发展目标，既能够扎根中国文化沃土，也能够最大程度得到人民的理解和支持。[③] 实现"两个一百年"奋斗目标需要全党全国人民凝心聚力。党的十八届五中全会将全面建成小康社会"决定性阶段"表述修改为"决胜阶段"，更加凸显动员性和号召性。习近平在谈及决战决胜小康社会时强调要发扬钉钉子精神，更好顺应人民意愿，更加凸显尊重人民群众的创造能力。脱离人民群众广泛参与的小康社会建设，是无源之水、无土之木。从某种意义上说，人民群众投身小康社会建设的积极性、主动性和创造性是全面建成小康社会的决定性基础。

（二）坚持和加强党的统一领导

党的领导是推进小康社会建设的根本保证，"坚持党的领导，是党和国家的根本所在、命脉所在"。[④] 新中国的成长史是一部持续强化党的执政能力的奋斗史。全面增强党的领导能力和水平，坚持全面从严治党，打造更加坚强有力的现代化执政党，是全面建成小康社会的核心要义。深入揭示全面从严治党与全面建成小康社会的内在逻辑，更好地发挥党统揽全局、协调各方的领导作用。一方面，不断加强和完善党在各领域建设工作中的政治领导力、思想引领力和内在驱动力，把牢正确政治方向，确保党和国家事业胜利前进。另一方面，牢牢坚守初心和使命，进一步完善中国特色社会主义制度，推动制度创新，进一步加强和改善党的领导能力，为建设小康提供坚强政治保障。

---

① 李桂花，张鹏.全面建成小康社会的全面阐释［J］.理论学刊，2017（2）：34-40.
② 习近平.在中央财经领导小组第十四次会议上的讲话［N］.人民日报，2016-12-21.
③ 习近平.在纪念孔子诞辰2565周年国际学术研讨会暨国际儒学联合会第五届会员大会开幕会上的讲话［N］.人民日报，2014-09-25.
④ 中国共产党第十八届中央委员会第四次全体会议文件汇编［M］.北京：人民出版社，2014：119.

坚持和加强党的自我革命与提升执政能力和水平具有内在一致性。实践证明，党的十八大以来完成的一系列历史性变革成效卓著、人民盛赞，根本原因就在于中国共产党以自我革命精神推进全面从严治党。实现全面建成小康社会的伟大目标不是敲锣打鼓、轻轻松松就能实现的，同样，党的自我革命也不是空泛的政治术语，而是彻底的政治变革。在新的历史条件下，党中央坚定不移地推进伟大的自我革命可谓适逢其势、恰当其时，既主动适应国内外局势发展变化要求，又契合刀刃向内磨砺敢于斗争、体现鲜明政治品格的逻辑旨归。打铁必须自身硬，自我革命精神成为决定我们党推进高水平全面建成小康社会的关键所在。以党的自我革命统领社会革命，在全党范围内深入推进"四个自我"伟大实践；以坚韧不拔的魄力和勇气毫不动摇地严惩腐败，坚决消除影响实现"两个一百年"奋斗目标的严重隐患。打造坚强有力、人民满意的执政党，坚持把政治建设摆在党的建设首位，凝聚全党形成合力，确保如期完成第一个百年奋斗目标，奋力开启实现第二个百年奋斗目标的伟大征程。

（三）坚定不移全面深化改革

改革开放是改变中国历史进程的关键环节，全面深化改革是决定当代中国命运、实现"两个一百年"奋斗目标的关键一招。[1]全面深化改革释放出经济社会发展的强大内生动力，持续增强坚定不移走中国特色社会主义道路的信心与决心。全面深化改革的伟大实践与全面建成小康社会伟大目标具备共通逻辑，持续全面深化改革为加快实现全面小康社会目标提供不竭动力，全面建成小康社会为继续深化改革奠定物质基础。全面深化改革是推进小康社会建设的重要战略举措，通过打破利益藩篱，补齐发展短板，打赢"攻坚战"，迈过"深水区"，完善推动"五位一体"各领域高质量发展的体制机制，为全面建成小康社会提供强有力的动力和制度保障。[2]

改革开放四十多年的伟大历程与小康社会建设同向同行，决战决胜全面建成小康社会，要深刻地把握习近平关于持续全面深化改革的重要论断，坚定不移地推进更深层次改革，最大限度地释放改革红利。坚持新发展理念，持续激活经济发展活动动力，坚持和完善基本经济制度，进一步解放和发展社会生产力，繁荣社会主义市场经济，实现全体人民共同富裕；推进政治体制改革，切实发挥法治规范和保障改革在营造稳定政治环境的重要作用；加快文化体制改革，繁荣发展中国特色的哲学社会科学，在更高起点上提升人民科学文化素质，不断增强我国的软实力；推动社会体制改革，防范化解社会领域重大风险，营造公平公正和谐的社会环境，要让全体人民共享改革发展成果；深入推进生态文明体制改革，建

[1]　中共中央文献研究室.十八大以来重要文献选编（上）[M].北京：中央文献出版社，2014：494.
[2]　陈立.全面建成小康社会的战略意义与改革攻坚[J].国家行政学院学报，2017（4）：4-10，144.

设美丽宜居家园，着力守护好人民群众最普惠的民生福祉。坚定以经济体制改革为主线，着力在全领域和关键环节改革上取得重要突破，形成强大工作合力。全面深化改革是牢牢抓住重要历史机遇，顺利实现第一个百年奋斗目标，接续冲刺第二个百年奋斗目标的核心策略。

三、全面建成小康社会的伟大意义

（一）哲学方法论意义

中国共产党领导人民实现全面建成小康社会的千年憧憬，中华人民共和国成立七十多年建设小康社会的艰辛探索，根本遵循和深刻体现一切从实际出发、实事求是的马克思主义理论精髓。邓小平在 1979 年会见日本首相大平正芳时第一次提出了"小康"的概念，他提出"中国式的现时代"是结合中华人民共和国成立三十年的发展实际提出的符合政治历史和发展实际的重要论断。邓小平的小康思想蕴含着"富民"的基本逻辑，但是共同富裕不等同于同步富裕，共同发展也不等同于平均发展，让一部分人先富起来的政策主张是在经济文化水平相对落后的国家实现富民安民的现实路径。党的十九大报告指出，"我们的工作还存在许多不足，也面临不少困难和挑战"。[①] 实现现行标准下全部贫困人口脱贫是一项极为艰难却又必须完成的重要任务，以习近平同志为核心的党中央审时度势，提出了精准扶贫等多项脱贫战略，聚焦全面建成小康社会的现实关照和实践需要，为全面建成小康社会破除发展藩篱，为小康社会注入生机与活力。围绕全面建成小康社会伟大目标，习近平提出的一系列战略部署和具体规划，是在理性认识我国基本国情、深刻把握我国发展要求、科学研判新时代历史方位的基础上的关键抉择和重大战略部署。

准确把握矛盾普遍性与特殊性的辩证关系。搞好自身发展是头等大事，《中华人民共和国国民经济和社会发展十年规划和第八个五年计划纲要》界定了小康生活的内涵：适应我国生产力发展实际，充分显示出社会主义的基本原则。正如邓小平指出的那样：我国要实现的现代化同西方发达国家存在很大不同，不是西方模式下的现代化，仍然是一种小康状态。人民生活水平的提高包括物质生活、精神生活的丰富发展，也包含个人消费能力的增强以及社会福利水平和劳动环境的提升。全面建成小康社会的标准，核心要素是全体人民自身的实际生活水平。深刻认识全面建成小康社会的普遍性和特殊性，需要从国际和国内视野予以审视。从国际视野来看，中国与其他国家在部分领域面临同样的发展困境，如资源过度消耗、收入差距过大、生态环境恶化等问题，是社会发展过程中存在的普遍矛盾。

---

① 习近平. 决胜全面建成小康社会 夺取新时代中国特色社会主义伟大胜利——在中国共产党第十九次全国代表大会上的报告［N］. 人民日报，2017-10-28.

小康之路是中国特色社会主义道路的具体体现和实践路径，是根据不平衡不充分的现实状况，具有历史传统与时代特征双重维度的特殊发展道路。从国内视野来看，全面建成小康社会意味着发展成果惠及全体人民，但是不同地区、不同领域、不同人口达成的小康水平必然存在差异，应当因地制宜，把握好普遍性和特殊性的辩证统一。

遵循量变与质变的发展规律。从 1980 年人均 250 美元的国民生产总值出发，制定翻一番达到人均 500 美元的发展目标，再到实现人均 1000 美元、4000 美元，数量指标逐步递增，人民生活水平显著提升。从邓小平首次提出"小康之家"的论断，到党的十五大报告明确我国从 21 世纪初将开始"进入和建设小康社会"，再到党的十八大庄严宣告新时代全面建成小康社会的执政承诺。全面小康是体现经济社会综合发展水平的重要尺度，"全面"是社会发展定位，是小康社会建设实践探索从量变到质变的重大飞跃，彰显建成小康社会承载继往开来的战略意义。从主体维度来看，全面建成小康关系中国人民和中华民族切身利益的普遍诉求。从历史维度来看，全面建成小康社会是中华民族发展史上的里程碑。从实践维度来看，全面建成小康社会充分体现中国共产党治国理政的使命担当。

（二）历史阶段性意义

我国传统文化构建的小康愿景建立在自然经济基础上，社会生产力发展水平低下，需要封建礼制维持公共秩序运转的小农社会。习近平的小康观实现了"小康"意蕴的历史性跨越，他描绘的全面建成小康社会图景是经济高质量发展、政治生态更加清正、文化软实力显著增强、人民生活水平普遍提高、生态环境持续优化的现代化社会，是覆盖全部人口、区域、领域的全面进步的社会。深刻认识全面建成小康社会的历史节点性意义，集中体现在千年梦想与百年目标相映生辉，摆脱现行标准下的贫困问题，实现第一个百年奋斗目标，意味着绝对贫困难题得到了历史性解决，中国共产党切实保障人民各项权利事业取得历史性进步，具有重要的里程碑意义。习近平指出，党的十八大以来我们党解决了许多困扰已久的难题，办成了许多企盼已久的大事，推动党和国家事业发生历史性变革[①]。站在新的历史起点上，全面建成小康社会的历史性成就转化成为奋力建成社会主义现代化强国的强大助推力。准确把握科学社会主义理论逻辑与我国社会发展历史逻辑的统一，是顺利实现"两个一百年"奋斗目标，满足人民美好生活需要的逻辑旨归与路径选择。如期全面建成小康社会，从历史与实践双重维度印证坚持走中国特色社会主义道路是实现国家富强、民族振兴的必由之路，进一步坚定"四个自信"，是马克思主义基本原理同当代中国发展实际紧密结合的伟大胜利。

---

① 习近平. 决胜全面建成小康社会　夺取新时代中国特色社会主义伟大胜利——在中国共产党第十九次全国代表大会上的报告［N］. 人民日报，2017-10-28.

党的十八大以来，党和国家事业发展取得全方位、开创性和历史性的伟大成就。第一，全面建成小康社会是"一连串互相衔接的阶段发展过程"的里程碑，是实现中华民族伟大复兴的关键节点，标志着我们党勾画的复兴蓝图正在逐步实现。中国共产党全面建成小康社会历经百年实践与探索，实现第一个百年奋斗目标为社会主义现代化强国建设积累宝贵经验，为接续实现我们党既定目标提供物质基础和理论支柱。第二，全面建成小康社会是以习近平同志为核心的党中央对"三大规律"认识的深化。首先，不断深化对共产党执政规律的认识。确保如期全面建成小康社会，坚持人民主体地位，践行向人民作出的庄严承诺，能够最大程度赢得民心，巩固和发展党的长期执政地位，不断夯实党长期执政的群众基础。以不断强化党的领导核心地位，围绕全面建成小康社会目标为核心，形成了治国理政的"七大战略"。从某种意义上说，全面建成小康社会是以习近平同志为核心的党中央，在21世纪第二个十年治国理政的核心内容，是新时代党和国家事业发展的战略统领。其次，深化对社会主义建设规律的认识。正如马克思所说，当下社会"不是坚实的结晶体，而是一个能够变化并且经常处于变化过程中的有机体"。[①] 以习近平同志为核心的党中央理性审视全面建成小康社会的发展脉络，坚持问题导向，客观分析存在的问题与未来趋势，推动一系列治国理政方案的落地、落实、落细，将执政兴国的理想目标与现实需求有机统一。准确把握我国社会历史演进的内在逻辑、中国特色社会主义的发展逻辑、人类文明演进的应然逻辑有机统一。习近平号召要把改革开放不断推向深入，统筹运用历史思维、系统思维、创新思维和底线思维，不断强调的"决不让困难地区和困难群众掉队""决不能让一个苏区老区掉队""没有农村和西部地区的小康不是全面小康"等论断，充分体现我们党不忘初心的历史承接，是社会主义优越性的集中体现和最好证明，是社会主义本质要求的生动体现。最后，深化人类社会发展规律的认识。全面建成小康社会是马克思主义中国化的重要理论成果，是中国共产党深刻把握中国特色社会主义进入新时代的战略部署。全面建成小康社会能够进一步解放和发展生产力，是共产主义理想在现当代中国的战略推进，在实现人的自由全面发展的道路上迈出坚实步伐。

（三）世界历史性意义

全面建成小康社会是深度融合的利益共同体，能够为我国人民和世界人民创造更多的就业机会、更好的发展机遇。中国特色社会主义道路的蓬勃生命力焕发强大吸引力，成为宣介社会主义取代资本主义历史必然性的具体而现实的行动方案，是构建人类命运共同体的重要环节。中华人民共和国成立70多年来，国内贫困人口减少了8.5亿，为世界减贫事业和人类发展做出不可磨灭的贡献。2019年

---

① 马克思恩格斯选集（第2卷）[M].北京：人民出版社，2012：84.

国内经济数据再次理性表明,我国的经济发展稳中有进势头不会消减,能够为世界经济发展做出更大贡献。处于百年未有之大变局,中国共产党的兴衰与社会主义事业甚至是人类发展事业休戚与共,中国是促进世界各国和民族相互合作、友好交流的坚定力量。实现全面建成小康社会的伟大目标,增强了我国坚定不渝走和平发展道路的信心与实力。

全面建成小康社会是社会主义发展史和人类社会发展史上的重大事件。新时代的中国着眼于全心全意谋自身建设,致力于同心同德维护世界和平发展。小康社会并不是所有国家发展的必经之路,但是它揭示了在经济文化相对落后的国家实现快速发展的新的道路选择,成为更具普遍借鉴价值的"中国模式",是解决人类发展问题的中国方案。中国改革开放伟大实践开辟了科学社会主义的正确道路,积累了世界上发展中国家的发展经验,突破了人类发展史的旧有逻辑。为世界和平与发展事业贡献出中国力量,为优化全球治理模式提供了中国智慧,为人类文明繁荣发展绘就出中国方案。

从"理想小康"到"全面建成小康"
——浅析中国共产党小康思想的发展历程

彭薛琴

摘要："小康"是中国传统的社会理想，邓小平在改革开放后将其赋予时代意义，并制定为党的社会主义建设目标；江泽民和胡锦涛在此基础上提出全面建设小康社会，吹响了中华民族向现代化建设目标迈进的"进军号"；站在新的时代起点上，习近平对全面建设小康社会思想进行了深化，提出全面建成小康社会，为开启社会主义建设新征程奠定了基础。2020 年是实现全面建成小康社会的关键时期，在这个特殊的时刻，将各个阶段小康思想的主要内容加以梳理与审视，对于中国全面建成小康社会和实现"两个一百年"奋斗目标具有深远意义，也为其他发展中国家的社会建设提供了宝贵的经验借鉴。

关键词：小康社会思想；共产党；发展历程

一、小康社会的思想渊源

（一）中国古代的小康思想

"小康"一词，最开始源于西周时期，出自《诗经》中的《大雅·民劳》，"民亦劳止，汔可小康"，[①] 表现了当时在奴隶社会里先民们对安定的理想社会生活状态的渴求。在《礼记·礼运》中进一步对"小康"展开了更为详细的描述，今大道既隐，天下为家。各亲其亲，各子其子，货力为己。大人世及以为礼，城郭沟池以为固。礼义以为纪，以正君臣，以笃父子，以睦兄弟，以和夫妇，以设制度，以立田里，以贤勇知，以功为己，是谓小康。[②] 这样一种生活状态是作为理想社会形态的儒家大同社会的初级形式，指的是在自然经济条件下，百姓介于温饱与富足之间的一种社会形态。据《明太宗实录》卷二十三记载，明成祖朱棣曾提出

作者简介：彭薛琴，女，重庆工商大学马克思主义学院硕士研究生，主要从事马克思主义基本原理研究。

① 诗经［M］.李青，译.北京：北京联合出版社，2015：135.
② 戴圣.礼记［M］.刘小沙，译.北京：北京联合出版社，2015：52.

"家给人足斯民小康""斯民小康，朕方与民同乐"的论断，并认为这是天下治平之本，这里的"小康"则进一步表现为当时的君主关注民生问题，追求一种民富国强的社会形态。由中国古代"小康"的起源和发展可以看出，"小康"有两种含义：一是指一种安定的社会状况，在这种社会状况下，百姓温饱问题可以得到解决；二是指一种理想的社会形态，包含经济、政治、社会等各个方面，从根本上来说，则是指人民对理想生活形态的理论概括与升华。

中国古代小康思想不仅表达了百姓对于理想生活的憧憬，也为君王提供了治国理政的思路，更是现代中国小康社会思想的理论源头。

（二）马克思、恩格斯关于未来社会的科学展望

西方以圣西门、欧文为代表的空想社会主义者，曾在私有制和阶级差别方面作出过强烈反对，与此同时，在关于未来的理想社会方面作出过诸多勾勒，主张通过共同劳动与产品的平均分配来实现社会公平。这些思想与中国古代的"小康"和"大同"思想有共通之处。在马克思、恩格斯的所有著作中，并没有直接而明确地论述小康社会，而是通过批判继承空想社会主义，并在深入分析资本主义制度后，揭示了其基本矛盾，他们对未来社会的发展趋势作出了科学判断，指明了未来社会发展的规律——"两个必然"。马克思认为，社会的发展趋势是前进和上升的，即从低级的社会形态向高级的社会形态发展。所以，在《哥达纲领批判》中马克思将共产主义社会划分为两个阶段：第一阶段和高级阶段。马克思、恩格斯进一步指出，由于共产主义社会的经济发展水平与社会成熟程度不同，决定了共产主义社会必须经历两个阶段。第一阶段即生产力得到发展，社会各方面也随之和谐发展，不再存在阶级与压迫，人民的生活水平也得到相对提高，但马克思和恩格斯承认，在共产主义初期存在着各种矛盾，他们认为共产主义不可能是一蹴而就的，需要经历从不完善到比较完善的发展过程。在生产力逐步发展成熟之后，社会发展将更为发达，人的综合素质等各方面也得到了全面提升，共产主义就自然地从第一阶段过渡到高级阶段。马克思、恩格斯在论述未来社会的基本内涵和基本特征时，指出了共产主义社会的基本特征，私有制已消亡，劳动成为一种乐趣，消费品各取所需，没有国家、没有阶级，没有战争。[①]他们预想的未来社会是建立在一个生产力高度发达的基础之上的，人、自然与社会三者和谐统一的社会形态。马克思、恩格斯关于未来社会的科学展望是中国共产党建设小康社会思想的基本依据，给我国全面建成小康社会提供了重要启示，即必须大力发展生产力。马克思理论的最终目标是实现"人的自由全面发展"，这也为中国全面建成小康社会指明了立足点：以人民为中心，不仅重视物质建设，而且重视精神建设。总之，马克思、恩格斯的理论观点对我国社会发展与建设产生了深远影响。

---

① 马克思恩格斯选集（第3卷）[M].北京：人民出版社，2012：433.

（三）列宁关于社会主义"过渡阶段"的理论

十月革命将社会主义由理想变为现实，劳动人民开始当家作主。在苏俄经历了长期的战争消耗与国内外反革命势力的斗争之后，经济基础十分薄弱，面对严峻的国内外形势，苏维埃政权建设社会主义的道路充满崎岖。列宁在战时共产主义政策尝试失败之后，开始意识到马克思、恩格斯构思的未来社会与俄国落后的现实之间的巨大差距，也意识到"直接过渡"到社会主义、建成社会主义是不可能的。因此，列宁结合俄国的具体实际，提出要使一个经济、政治、社会、文化极端落后的贫困国家进入社会主义，进而建成社会主义需要一个长期且稳定的发展过程。他指出过渡时期和社会主义必须划分为两个不同的发展阶段，也明确了每个阶段的任务和工作方法。在对俄国过渡时期的经济、政治等各方面特征作了详细且准确的分析之后，列宁制定出了一整套理论与政策来指导俄国的发展，并提出在发展过程中，经济、文化、军事、党的建设等各方面必须整体协调推进的论断。这些理论实际上是对经济落后的国家应该如何建设社会主义、如何发展社会主义的探究与指导，也是对马克思、恩格斯关于未来社会发展理论的丰富与发展。列宁提出的关于经济、政治、文化等方面的纲领，是中国共产党全面建成小康社会的理论依据和实践指导，对中国的现代化发展产生了重大影响。

二、新中国成立之初的初步探索
——毛泽东的农民观与"四个现代化"理论

在中国革命和建设的过程中，毛泽东始终把农民放在极其重要的地位，他对农民问题有着理性而深刻的理解。在1924~1927年，他指出农民是革命的主力军；在土地革命时期，提出"工农武装割据"的论断，开辟了"农村包围城市"的路线。除了农民的政治和军事观念，毛泽东在这一时期开始将农民问题纳入生活领域，他在1934年《关心群众生活，注意工作方法》中指出："从土地、劳动，到布帛菽粟，都是我们应该为农民解决的生活问题。"[①] 只要此类问题全都被我们重视了，解决了，农民的诉求全部得到了满足，那么我们就能把农民真正组织起来，农民也会自然而然地聚拢在我们身边，真心地爱戴和拥护我们。[②] 在抗日战争时期，他指出"农民群众是创造历史的动力"。[③] 新中国成立后，他主张原始共产公有制是推动农民建设社会主义和实现共产主义的强大精神动力；国家繁荣昌盛的根本仍然是农业，应该按照先"农"后"轻"再"重"的顺序去发展。[④] 毛泽东的农民

---

①② 毛泽东选集（第1卷）［M］.北京：人民出版社，1991.

③ 毛泽东选集（第3卷）［M］.北京：人民出版社，1991.

④ 金锋.毛泽东农民观与全面建成小康社会［J］.西北民族大学学报（哲学社会科学版），2018（3）：101-107.

观是一个逐渐深入的过程，是马克思主义在中国发展的新形式，对中国的社会主义建设有着积极的指导作用。正如习近平总书记所说，小康不小康，关键看"老乡"，中国要强，农业必须强；中国要美，农村必须美；中国要富，农民必须富。[①]由此来看，中国共产党全面建成小康社会思想中关于解决"三农"问题的内容正是对毛泽东农民观的传承。

在《论人民民主专政》中毛泽东曾多次提到"大同"这个词，并提到"经过人民共和国到达社会主义和共产主义，到达阶级的消灭和世界的大同。"[②] 这是毛泽东对实现"大同"社会指出的根本路径。此后在 1953 年，初步提出"四个现代化"思想，在研读完《政治经济学（教科书）》后，毛泽东提出社会主义和共产主义不是固定不变的，他将社会主义划分为两个不同的发展阶段，并对"四个现代化"作了系统的论述，即工业现代化、农业现代化、科学文化现代化、国防现代化。这是毛泽东对建设社会主义的理论探索，也是新中国成立初期的现代化建设目标。随后，周恩来根据毛泽东的思想指导，在 1964 年第三届全国人民代表大会第一次会议上提出了"两步走"战略：第一步，建立较为齐全的工业、国民经济体系；第二步，努力完成"四个现代化"。遗憾的是，这个战略在当时没有得到积极的实施与贯彻，但"两步走"战略与"四个现代化"思想为建设小康社会奠定了重要的理论基础，毛泽东与周恩来的积极探索，也为中国的社会主义建设提供了宝贵的经验。

三、改革开放后小康社会思想的正式提出与发展

（一）邓小平的小康社会思想

目前，学界公认为中国现代意义上的小康社会概念始于邓小平。邓小平小康社会概念的提出是中国正处在百废待兴之时，国家应该定下什么样的目标去发展、去建设社会主义。他在深刻总结我国社会主义建设 30 年来的经验后，深入分析了中国的经济、政治与社会状况，基于中国特定的现实，提出了既具有中国传统内涵又富有时代特征的"小康社会"概念，以及关于实现"小康社会"的一些方针和政策，由此形成了他关于"小康社会"的系统理论。笔者将邓小平的小康社会思想发展过程大致分为三个阶段：

（1）初步形成阶段。1979 年到 1982 年党的十二大召开，是邓小平小康社会思想的初步形成阶段。1979 年 12 月，邓小平会见日本首相大平正芳时，首次使用了"小康"概念：我们要实现的四个现代化，是中国式的四个现代化。我们的

---

① 关于全面深化农村改革加快推进农业现代化的若干意见［N］.人民日报，2014-01-19.
② 毛泽东选集（第4卷）［M］.北京：人民出版社，1991：1471.

四个现代化的概念，不是像你们那样的现代化概念，而是"小康之家"。① 同年，邓小平在其他重要讲话中指出："我们开了个大口，本世纪末实现四个现代化。后来改了个口，叫中国式现代化，就是把标准放低一点。"② 这个说法是邓小平对"小康"目标的具体化，也更加符合中国当时的国情的表述。中国的四个现代化与西方的不同，而是"小康之家"。中国要实现现代化，必须解决好温饱问题，在实现温饱之后逐步向小康跨越。1980 年，再次谈到小康目标时，邓小平指出人均国民收入达到 1000 美元就是小康水平。③ 在此基础上，他指出中国要按计划、分阶段地实现现代化，初步提出了"两步走"战略。此后，邓小平多次使用"小康水平""小康之家""小康生活"等概念来描述中国式的现代化，"小康"作为既富中国传统文化内涵又富时代特征的概念，从邓小平开始成为指导我国现代化建设的社会理论，也是中国共产党为之努力的奋斗目标。1982 年，党的十二大报告正式提出：从 1981 年到 20 世纪末的 20 年，我国经济建设总的奋斗目标是，在不断提高经济效益的前提下，力争使全国工农业总产值翻两番，实现了这个目标，城乡人民的收入将成倍增长，人民的物质生活可以达到小康水平。④ 这是第一次在党的全国代表大会上使用"小康"概念，也是邓小平关于小康社会思想初步形成的标志。

（2）逐步成熟阶段。1982 年 9 月到 1987 年 10 月是邓小平关于小康社会思想的逐步成熟阶段。党的十二大之后，邓小平站在中国长远发展的角度上于 1984 年 10 月初步提出"两步走"战略：我们第一步是实现翻两番，需要二十年，还有第二步，需要三十年到五十年，接近发达国家水平。⑤ 这是他对小康社会目标的进一步细化。通过对"两步走"战略的调整与完善，1987 年邓小平在会见西班牙首相时，首次完整系统地阐述了"三步走"战略：第一步，在 20 世纪 80 年代达到人均 500 美元，基本解决人民的温饱；第二步，在 20 世纪末再翻一番，达到人均 1000 美元，标志着我国基本进入小康社会；第三步，到 21 世纪中叶达到人均 4000 美元，我国就达到了中等发达国家的水平。⑥ 随后，在 1987 年 10 月召开的党的十三大中得到了正式确认，党的十三大报告明确指出，中国的经济建设可以分成三个步骤——从温饱到小康再到基本现代化，这标志着邓小平小康社会思想发展走向成熟。

（3）发展完善阶段。1987 年 10 月党的十三大之后，是邓小平关于小康社会思

---

① 中共中央文献研究室.邓小平思想年谱（1975—1997）［M］.北京：中央文献出版社，1998：111.
② 邓小平文选（第 2 卷）［M］.北京：人民出版社，1994：163.
③ 邓小平文选（第 2 卷）［M］.北京：人民出版社，1994：194.
④ 中共中央党校教务部.十一届三中全会以来党和国家重要文献选编［M］.北京：中共中央党校出版社，1998：126-127.
⑤ 邓小平文选（第 3 卷）［M］.北京：人民出版社，1994：79.
⑥ 邓小平文选（第 3 卷）［M］.北京：人民出版社，1994：226.

想的发展完善阶段。1990 年是"三步走"战略中第一步的完成点，全国大部分地区基本解决了温饱问题，小康社会目标取得阶段性的胜利。1990 年 12 月，在党的十三届七中全会上，关于小康生活有了更为明确的表述："所谓小康水平，是指在温饱的基础上，生活质量进一步提高，达到丰衣足食。"1992 年，邓小平南方谈话中关于"怎样建设社会主义"等论断再次为小康社会的建设指明了方向。1992 年，党的十四大报告再次充分肯定了"三步走"战略，将其作为党和国家制定政策方针的重要理论依据。此外，在党的十四大还建立了市场经济体制，这一体制的提出，为实现小康社会奠定了必要的物质基础，加速了小康社会的发展。随着前两步小康战略的实现，邓小平关于小康社会思想的科学性与可行性得到了彰显。

邓小平关于小康社会思想的论述是系统的、完善的，涵盖了社会发展的方方面面。他不仅提出了中国现代化意义的小康目标，而且积极探索了建设小康社会的方向和实现小康社会的途径。邓小平是小康社会思想的集大成者，其理论是中国特色社会主义思想的重要组成部分，也是决战全面建成小康社会的重要指南。

（二）江泽民的小康社会思想

在继承和发展邓小平关于小康社会思想的基础上，1997 年，以江泽民同志为核心的党中央在党的十五大上提出了新的"三步走"战略：①21 世纪第一个十年国民生产总值比 2000 年翻一番，使人民的小康生活更加富裕，形成较完善的社会主义市场经济体制。②到建党一百年时，使国民经济更加发展，各项制度更加完善。③到 21 世纪中叶中华人民共和国成立一百年时，基本实现现代化。这是建设小康社会的战略规划与总体部署，也是对小康社会思想的发展和完善。2000 年召开的党的十五届五中全会指出，建设小康社会的前两步战略目标已经顺利实现。这意味着总体小康已经达成，现代化建设也取得了重大胜利，在此基础上，江泽民指出，我国将从进入 21 世纪开始，进入全面建设小康社会的新发展阶段。在党的十六大上，全面建设小康社会被明确为我们的奋斗目标，并围绕这个目标作了全方位的统筹与部署。同时指出，当下阶段的小康是发展水平较低的小康，即人均收入不高，与发达国家的差距依旧较大；当下阶段的小康是发展不全面的小康，即人民的生活水平只是在经济方面得到了提高，而医疗、教育、生态等方面存在的问题依旧突出；当下阶段的小康是发展不平衡的小康，即城乡发展不平衡，区域发展不平衡，阶层之间的收入水平差距较大。针对存在的一系列问题，党的十六大明确了今后建设小康社会的任务：①在优化结构和提高效益的基础上，国内生产总值到 2020 年力争比 2000 年翻两番，综合国力和国际竞争力明显增强。②社会主义民主更加完善，社会主义法制更加完备。③形成比较完善的现代国民教育体系、科技和文化创新体系、全民健身和医疗卫生体系。④可持续发展能力不断增强，走生态文明发展道路。并审核通过了《全面建设小康社会，开创中国特色社会主义事业新局面》的报告。这次会议形成了更加系统的指导建设小康社会的思想，为全面建设小康社会和现代化建设注入了新的动力。

江泽民全面建设小康社会思想是建立在对中国现代化发展阶段进行科学分析的基础上的，是从"总体小康"到"全面小康"的飞跃，是对怎样建设社会主义理论的深化，是中国共产党小康社会思想的重要发展。

（三）胡锦涛的小康社会思想

党的十六大以来，以胡锦涛同志为总书记的党中央对全面建设小康社会的认识不断深化，并对其作出新的部署，取得了阶段性胜利。面对新的局势与挑战，党中央创造性地将科学发展观与全面建设小康社会的实践相结合，一方面用科学发展观指导和保障全面建设小康社会，另一方面在全面建设小康的实践中丰富和发展科学发展观。因此，党的十六大提出了全面建设小康社会的新阶段目标：在2020年实现 GDP 比 2000 年翻两番，基本实现工业化。在党的十六届四中全会上，胡锦涛进一步指出：加快促进社会和谐建设，关系到我国经济社会发展的全局，也是加速推动我国小康社会建设的必要前提和本质要求。在第十六届中央委员会第六次全体会议中，提出要将"和谐"融入全面建设小康社会的全过程和实践中，将其定义为社会主义现代化建设的内在要求和重要目标，丰富和发展了全面建设小康社会的思想。

社会发展越快，人民的需求变化也越快，为了更好地适应新的形势、更好地应对变化、更好地满足人民的期待，党的十七大进一步丰富了小康社会的内涵："要把握经济社会发展趋势和规律，坚持中国特色社会主义建设、政治建设、文化建设、社会建设的基本目标和基本政策构成的基本纲领，在十六大确立的全面建设小康社会目标的基础上对我国发展提出新的更高要求。"[①]党的十七大把中国特色社会主义建设纳入全面建设小康社会的范畴，与经济、政治、文化一起，形成了新的"四位一体"新的总体布局，强调了精神文明的建设，生态环境的保护，公民基本权利的保障以及民生福祉的提高，是对以前片面追求经济发展的小康社会思想内容的充实，升级并拓展了全面建设小康社会目标，引导中国现代化建设迈入新的征程。此外，党的十七大提出到 2020 年人均国内生产总值要达到在 2000年人均国内生产总值的基础上翻两番的目标，对象由在原来国内生产总值到人均国内生产总值，从"总量"到"人均"的改变，更深刻地体现了中国共产党在一步步更好地去满足人民的需求，以人为本也更好地得到了彰显。2012 年在党的十八大上，胡锦涛强调我国仍处于重要发展机遇时期，我们要坚定信念，把握机遇，应对和处理好风险与挑战，坚决完成时代所赋予我们的任务，同时也对全面建成小康社会的总体思路和基本目标作了进一步的阐述，从"建设"到"建成"，仅一字之差，但意义重大。它不仅是时间与任务的演变，更加凸显了我们党能在

---

① 胡锦涛总书记关于构建社会主义和谐社会的有关论述［J］. 党建，2005（Z1）.

三十多年建设小康社会的大考中交出一份让人民满意答卷的信心与决心，也是我们党勇于担当的品格和与时俱进的精神体现。

四、新时代的小康社会思想

习近平关于全面建设小康社会的理论有其特定的背景。在经济方面，中国的GDP 在 2011 年超过了日本，成为仅次于美国的世界第二大经济体，国家的发展水平与人民的发展水平都有了显著的提高，经济总量优势明显，为我国全面建成小康社会和更好地应对各种风险与挑战奠定了坚实的物质基础。在政治方面，城乡按相同人口比例选举人大代表，社会主义民主进程取得重大进展，同时法治建设也取得巨大进步。在社会方面，社会保障体系得到重视，居民养老保险普及范围扩大，尤其是在农村地区反响热烈。在文化方面，人民精神文化生活日益多样化，文化产业快速发展，对经济的贡献越来越大，社会主义核心价值体系得到大力宣传。在生态方面，重视环境保护问题，科学发展观得到贯彻与落实，节约资源保护环境初步成为社会共识。由于国家与社会方方面面的发展，党的十八大以来，以习近平同志为核心的党中央站在一个新的历史起点上，完善和发展了全面建成小康社会思想。

"没有农村的全面小康和欠发达地区的全面小康，就没有全国的全面小康。"[①]2012 年，习近平在广东考察时指出，必须加大统筹城乡发展、区域发展力度，加大对欠发达地区的扶持力度，推动城乡一体化，促进共同繁荣。随后，在多次讲话中提出，"全面建成小康社会，最艰巨最繁重的任务在农村、特别是在贫困地区""小康不小康，关键在老乡"等，这些讲话揭示了党全面建成小康社会最后阶段的发展走向与重心。中国是一个农业大国，只有把"三农"问题解决好，才能使农村的生产力得到解放，从而推动我国经济社会全面发展，中国的全面小康社会才能真正建成。在第十二届全国人民代表大会第一次会议上，习近平提出了"实现全面建成小康社会、建成富强民主文明和谐的社会主义现代化国家的奋斗目标，实现中华民族伟大复兴的中国梦，就是要实现国家富强、民族振兴、人民幸福"。[②] 这意味着全面建成小康社会是实现中华民族伟大复兴的重要阶段，党和人民全力建成小康社会的过程也是为实现中国梦而奋斗的过程。

2015 年，习近平在中央党校研讨班上的讲话中指出："全面小康社会是我们的战略目标，全面深化改革、全面依法治国、全面从严治党是三大战略举措。"[③]

① 参见习近平 2012 年 12 月 17 日在广东考察工作时的讲话。
② 习近平.弘扬丝路精神　深化中阿合作：在中阿合作论坛第六届部长级会议开幕式上的讲话［N］.人民日报，2014-06-07.
③ 习近平在省部级主要领导干部学习贯彻十八届四中全会精神全面推进依法治国研讨班开班式上发表重要讲话［N］.人民日报，2015-02-03（1）.

全面建成小康社会在"四个全面"战略布局中居于引领地位，是"四个全面"战略布局的总目标，全面深化改革、全面依法治国和全面从严治党则为全面建成小康社会提供动力源泉、法治保障和政治保证。总的来看，"四个全面"战略布局为新形势下党和国家在重点领域的工作指明了方向和目标。2015年，党的十八届五中全会通过了关于全面建成小康社会的纲领性文件，指出要牢牢依靠新发展理念，并将其作为实现"十三五"发展目标的重要指导思想。新发展理念明确了我国未来经济社会发展的方向，指明了我国科学发展的道路，是推进全面建设小康社会必须坚持和贯彻的科学理念和科学指导。

2017年，党的十九大报告进一步指出："到建党一百年时建成经济更加发展、民主更加健全、科教更加进步、文化更加繁荣、社会更加和谐、人民生活更加殷实的小康社会。"① 据此，中国共产党的小康社会思想得到新的阶段性发展，同时也对全面建成小康社会提出了更高的要求：①经济持续健康发展。全面建成小康社会，最根本最紧迫的任务还是进一步解放和发展社会生产力。② 只有经济保持持续健康发展，全面建成小康社会才有物质保障。要牢牢将经济建设放在首位，一方面要在把握经济发展新特征的基础上不断优化产业机构，扩大内需促发展。另一方面要不断加大改革力度，化解风险和矛盾，探求更健康、更可持续的经济发展方式。②发展社会主义民主政治。人民民主是社会主义的本质特征，也是社会主义制度优越性的生动体现。政治的稳定与否关系着社会的发展与人民的幸福，全面建成小康社会的过程，也是人民的主人翁意识不断增强的过程。发展社会主义民主政治是适应我国经济社会健康发展的必然选择，也是保证人民当家作主的重要举措。③推动社会主义文化繁荣兴盛。文化是民族凝聚力的重要载体，也是当下衡量一个国家综合国力的重要指标，国家的强大不仅表现为物质方面的满足，还表现在对祖国的文化认同上。因此，习近平将文化自信纳入"四个自信"中，培育和践行社会主义核心价值观，推动中国特色社会主义文化事业和文化产业创造性发展，激发党和人民对中国文化的历史自豪感。④保障和改善民生。全面建成小康社会的初衷就是提高人民的生活水平，提升人民的幸福感，因此保障和改善民生是其应有之义。人民对美好生活的需要是历史的、具体的，站在新的发展阶段上，习近平指出了一系列具体措施，如通过优先发展教育事业，提高人民的就业质量和收入水平、加强社会保障体系建设、坚决打赢脱贫攻坚战、实施健康中国战略等来让人民充分享受社会主义发展的福利，提升人民的幸福感和满足感，这是全面小康实现的前提与基础。⑤加强生态文明建设。党的十八大将生态文明建设纳入"五位一体"总体布局中，强调了建设资源节约型、环境友好型社会的

① 习近平.决胜全面建成小康社会　夺取新时代中国特色社会主义伟大胜利——在中国共产党第十九次全国代表大会上的报告［N］.人民日报，2017–10–19.
② 切实把思想统一到党的是八届三中全会精神上来［N］.人民日报，2014–1–1（1）.

重要性。只有补齐生态短板，创造良好的居住环境，才能实现中华民族的永续发展。在社会发展过程中，人类需求的无限性与自然资源的有限性之间的矛盾一直是一个难题。要实现可持续发展，必须协调好这一矛盾。只有思考和重申“人与自然是生命共同体”的观念，才能真正实现人与自然的和谐。只有人与自然和谐相处，我们才能建设一个美丽的中国。党的十九大对全面建成小康社会提出的新要求，进一步凸显了“全面”二字，是新时代中国特色社会主义发展的重要战略部署之一。

2019年，习近平在中华人民共和国成立70周年庆祝活动总结会议上指出，庆祝活动是在第一个百年即将到来之际，全党全军全国各族人民万众一心，朝着全面建成小康社会目标奋进的一次伟力凝聚；是在实现中华民族伟大复兴中国梦的征程上，全体中华儿女对共同理想所做的一次豪迈宣示。[1] 在无比接近全面建成小康社会之际，这次讲话是党对全面建成小康社会的信心与决心的彰显，鼓舞了全国人民朝着全面建成小康社会迈进。2020年3月，习近平总书记在中央政治局常务委员会上进一步指出：“要确保打赢疫情防控的人民战争、总体战、阻击战，确保实现决胜全面建成小康社会、决战脱贫攻坚目标任务。”[2] 进一步彰显了中国共产党化解重大风险挑战的能力，中国人民几千年来的理想社会状况在党的领导下即将成为现实。

习近平关于全面建成小康社会的理论是小康思想的最新发展成果，为中国开启社会主义现代化建设新征程奠定了基础，也为其他发展中国家的社会发展与建设提供了宝贵的经验借鉴。

五、结语

“小康社会”是中国一直在追求的社会理想，也是中国共产党在建设社会主义过程中给全国人民的承诺，它经历了从初步形成到逐步完善的演化，是在批判继承中国古代传统小康思想的基础之上，以马克思主义相关理论为指导，在中国共产党建设社会主义的伟大实践中，结合我国具体国情，深刻总结经验教训中提出的关于社会主义现代化建设的重要思想，也是实现“两个一百年”奋斗目标的重要理论指导。一代又一代人为了全面建成小康社会付出了艰苦努力，而2020年就是决胜全面建成小康社会的冲刺阶段，我们比任何时候都靠近这个梦想，在党中央的坚定领导下，我们有能力、有信心应对各种风险挑战，确保如期全面建成小康社会。到那时，社会主义制度的优势将再次显现，中国的国际地位将进一步提高，人民生活水平也会更上一个台阶。

---

① 参见习近平2019年10月16日在中华人民共和国成立70周年庆祝活动总结会议上的讲话。
② 参见习近平2020年3月18日在中央政治局常务委员会会议上的讲话。

中国共产党全面建成小康社会的百年探索

苗瑞宇

摘要： 2020 年是全面建成小康社会的收官之年，中国共产党百年来坚守"为中国人民谋幸福，为中华民族谋复兴"的初心和使命，从"小康社会"到"总体小康社会"再到"全面建成小康社会"，体现了中国共产党对全面小康认识的不断深化。本文从全面建成小康社会的历程回顾、基本内涵以及现实依托对中国共产党百年来带领人民迈向小康事业进行分析，论述全面建成小康社会过程中，难在全面、重在建成、旨在发展。中国共产党的百年探索，经历了从无到有，从一穷二白到全面建成小康社会，其中得益于中国共产党不断坚持"四个自信"的指导、坚持以人民为中心的发展思想以及对新发展理念的运用。

关键词： 小康；全面小康；中国共产党

一、全面建成小康社会的历程回顾

（一）哲学基础

从哲学理论来看，全面建成小康社会是马克思幸福观的延伸和发展。马克思主义的理论核心，在于实现每个人自由而全面的发展，达到全人类解放的目的。之所以有马克思主义是无产者的"圣经"之说，是因为马克思主义理论可以指导被压迫的人们通过反抗压迫来追求属于自己的幸福。从这个意义来讲，马克思主义的终极理想正是实现全人类的幸福，对人命运的关注是马克思主义浓浓人文情怀的体现。马克思毫不留情地对资本主义制度进行了批判，并指出异化的劳动、资本主义的拜物教不可能使人达到真正的幸福，其温情脉脉的背后是鲜血直流的剥削实质。

在全面建设小康社会过程中始终将对人的关怀作为出发点，实现全面小康也是为达到马克思主义终极理想——人的自由而全面发展的重要环节。以人为本是

作者简介：苗瑞宇，内蒙古包头人。内蒙古大学 2019 级马克思主义理论硕士研究生。

建设小康社会的基本理念，也是马克思主义终极理想实现的前提条件，更是马克思主义幸福观的体现。实现人的自由而全面发展的目标对马克思幸福观和全面建成小康社会是一致的。全面建成小康社会不是重点，只是中国特色社会主义道路若干阶段的一部分，作为马克思主义最高的社会理想，实现共产主义依然是我们的奋斗目标。可以这么理解，全面建成小康社会是马克思主义理论当代幸福生活的体现，而实现共产主义是追求幸福生活的最终目标。

（二）历史渊源

"小康"的概念古已有之，在《礼记》中曾对"小康"有这样的表述："今大道既隐，天下为家。各亲其亲，各子其子，货力为己……是谓小康。"可见"小康"概念早已提及，并沿用至今。传统的小康寄托了人民对理想生活的向往，囊括了国家统治者对国泰民安的诉求，虽主张"天下为公"，但却是为了维护封建统治，注定被历史发展的潮流所淹没。受西方思潮的影响，康有为、梁启超乃至孙中山等虽都为救亡图存，实现社会的稳定和国家的富强而斗争，以建小康而促大同，但由于脱离实际，对当时中国的主要矛盾认识不足，对中国应该施行的制度认识错误，最终以失败而告终。

（三）实践深化

对小康社会的理解并非一成不变的，中国共产党人对建成小康社会的认识和实践总体上经历了由"小康"到"总体小康"再到"全面小康"三个历程。直到中国改革开放以后，邓小平总结前人的经验，将马克思主义基本原理同中国具体实际相结合，在1979年提出了具有现代意义的"小康"，形成了建设小康社会的理论，赋予了"小康"具体的意义。把建设小康社会作为实现国家的"四个现代化"的一个阶段性目标，到确立"三步走"战略，把建设小康的内容和方式深化、细化，带领全党全国各族人民为实现小康而奋斗，从此建设"小康"社会成为中国特色社会主义理论不可或缺的组成部分。当时的"小康"既表现为人民群众对中国传统理想社会的心理认同和政治认同，又体现出党内对"四个现代化"认识的深化，正是这两方面的叠加使邓小平理论中"小康社会"和"现代化"思想得以丰富和发展。1987年，邓小平提出了"三步走"战略，明确了小康社会的主要方向以及阶段目标。每一步都离不开巩固经济基础，提升国民生产总值，通过国民生产总值的翻倍来实现人民生活水平的提高，从而保障物质生产资料的充足。以邓小平同志为核心的党的第二代领导集体从关切人民群众的最根本利益出发，用经济发展物质文明来推动精神文明，带领人民向小康社会迈进。

在"三步走"战略进行到第二步时，邓小平就考虑了总体上实现初步小康后该怎么发展的问题，他将"接力棒"交给了下一代领导人。他说道"第三步比前两步困难得多",但"相信我们的娃娃会完成这个任务"[①],体现了党带领群众迈向小康的坚定信心,也说明了实现小康社会的难度并不小。1997年,党的十五大提出"建设小康社会",这就说明建设小康社会事业不会止步于总体上达到小康,由于考虑到我国处于社会主义初级阶段的现实国情,建设小康社会也必定带有初级阶段的特征。一方面,建设的小康社会具有不平衡性,这是由于国土广阔,资源配置上存在不平衡,导致东南沿海发展迅速,但内陆地区相对较为落后;另一方面,建设小康社会将是一个长期的、艰巨的过程,这源于社会主义初级阶段的长期性。2002年,党的十六大对建设小康社会进一步深化,宣告"人民生活目前已总体上达到小康",并从经济、政治、文化、社会、科教等方面都对小康社会提出了新要求,这意味着在中华民族伟大复兴的道路上又树立了新的里程碑。总体小康虽然发展势头向好,但是属于刚迈进小康社会的阶段,总体上水平较低,大多数群众满足温饱条件,但还有少部分群体仍未脱离贫困,离富裕还有一定差距。

2012年,党的十八大提出到2020年"全面建成小康社会"的宏伟目标,并且提出"五位一体"总体布局,从经济、政治、文化、社会、生态五个方面促进现代化建设,也对全面建成小康社会提供了新的要求。2017年,党的十九大提出决胜全面建成小康社会,开启了全面建设社会主义现代化强国新征程。

从首次提出现代意义上的"小康"到实现"总体小康",再到"全面建成小康社会",我国全面小康事业经历了从设想到实现,从单一指标到综合全面,从浅层理解到深入认识,凝聚了中国共产党同人民集体的智慧和对美好生活追求实践过程中的总结。全面小康事业作为中国特色社会主义的一个阶段性目标,体现了中国共产党对小康事业认识的不断深化。

二、全面建成小康社会的基本内涵

认识中国特色社会主义道路的特殊性和我国现阶段处于社会主义初级阶段的国情,有利于分析小康社会的基本内涵。在现行的中国特色社会主义制度下,全面建成小康社会,难在全面、重在建成、旨在发展。我国目前的中国特色社会主义与马克思、恩格斯设想的社会主义是有差异的。从最直观的特征上来看:第一,马克思、恩格斯设想的社会主义所有制是统一的社会所有,也就是完全的公有制,而不是以公有制为主体,多种所有制经济共同发展的经济制度;第二,马克思、恩格斯设想的社会主义是商品生产灭亡,但现实上我国还存在商品生产,1992年邓小平在南方谈话中提到"社会主义也有市场经济,资本主义也有计划控制",市场经济和计划经济不是区分资本主义和社会主义的标准;第三,马克思、恩格斯设想的社会主义消灭阶级差别,国家也随之消亡,但是目前的情况是:有贫富差

① 邓小平文选(第3卷)[M].北京:人民出版社,1993:226-227.

距就有阶级差别，阶级差别没有消失，国家也仍然存在；第四，马克思、恩格斯设想的社会主义是由资本主义直接过渡到社会主义，但现实中却是迂回过渡。我国在辛亥革命时期曾走过资产阶级改良道路，证明是行不通的，现在我国走的是"摸着石头过河"与顶层设计相结合的中国特色社会主义道路。中国共产党团结带领人民走过百年光辉岁月，经得起历史与人民的检验，事实证明我们的选择是正确的，中国共产党的领导是正确的，马克思主义中国化的伟大实践是成功的。全面建成小康社会作为中国特色社会主义的阶段性目标，也是马克思主义同中国具体实际相结合的创新成果。

（一）全面建成小康社会，难在全面

我国国土辽阔，东西部资源分布不均，东西部经济发展进度不同，导致了发展不平衡的现实问题。党的十九大报告中对我国主要矛盾的转变，说明不平衡的发展是时至今日中国急需解决的问题。无论是"四个全面""五位一体"的布局，还是坚决打赢"三大攻坚战"的目标，抑或是"人民对美好生活的向往就是我们的奋斗目标"，这些自党的十八大以来对实践归纳的最新理论成果，无不体现着中国共产党人对建设小康社会的时代要求，那就是不能从某一个指标和方面去认识小康社会，全面建成小康社会需要物质、精神、文化等各个方面，全方位去提升。

因此全面建成小康，难在"全面"两字，"全面"意味着小康覆盖的群体、涉及的地域、囊括的领域都要照顾到。首先，从覆盖的群体来看，既包括务工人员、企业员工、农民、失业群体，又包括贫困家庭的学生，尤其是帮扶低保困难家庭，扶贫与扶志、扶智相结合，创新扶贫方式，脱贫路上不落下一人，没有全民小康就没有全面小康，习近平总书记在福建调研时曾强调支持和帮助贫困地区和贫困群众尽快脱贫致富奔小康[①]，体现了党对脱贫攻坚、建成全面小康社会的坚定信心。其次，从涉及的地域来看，无论是东部发达地区，还是中西部欠发达地区，尤其是革命老区、少数民族地区、边疆地区、贫困地区，都应加快建设步伐，因地制宜，精准施策，发挥地域优势，创新扶贫策略，先富带动后富，共同实现全面小康。最后，从囊括的领域来看，全面小康不仅是经济上达到小康水平，是"五位一体"总体布局下的全面小康，既包括经济水平，又涵盖人民参与基层治理、群众的精神需求、良好的社会环境和人与自然和谐共生等，覆盖生活的方方面面。这些领域相互影响，相互作用，贯穿在中国特色社会主义实践中，缺少哪个领域都不行。正所谓"不谋全局者，不足谋一域"，在"五位一体"总体布局下，协调各领域发展，在中国共产党的领导下带领群众在 2020 年决胜全面建成小康社会。

---

① 习近平. 在福建调研时的讲话［N］. 人民日报，2014-11-03.

（二）全面建成小康社会，重在建成

全面建成小康社会是建设中国特色社会主义的阶段性目标，也是实现中华民族伟大复兴梦的基础和保障。全面建成小康社会更重要的是党向人民许下的庄严承诺，人无信不立，执政党更是如此，能否如期保质保量全面建成小康社会直接影响执政党的公信力，而公信力是现代政党治国理政的重要前提。当前，我们进入了全面建成小康社会的攻坚期，剩下的都是"难啃的硬骨头"，在最后的冲刺阶段，更要坚定中国共产党的领导，紧紧依靠全国各族人民的共同努力，确保如期全面建成小康社会。其中最重要的就是脱贫攻坚的完成，在脱贫攻坚决胜阶段提出"两不愁三保障"，从人民的立场、生活上考虑，抓住全面建成小康社会的突出问题。习近平总书记在中央扶贫开发工作会议上指出，"脱贫攻坚战的冲锋号已经吹响"，"要坚决打赢脱贫攻坚战，确保到2020年所有贫困地区和贫困人口一道迈入全面小康社会"。[①] 在全面建设小康社会过程中，党创新脱贫攻坚方式，线上线下相结合，采取扶贫与扶智、扶志相结合，产业脱贫、旅游脱贫等多种方式，依托科学技术，在脱贫攻坚战中为全面建设小康社会提供保障。解决贫困人口问题是数千年来中国政治家一直的夙愿但始终未实现，从世界层面来看，实现贫困人口脱贫也是巨大的挑战，但中国共产党人勇于担负起时代的使命和重责，不负人民。

遵守对人民的承诺是践行群众路线的体现，也是一定要全面建成小康社会的原因。人民群众对美好生活的向往能否实现，现阶段就是看小康社会建设的成果如何。唯物史观坚持人民群众是历史的创造者，群众路线是党的生命线和根本工作路线，也是党永葆青春活力和战斗力的重要传家宝。人心向背是最大的政治，人民获得感、幸福感是评判执政能力和水平的重要标准。党团结带领群众参与全面建成小康社会，会让人民群众真真实实感受到自己为这个国家所贡献的力量，让人民群众切切实实感受到小康社会的实现给生活水平带来的显著提高，有利于增强民族自信心和民族凝聚力，这不仅关乎全面建成小康社会，还关系到实现中华民族伟大复兴的中国梦以及"两个一百年"奋斗目标的实现。全面建成小康社会需要每个中国人的共同努力，中国共产党的制度优势就在于可以"集中力量办大事"，通过调动全国人民的积极性，为2020年全面小康收官之年交上一份让群众满意的"答卷"。

（三）全面建成小康社会，旨在发展

发展意味完善、巩固和提高，全面小康水平的实践需要依托于经济水平的发展，习近平总书记强调"发展是解决我国一切问题的基础和关键"。全面建成小康社会也是为了发展。反观我国建设小康社会的41年，很突出的一点就是发展经济，

---

① 习近平.习近平谈治国理政（第2卷）[M].北京.外文出版社，2017：83.

通过发展生产力来变革生产关系，巩固经济基础，符合最广大人民的根本利益。这里的经济发展是指经济的高质量发展，不再唯 GDP 论英雄。中国经济面临新常态，从原来的高速发展变成如今的中高速发展，这是对国家经济发展的深化认识。全面建成小康社会，经济指标不再是单一的参照，结合党的十八届五中全会上提出的新发展理念，为全面建成小康社会以及后续的发展作出了规划和要求。明确发展思路，也为实现中华民族伟大复兴的中国梦提供理论指导。

发展同深化改革是同步的，新时代的发展必须抓好顶层设计，全国一盘棋来统筹规划，使改革的进程具有系统性、全面性，让人民群众广泛地参与到社会发展之中，集民心、聚民智，提高人民群众在实现小康社会的伟大征程中的参与感，让发展的红利被人民群众所享用。通过改革来实现更进一步的发展，破除体制机制中不符合、不适应时代要求的壁垒，用更好的制度、政策来促进生产力的提高和人民获得感的提升，保证全面小康社会的建成。高质量的发展是将科学技术的创新作为第一动力，我们现在的时代科学技术日新月异，而且科技衍生的产品已经完全融入日常生活，新的技术催生新的生产方式，新的商业模式催生新的需要，新的经济活动催生新的服务，这促使传统行业必须进行转型和升级。高质量的发展，以供给侧结构性改革为途径，以满足不同人不同需求为目的，发挥市场在资源配置中的决定性作用，让每个经济主体的能动性得以发挥。新的发展不再把人作为客体去对待，而是以人为本的发展，人的喜好和偏爱成为市场必须考虑的要素。于国家层面高质量的发展面临三大攻坚战：防范化解重大风险、精准脱贫、污染防治。三大攻坚战是实现全面小康社会的挑战，应考虑短期利益和长远利益的统一、机遇和挑战的统一，要有忧患意识，既要重视"白犀牛"又要提防"黑天鹅"事件的发生。发展应是可持续的发展，在创新发展模式的基础上，要兼顾经济效益、社会效益、生态效益的有机统一。不能只着眼于从经济上达到全面小康，而忽略了自然。全面小康是多方面意义上的小康，要在尊重、敬畏自然的基础上进行生产活动，营造人与自然和谐共生的环境。

三、全面建成小康社会的现实依托

（一）"四个自信"的指导

习近平总书记在庆祝中国共产党成立 95 周年大会上提出"四个自信"以来，道路自信、理论自信、制度自信、文化自信就成为认识中国治国理政的窗口。党的十九大报告提出：中国特色社会主义道路的最大优势是中国共产党的领导。方向决定前途，道路决定命运。历史和人民选择了中国共产党，选择了社会主义道路，党带领人民建立了社会主义新中国；中国共产党领导人民开始了改革开放，开创了一系列经济发展奇迹和长期稳定奇迹，确立了中国特色社会主义道路，使中国屹立于世界东方。中国共产党即将历经百年见证之际，我们必须坚定道路自信，坚定不移地在中国共产党的领导下发展中国特色社会主义，发挥社会主义道路优势。全面建成小康社会，从本质上是社会主义建设道路上的阶段性要求，明确道路才能明确建成小康社会的性质。

中国特色社会主义制度是全面建成小康社会的有力保障，具有最大限度地整合资源、集中力量办大事的独特优势，可以有效地保证人民依法参与国家治理，能够让国家治理体现人民意志、保障人民权益、激发人民创造力和活力。聚焦最大公约数，画出最大同心圆的民主集中制，可以广泛地发动群众，广泛鼓励全社会集思广益，发挥人民群众的智慧和力量，让国家治理得到坚实的群众基础和民意保障，从而促进国家治理体系和治理能力现代化，为小康社会的实现提供政治保证。

中国特色社会主义理论体系作为马克思主义中国化的发展成果，凝聚了几代党中央领导人同群众的集体智慧结晶。具体问题具体分析是马克思主义活的灵魂，马克思主义中国化就是把原本外来的马克思主义理论植根于中国传统文化，形成适应我国实际国情，解决实际问题的理论。在全面建成小康社会的征程上，需要坚持以中国特色社会主义理论为指导。

文化是一个民族最深沉、最持久的力量。中华民族之所以能屹立在世界民族之林，就是因为我们有着几千年灿烂而辉煌的文化，中华文化是中华儿女内心最坚不可摧的认同，文化自信方可民族自信。究其文化发展的动力还是源自人民群众的需要。人民群众是社会精神财富的创造者，全面建成小康社会中也有精神文明建设，只有人民群众情感上认同才能调动其活力，社会主义文化是全面建成小康社会的强心剂。

（二）以人民为中心的思想

全面建成小康社会为了人民。中国共产党带领人民群众攻破了一个又一个难关，具有强大的生命力和感召力。习近平总书记曾提出："人民对美好生活的向往，就是我们的奋斗目标。"[①] 时刻关注人民意愿，把最广大人民根本利益作为一切工作的出发点和落脚点，是我们党在推进中国特色社会主义事业中的基本要求。中国共产党自成立之日起，就以为人民服务为宗旨。习近平总书记强调，"人民是创造历史的动力，我们共产党人任何时候都不要忘记这个历史唯物主义最基本的道理"。

全面建成小康社会依靠人民。人民群众的力量是伟大的，精神可以变物质，物质可以变精神[②]。从马克思主义认识论上来讲，无数客观外界的现象先通过人的五官反映到头脑中，形成感性认识，当头脑中积累的材料达到一定程度时，就会

---

① 习近平. 习近平谈治国理政（第2卷）[M]. 北京：中央文献出版社，2014：3.
② 黄楠森. 马克思主义哲学史（下册）[M]. 北京：北京大学出版社，1987：333.

产生一个飞跃，变成理性认识，这就是思想，这是认识的第一个阶段，即从客观物质转变为人的主观精神。认识的第二个阶段就是把第一个阶段所得到的认识放到社会实践中去，人们的认识经过实践的考验，就又会产生一个飞跃，也就是所谓的物质转变为精神。促使第二个阶段形成的根本途径是正确思想能够变为广大群众的思想武器，那么这个正确思想就起着至关重要的作用。

全面建成小康社会的成果由人民享用。在理论上能否从最广大人民根本利益出发谋求发展，在时间上能否以最广大人民根本利益为基础实现发展，是区分唯物史观和唯心史观在社会发展问题上的根本区别。中国共产党的初心和使命就是为中国人民谋幸福、为中华民族谋复兴。中国共产党来自人民，也服务人民，坚持以人民为中心的发展思想，就是发展为了人民，发展依靠人民，发展成果由人民共享。这个发展思想有着强大的号召力和凝聚力。

（三）新发展理念的运用

习近平总书记在党的十八届五中全会二次全体会议上提出了新发展理念，即创新、协调、绿色、开放、共享[①]。这是新时代下结合我国具体实际情况提出的发展理念，同时也为全面建成小康社会提出了科学指导。在新发展理念中，创新侧重的是发展的动力，协调侧重的是发展的水平，绿色侧重的是发展兼顾生态环境，开放侧重的是国内外联动，共享则是侧重于社会公平正义问题。"十三五"时期是全面建成小康社会的决胜阶段，我国发展的环境、条件、任务、要求等都发生了新的变化，正处在转变经济发展方式、调整经济结构的窗口期，必须深刻领会新发展理念的思想精髓，自觉做到在头脑中深深镌刻、在实践中牢牢扎根，努力以新理念引领未来发展方向。

"创新是引领发展的第一动力。"[②]坚持创新发展，是分析我国自近代以来的发展历程后得出的结论，更"是我们应对发展环境变化、增强发展动力、把握发展主动权，更好引领新常态的根本之策"[③]。综合国内外两个方面来看：在国外，新一轮科技革命和产业革命正在重构世界创新版图，使国际在科技方面竞争日益激烈，各国的创新能力在评价各国国际地位上占据重要影响；在国内，创新是一个复杂的社会系统工程，我国虽经济总量跃居世界第二，但是脱贫攻坚战仍处于攻坚期，坚持创新是确保我国经济发展持续向好、如期建成全面小康社会的必然选择。

协调注重的是发展的整体性。中国特色社会主义事业按照"五位一体"总体布局，"四个全面"战略布局，协调发展，共同发力。唯物辩证法揭示事物的发展是普遍的，事物及事物的各要素之间相互影响，相互作用。在全面建成小康社会

---

① 习近平.在党的十八届五中全会第二次全体会议上的讲话［J］.求是，2016（1）.
② 习近平.习近平谈治国理政（第2卷）［M］.北京：外文出版社，2017：198.
③ 习近平.习近平谈治国理政（第2卷）［M］.北京：外文出版社，2017：201.

中，落实协调发展理念就是注重发展覆盖的群体、涉及的地域、囊括的领域等。

绿色发展，就其要义上来说讲，是要解决好人与自然和谐共生问题[1]，绿色发展理念要求人民尊重自然、顺应自然、保护自然，不能因为经济效益而牺牲生态效益，像爱护自己眼睛一样爱护大自然。恩格斯曾指出我们不要过分陶醉于我们人类对自然界的胜利。对于每一次这样的胜利，自然都对我们进行报复。[2] 在全面建成小康社会中，因地制宜发展生态旅游业也是一种扶贫模式，生态环境没有替代品，所以要倍加珍惜。

开放是当代的潮流，随着经济全球化、世界多极化、文化多样化的发展趋势，对外开放势不可当。"一带一路"惠及沿线国家，互利共赢，这对于"一带一路"沿线国家的经济、文化等方面的发展来说像登上一趟"发展的快车"，"一带一路"作为公共产品在世界上发挥着重要作用。

共享发展实际上还是以人民为中心指导思想的集中体现。共享理念不是一个单纯的口号，而是全民共享、全面共享、共建共享、渐进共享。汇聚群众的智慧，把共享理念落到实践上，由不平衡到平衡逐渐发展。发展成果由人民共享，充分体现了我国社会主义制度的优越性。只有发展成果由人民共享，全面小康社会才能凝心聚力，如期建成，为实现中华民族伟大复兴的中国梦奠定基础，为完成"两个一百年"奋斗目标保驾护航。

---

[1] 习近平. 习近平谈治国理政（第2卷）[M]. 北京：外文出版社，2017：207.
[2] 马克思恩格斯文集（第9卷）[M]. 北京：人民出版社，2009：559-560.

补齐"三农"短板决胜全面建成小康社会

杨雪晴

摘要： 回顾"小康"发展历程，坚定决胜全面建成小康社会的信心。全面建成小康社会最突出的短板在"三农"。2020年中央一号文件全面贯彻落实习近平总书记的重要指示精神，给补齐全面小康"三农"短板部署了任务书，决胜"小康"有了明确的方向，对对标对表全面建成小康社会具有重要的指导作用。

关键词： "三农"问题；中央一号文件；全面建成小康社会

2020年是全面建成小康社会目标实现之年，在这关键时刻，中共中央、国务院发布了《关于抓好"三农"领域重点工作确保如期实现全面小康的意见》，强调要对标对表全面建成小康社会目标，强化举措，狠抓落实，集中力量完成打赢脱贫攻坚战和补上全面小康"三农"领域突出短板两大重点任务。回顾中国共产党探索社会主义现代化建设的历程，从党的十六大提出全面建设小康社会的目标到党的十九大提出全面建成小康社会的任务，不难看出建成"小康"的时间越来越紧迫，目标也越来越具体。习近平总书记在党的十九大报告中强调"突出抓重点、补短板、强弱项"，中央一号文件中也对全面打赢脱贫攻坚战收官之年的补短板作出了具体部署，这对我们对标对表按时完成全面小康目标具有重大指导意义。

一、回顾"小康"的发展历程：坚定决胜信心

从社会主义建设初期到中国特色社会主义进入新时代，"小康"发展至今已经凝结为生产力可持续发展的"中国式现代化"的社会理想。以毛泽东同志为核心的党的第一代领导集体，在社会主义建设初期提出"两步走"的发展战略，就已经蕴含着"小康社会"的萌芽思想。邓小平从中国传统的小康概念出发，把马克思

作者简介：杨雪晴，女，中南财经政法大学2018级硕士研究生，主要研究方向：思想政治教育。

主义与中国传统文化相结合，提出了符合中国实际的小康社会建设目标。党的几代领导集团先后在此基础上将马克思主义不断与当代中国实际相结合，与时俱进、不断创新，实现了中华优秀传统文化与当代中国特色社会主义现代化建设实践的有机结合，"小康社会"在实践中不断得到丰富和发展。

（一）社会主义建设初期："小康社会"萌芽

"民亦劳止，汔可小康"，"小康"寄托了百姓"丰衣足食、安居乐业"的朴素价值追求。1949年中华人民共和国成立，如何在中国这样一个人口众多，经济文化落后的东方大国建设社会主义，带领人们走向小康，成为摆在眼前的难题。以毛泽东同志为主要代表的中国共产党人开始了"小康"之路的初步探索。在中华人民共和国成立初期，我国的社会主义建设主要是仿效苏联，虽然取得了一些成效但同时暴露的问题也有很多。1956年4月，毛泽东在中央政治局会议上指出，"过去我们就是鉴于他们的经验教训，少走了一些弯路，现在要引以为戒"[①]。在1956年9月召开的党的第八次全国代表大会上明确了社会主义社会的主要矛盾和主要任务。党的八大报告指出："我国国内的主要矛盾已经是人民对于经济文化迅速发展的需要同当前经济文化不能满足人民需要的状况之间的矛盾。"[②]这就要求党和全国人民要集中力量来进行社会主义现代化建设，制定正确的政治、经济、文化等方面的政策，团结一切可以团结的力量发展，让人民过上满意的新生活。这些论述就已经包含着朴素的"小康社会"思想。虽然，那时的共产党人还没有使用"小康社会"这个词语来形容中国的社会主义现代化建设目标，但是两者的核心内涵是统一的，两者都是为了实现中国老百姓对幸福美好生活的向往。

（二）改革开放后："小康社会"正式发展

改革开放之初，邓小平首先用"小康社会"来诠释中国化的现代化。1979年12月，邓小平会见日本首相大平正芳。大平正芳问：要把中国建成伟大的社会主义国家，中国将来会是什么样？邓小平考虑了一会儿说：我们要实现的四个现代化，是中国式的四个现代化，是具有中国特色的"小康社会"[③]这是邓小平首次用"小康"这个词来描述20世纪末中国将要建设的现代化目标。

1982年9月，在党的十二大上，"小康社会"这个目标被正式提出和确定下来，邓小平将"小康之家"这个概念正式上升为中国特色社会主义现代化建设的战略目标。党的十二大报告指出：实现小康社会这个目标，我国城乡居民收入将成倍

① 毛泽东文集（第7卷）[M].北京：人民出版社，1999：23.
② 中共中央文献研究室.建国以来重要文献选编（第9卷）[M].北京：中央文献出版社，2015：341.
③ 邓小平文选（第2卷）[M].北京：人民出版社，1994：237.

增长，人民的物质文化生活可以达到小康水平。[①]从这以后，实现小康、建设小康社会就成为党和国家的工作重心。

1987年10月，党的十三大报告中提出了著名的"三步走"发展战略，把建设小康社会上升为国家战略。第一步，解决人民的温饱问题；第二步，到20世纪末，人民生活达到小康水平；第三步，到21世纪中叶，基本实现现代化。2000年底我国GDP达到88228亿元，人均GDP为7084元，按可比价计算，是1980年的4.9倍，超额实现了人均GDP翻两番的目标。

2000年10月，党的十五届五中全会指出："我们已经实现了现代化建设的前两步战略目标，经济和社会全面发展，人民生活总体上达到了小康水平。"[②]我国现代化进程进入了新的发展阶段。据此，党的十六大正式提出了全面建设小康社会的奋斗目标，这一奋斗目标是对党的十五大提出的"新三步走"战略构想的进一步细化，把21世纪前20年作为重大的战略机遇期，"集中力量，全面建设惠及十几亿人口的更高水平的小康社会"[③]，这一小康社会是对小康生活水平的超越，这一小康不仅经济要更加发展，而且在民主、科教、文化、社会等各个方面都有进一步的要求，丰富了小康社会的内涵，奋斗目标更加明确和具体。

（三）新时代："小康社会"进入决胜冲刺阶段

2012年，党的十八大开启新时代征程，此次大会根据国内外形势的新变化，特别是小康社会建设的实际进程，将"全面建设小康社会"提升为"全面建成小康社会"，更加具体地提出了全面建成小康社会的主要任务："经济持续健康发展，人民民主不断扩大，文化软实力显著提高，人民生活水平全面提高，资源节约型、环境友好型社会建设取得重大进展。"[④]

2017年，党的十九大报告指出："不忘初心，牢记使命。高举中国特色社会主义伟大旗帜，决胜全面建成小康社会。"2020年是全面建成小康社会的决胜期、攻坚期、冲刺期，我们要按照党的十九大报告的战略部署，紧扣社会主要矛盾的变化，精准发力，综合发展，抓重点、补短板、强弱项，使全面建成小康社会既要得到人民的认可，又要经得起历史检验。2018年末我国农村贫困人口减少至1660万人，农村贫困发生率下降至1.7%。[⑤]截至2019年5月中旬，全国共有436个贫困县脱贫摘帽，占全部贫困县的52.4%，贫困县摘帽进程过半，解决区域性整体贫

① 中共中央文献研究室.十二大以来重要文献选编（上）[M].北京：中央文献出版社，2011：54.
② 中共中央文献研究室.十五大以来重要文献选编（中）[M].北京：人民出版社，2001：1369.
③ 中共中央文献研究室.十六大以来重要文献选编（上）[M].北京：中央文献出版社，2005：759.
④ 中共中央文献研究室.十八大以来重要文献选编（上）[M].北京：中央文献出版社，2014：13.
⑤ 国家统计局综合司.沧桑巨变七十载　民族复兴铸辉煌——新中国成立70周年经济社会发展成就系列报告之一[EB/OL].国家统计局网站，2019-07-01. http://www.stats.gov.cn/ztjc/zthd/bwcxljsm/70znxc/2019 07/t20190701_1673373.html.

困步伐加快。^①正如习近平所说："从现在的情况看，只要国际国内不发生大的波折，经过努力，全面建成小康社会目标应该可以如期实现。"^②

回顾"小康社会"的历史进程，不难看到，中国共产党能够回应时代变化和人民的期待，始终坚持一张蓝图绘到底，以现代化建设作为发展目标，团结一切愿意为现代化建设做出贡献的各个阶层的力量，使社会主义现代化的蓝图一步步变为现实。当前，全面建成小康社会的时间节点已迫在眉睫，突如其来的新冠疫情给如期实现全面小康带来新的困难，即使在这样的情况下，中央一号文件仍如期而至，我们有信心和能力决胜全面建成小康社会。

二、决胜"小康"的当前问题："三农"问题

决胜小康，我们有信心有能力，但我们也应该看到在决胜"小康"的过程中存在一个必须解决的问题，即农业、农村和农民问题（以下简称"三农"问题）。它始终是关系我们党和国家全局的根本性问题，它既与人民息息相关，又关系着整个国家的经济社会发展和小康社会的全面建成。邓小平同志指出，"没有农民的小康，就没有全国的小康"。江泽民同志多次说过"没有农村的稳定和全面进步，就不可能有整个社会的稳定和全面进步；没有农民的小康，就不可能有全国人民的小康"。习近平总书记也多次指出："小康不小康，关键看老乡。"在全面建设小康社会中，农业农村是短板，全面建成小康社会最艰巨的任务在农村，需要下大力气。自21世纪以来，中央连续发布了17个一号文件，高度重视"三农"工作，增加农业农村投入，促进农业农村发展，因此农业农村进入快速发展时期。尽管农业农村的发展速度在加快，但是现在仍然存在一些问题需要我们去重点关注。

（一）农业现代化受传统模式影响

提高农业生产一直是"三农"聚焦的重点。20世纪80年代初期，农村实行家庭联产承包责任制激发了农民的生产积极性，在较长一段时间内提升了农业产业效能，然而随着社会的不断向前发展，以家庭为单位的小农生产模式逐渐与现代农业的发展实际需求相差甚远，正如学者张海鹏所说："家庭经营是农业生产过程中的基本组织形式。当前我国农业家庭经营模式面临种田难以实现增收致富的困境和土地流转面积不断增多的新情况。为了顺应农业现代化发展的基本要求，原有的农业经营方式应该有所创新。"2012~2016年，中央一号文件连续五年把农业现代化作为"三农"问题的重中之重。小农经营模式将"生产—投入"基本集中在土地与劳动力的外延上，不利于农业产业集聚，也不利于机械化程度较高的现

---

① 中共中央文献研究室.过半贫困县脱贫摘帽［N］.人民日报，2019-07-03.
② 中共中央文献研究室.习近平关于全面依法治国论述摘编［M］.北京：中央文献出版社，2015：11.

代化农业生产方式。当前在我国，就总体而言，农户家庭经营不仅规模小，而且呈现严重滞后的发展形态，形成农户家庭经营"小而全，小而散"的格局，由此在相当程度上妨碍着现代农业的发展，制约农业发展方式的转变。由于小农组织形式存在生产经营盲目性、闭塞性的主观制约，加之农产品市场的"不稳定"性，使之无法适应农业市场化发展的需要，因此近年来频频出现农产品"消费者难买"和"农民难卖"的双重困境。虽然小农经营模式在我国有一定的"历史积淀"，但现在已经日益成为农业现代化发展的"瓶颈"。

（二）农村发展过程中不断涌现新问题

随着农村城市化的发展，农村劳动力大量外流，出现了城市空心化、老龄化问题，由此产生了诸多医疗、养老问题；随着农业发展和农民生活改善，农村生态问题引起高度关注，然而现实是，农业施用化肥折纯量从 2012 年的 5838.35 万吨增至 2016 年的 6022.60 万吨，平均每公顷施用量在 900 千克以上，远远超出国际通用的化肥使用安全标准，农药使用量更是超出 150 万吨[①]，农村的生态环境面临着远比城市更严重的问题，近年来乡村的人居环境引起了越来越多的关注，受人居环境整治影响，农村的种植业、养殖业，以及农民的日常生活都要发生相应的变化。这些问题大多是新生问题，是在农村发展过程中产生的，需要在农村发展过程中不断加以解决。

（三）农民居民收入增长速度放缓

党的十八大报告明确提出，到 2020 年实现城乡居民收入比 2010 年翻一番，在这样的形势下，近年来农民收入快速增长，但制约农民增收的新层次矛盾依然存在，城乡之间以及收入内部构成所存在的结构性矛盾依然存在，城乡之间以及收入内部构成所存在的结构性问题突出。[②]据统计，2019 年城镇居民人均可支配收入 42359 元，农村居民人均可支配收入 16021 元，两者相差 26338 元，而在 2015 年，城镇与农村居民的人均可支配收入绝对差距 19773 元，这意味农村居民收入增长的速度已经放缓。并且，随着农业产业结构的变化和城镇化改革进一步加深，有大量农民不再从事非农业生产活动，从而使家庭经营性经济收入有所下降，越来越多的农民外出务工或从事非农产业工作，使工资性收入等其他收入来源逐步成为农民的重要来源，当前受新冠疫情的影响，造成了不少行业停工停产，这将直接导致作为农民增收主要来源的工资性收入面临前所未有的困境。往深处想，疫情还可能会导致农产品消费需求的变化而影响到农民经营性收入的增长，以及

---

① 蔡若夫 . 三农工作的"三高三低"［N］. 南方农村报，2020-01-21（02）.
② 张红宇，张海阳，李伟毅，等 . 当前农民增收形势分析与对策思路［J］. 农业经济问题，2013，34（4）：9-14.

直接导致财政收入的放缓而影响农民的转移性收入的增长。支撑农民增收的传统动能在走弱，而新的动能尚未形成，农民收入增长的形势不容乐观。

三、决胜"小康"的着力方向：补齐"三农"短板

2020年是全面建成小康社会目标实现之年，完成这一大目标，全面小康"三农"领域的一些突出短板必须补上，中央一号文件对"三农"工作作出了全面部署，明确了"三农"领域的工作重点。2020年中央一号文件全面贯彻落实习近平总书记的重要指示精神，提出了许多针对性强、可操作的实招，无疑是部署补全面小康"三农"短板的任务书，给决胜"小康"指明了着力方向，对对标对表完成全面建成小康社会的目标具有重要的指导作用。

（一）补齐农村的基础设施和公共服务两个突出短板

农村基础设施不足、公共服务落后是农民群众反映最强烈的民生问题，也是城乡发展不平衡、农村发展不充分最直接的体现。对此，中央一号文件明确提出，加大农村公共基础设施建设力度和完善农村公共服务解决好农民最迫切的期待。在基础设施方面，中央一号文件聚焦农村公路建设及农村饮水安全问题。一路通百业兴，针对农村公路建设存在的薄弱环节，中央推动"四好农村路"示范创建，有序推进较大人口规模自然村（组）等通硬化建设，提出支持村内道路建设和改造，落实农村公共基础设施管护责任；针对农村饮水安全问题，要在相对集中的地区推进规模化供水工程建设，强调有条件的地区要将城市管网向农村延伸，推进城乡供水一体化，提高农村供水保障水平，让更多农民喝上"放心水"。在完善公共服务方面，2020年中央一号文件主要是在农村教育、医疗、社会保障等方面作出部署。在提高农村教育质量上，各地各部门要改善办学条件，统筹乡村小规模学校布局，加强乡村教师队伍建设，有效解决农民工随迁子女上学问题，多渠道增加惠普性学前教育供给；在加强农村基层医疗卫生服务上，要办好县级医院，推进标准化乡镇卫生院建设，改造提升村卫生院，消除医疗服务空白点；在加强农村社会保障上，要适当提高城乡居民基本医疗保险财政补助和个人缴费标准，加强农村低保对象动态精准管理，合理提高低保等社会救助水平。

（二）多措并举，提高农民收入

在经济下行压力大和新冠疫情的背景下，2020年实现农民增收迎来严峻挑战，因此中央一号文件比以往更加重视农民增收问题，对如何确保实现农民增收工作也做了明确阐述，反映了中央多渠道实现农民增收的决心。一是高度重视粮食生产。对农民而言，粮食生产是重要的稳收增收渠道，中央一号文件中强调了要继续完善补贴政策，调整完善稻谷、小麦、玉米最低收购价政策，推进稻谷、小麦、

玉米完全成本保险和收入保险试点工作，以及加强农业技术推广、灾害防治、推广社会化服务模式等，力争通过这一系列举措，确保实现农民增收。二是高度重视养殖业发展。养殖业是推动农民增收的另一个重要途径。2019年的非洲猪瘟对我国国民经济造成了严重影响，中央一号文件专门把"加快恢复生猪生产"作为重要主题，不仅关注规模化养殖户，也格外关注中小散养户的生产，除此之外，文件也关注奶业、禽类、牛羊等畜禽的生产以及水产绿色健康养殖，力争通过促进养殖业的健康发展来实现农民增收。三是高度重视农民工就业稳定与收入提高。四是高度重视保障农民的转移性收入和财产性收入。转移性收入占到农民收入的20%以上，农民得到的各种农业补贴是其中的重要来源，中央一号文件再次强调要保证强农惠农富农政策的连续性和稳定性，继续完善农业补贴政策，确保农民转移性收入不减少；虽然财产性收入在农民收入的比重中只占2%，但中央仍然强调要通过深化农村改革来挖掘提高农民财产性收入的潜力。五是高度重视富民产业的打造。农民收入的持续增加还依赖于传统经营模式的改变，适应现代农业发展的要求。中央一号文件明确提出"富民乡村产业"，强调要推动农产品加工业的发展，形成农产品加工产业集群，让农民更多分享产业增值效益。

（三）健全农村基层治理，维护农村稳定

确保农村社会和谐稳定，是全面建成小康社会的重要保障。中央一号文件对加强农村基层治理进行了全面部署以便更好地维护农村社会和谐稳定。一是让基层党组织全面进步，具备过硬本领。针对有的农村基层组织领导作用被弱化、虚化等现象，中央一号文件指出要持续整顿软弱涣散村党组织，发挥党组织在农村各种组织中的领导作用。二是要强化政府服务，推动社会治理和服务重心向基层下移，把更多资源下沉到乡镇和村，提高乡村治理效能。进入21世纪，基层政府正在向服务型政府转变，中央的惠民政策需要通过基层政府到达村民，这就要求政府的服务向基层下沉，贴近群众，特别需要在乡村两级实现国家权力与农村自治的有机结合，使国家政策能够在基层得到顺畅的执行，同时乡村又具有良好的自治能力。三是深入推进平安乡村建设。首先要最大限度地减少农村不和谐、不稳定的因素，中央一号文件强调要畅通农民利益诉求表达渠道，维护好农民群众的合法权益；其次是扫黑除恶专项斗争持续向纵深发展，下一步要聚焦重点，严厉打击非法侵占农村集体资产、扶贫惠农资金和侵犯农村妇女儿童人身权利等违法犯罪行为。推进反腐败斗争和基层"拍蝇"，建立规范和整治"村霸"长效机制，切实提高农村居民的安全感。

参考文献

[1]中共中央 国务院关于抓好"三农"领域重点工作确保如期实现全面小康的意见[J].中国农民合作社，2020（3）：7-12.

〔2〕抓好"三农"领域重点工作　确保如期实现全面小康：中央农办主任、农业农村部部长韩长赋就 2020 年中央 1 号文件答记者问〔J〕.中国农民合作社，2020（3）：16–19.

〔3〕本报评论员.决胜全面建成小康社会，不能缓一缓等一等〔N〕.光明日报，2020–02–18（1）.

〔4〕奉清清.疫情之下全面小康与乡村振兴的方向及重点〔N〕.湖南日报，2020–02–15（9）.

〔5〕韩保江，邹一南.中国小康社会建设 40 年：历程、经验与展望〔J〕.管理世界，2020，36（1）：25–36，231.

〔6〕肖贵清.新中国 70 年现代化发展战略的历史逻辑〔J〕.湖南科技大学学报（社会科学版），2019，22（5）：84–90.

〔7〕迟成勇.邓小平小康社会思想的现代化内涵与时代走向〔J〕.邓小平研究，2019（5）：11–23.

〔8〕彭立学."三农"问题与全面建设小康社会〔J〕.马克思主义与现实，2007（1）：193–195.

〔9〕张雷声."三农"问题与全面建设小康社会〔J〕.河南师范大学学报（哲学社会科学版），2005（4）：36–42.

〔10〕陆学艺.全面建设小康社会　优先解决"三农"问题〔J〕.理论参考，2003（9）：44–45.

文化小康：全面建成小康社会的文化视角

张芸芸

摘要："小康"是中国人自古以来的社会理想。在全面建成小康社会的过程中，"小康"的衡量不再凭借着以往单一的经济指标，而是涉及政治、经济、文化、社会、生态等多方面。"文化小康"是全面建成小康社会的重要组成部分。当前中国经济稳步前行和中国共产党高度重视文化建设为"文化小康"建设创造了机遇。同时，在"文化小康"建设过程中，存在贫困文化等落后文化的消极影响，区域文化发展不平衡、重经济效益轻社会效益等难题，给"文化小康"建设带来了冲击。在此条件下，把握机遇，破解难题，要坚持以社会主义核心价值观为引领，加强思想道德文化建设；抓住经济建设重点，发挥区域文化优势；把社会效益放首位，实现社会效益与经济效益的统一。

关键词：全面小康；文化小康；贫困文化；文化自信；文化事业；文化产业

一、问题的提出

2020 年，是中国决胜全面建成小康社会的关键之年。《国家"十三五"时期文化发展改革规划纲要》指出："全面建成小康社会，迫切需要补齐文化发展短板、实现文化小康，丰富人们精神文化生活，提高国民素质和社会文明程度。"[①] 全面小康与总体小康相比，不再单一强调经济指标，更加侧重于人们对美好生活的期待。在物质生活水平得到提高的同时，人们的精神生活水平、居住环境、民主权利等方面有长足的发展。此外，总体小康并未把所有地区和群众囊括在内，强调的只是大多数人的小康，是不平衡不充分的小康，而全面小康是不落一人的全覆盖式的小康，重点解决尚未达到小康水平的地区和群众的贫困问题，并努力使之迎头

作者简介：张芸芸，女，江西赣州人，硕士研究生，研究方向：马克思主义中国化与当代文化。联系电话：19970710602。邮箱：601716921@qq.com。

① 国家发展和改革委员会."十三五"国家级专项规划汇编（上）[M].北京：人民出版社，2017：384-385.

赶上其他小康地区的水平。往往最难解决的不是最开始的多数，而是最后的关键少数。物质生活得到满足，这仅是达到总体小康水平，对于全面小康而言是单一的、片面的。全面小康涉及经济、政治、文化、社会、生态各个方面。"文化小康"作为全面建成小康社会的重要一环，正确理解"文化小康"，建设"文化小康"至关重要。

以往人们对于"小康"的印象仅停留在物质层面。对于小康的界定，时常以可支配的存款、代步工具、住房等价值来衡量。诚然，物质保障对于小康生活而言是基础的保障。从吃得饱、穿得暖向吃得好、穿得好迈进，只是其中的一个方面，但许多人将其扩大化了，忽略了精神文化生活的提升，这使我们意识到：在物质资料需求得到满足且有所富余的状态下，缺失精神文化追求，会使人陷入文化的困境，产生精神文化危机。片面地强调消费与纵欲，会被物质所捆绑，使失去理性的消极文化不断发酵，这不仅与全面建成小康社会相悖，并且成为人类社会发展的绊脚石。如何解决精神小康即"文化小康"的问题，是全面建成小康社会急需解决的问题。

二、正确理解"文化小康"

"文化小康"是基于全面建成小康社会这一特定阶段文化发展的状态，主要体现在人们的精神文化生活得到满足、国民素质和社会文明程度与过去相比得到提高。值得注意的是，"文化小康"仍然是较为基础的一种状态，并且面临着文化发展不均衡的问题。目前，"文化小康"建设的短板在落后地区，但并不意味着除落后地区以外实现了"文化小康"，同时也不能否认落后地区存在部分群众达到"文化小康"状态。人的物质层面需求是低层次的需求，在消除物质层面的贫困之后，开始转向消除精神层面的贫困。消除精神层面上的贫困与消除物质层面的贫困相比是一项更加严峻、艰巨的任务，同时这也是实现"文化小康"所必须完成的任务。贫困的产生是多种因素复合作用的结果，物质层面摆脱贫困是基础性的，同时也是脆弱的。只有加强精神文化建设，从思想上摆脱贫困，才能避免脱贫的脆弱性，增强脱贫的持久性，使全面建成小康社会的效果得到巩固。

在全面建成小康社会的过程中，人的自由而全面的发展是其根本的价值取向。马克思认为，"使人以一种全面的方式，就是说，作为一个总体的人，占有自己的全面的本质"[1] 是文化建设的终极目标。"文化小康"需要创造真正满足人们精神生活需求的文化，努力提高人们的文化素质，在精神生活中寻找到自己的依靠，在更高的文明层面上实现自我价值。现代社会中如何解决现代人的精神生活问题，不仅是中国全面建成小康社会所面临的问题，同样是世界上许多国家所面临的难

---

[1] 马克思 . 1844 年经济学哲学手稿 [M]. 北京：人民出版社，2000：58.

题。如果只有物质的小康，忽视精神家园的建设，淡化人的情感，导致精神危机，最终会使整个社会处于混沌状态，并逐渐走向畸形发展，这与小康社会是完全相悖的。

全面建成小康社会与"文化小康"是整体与部分的辩证关系。一方面，文化小康是全面建成小康社会的重要组成部分，失去了文化便不能称为全面的小康。全面建成小康社会是一项系统性的工程，政治、经济、文化、社会、生态各方面相互协调，文化小康建设作为其中的一个"齿轮"，如果将其抛弃或损坏，那么全面建成小康社会这一机器便无法继续运转。另一方面，全面小康社会的建设与"文化小康"建设相互促进。在全面建成小康社会的进程中，出台的一系列政策、措施能够为"文化小康"建设提供保障，并且全面建成小康社会所取得的成就在一定程度上能够促进"文化小康"的发展。同样，"文化小康"的建设也能促进全面建成小康社会的发展，"文化小康"建设是软实力的表现，能够为全面建成小康社会提供高素质的人才和先进的理念。此外，"文化小康"建设所依托的文化产业也能够创造经济价值，从而促进全面建成小康社会。

三、科学把握"文化小康"建设所面临的机遇与难题

在全面建成小康社会的过程中，"文化小康"建设取得了一定的成就，但同时也面临着严峻的问题。全面建成小康社会到了关键时期，既不能盲目乐观也不能盲目悲观，要时刻对当前"文化小康"建设保持科学的认识，动态分析"文化小康"建设所面临的机遇与问题，把握机遇，破解难题，保障全面建成小康社会如期实现。

（一）"文化小康"建设充满机遇

1. 中国经济稳步前行，为"文化小康"提供有力保障

马克思指出："政治、法、哲学、宗教、文学、艺术等等的发展是以经济发展为基础的。"[1]同样，毛泽东认为："一定的文化由一定的经济所决定。"文化建设取得成果往往需建立在一定的经济基础之上。"正像达尔文发现有机界的发展规律一样"，马克思发现了人类历史的发展规律，"即历来为繁茂芜杂的意识形态所掩盖的一个简单事实：人民首先必须吃、喝、住、穿，然后才能从事政治、科学、艺术、宗教等等。"[2]自改革开放以来，中国经济发展保持良好的增速，人民生活水平有了显著的提高。解决了物质生存资料的后顾之忧，实现了生活小康，使人们对精神文化发展的需求不断扩大，为"文化小康"的建设提供了契机。经济问题

---

① 马克思恩格斯选集（第4卷）[M].北京：人民出版社，1995：732.
② 马克思恩格斯选集（第3卷）[M].北京：人民出版社，1995：574.

的解决，对于当代社会的稳定、良性发展，以及政治、文化领域的持续发展具有重要意义。中国经济稳步发展，为文化小康提供了良好的大环境，使"文化小康"建设有健康的市场和充足的资金来源。良好的经济运行环境和充足的资金支持以及人民对"文化小康"建设的参与热情是"文化小康"建设的重要机遇。

2. 中国共产党高度重视文化建设，为"文化小康"扫清障碍

"文化是一个国家、一个民族的灵魂。"[①] 在人类历史发展的进程中，文化一直扮演着重要角色。中国共产党将文化建设摆在突出位置，强调文化建设的重要性，并出台了一系列保障文化建设的政策措施，其涉及优秀传统文化传承、文化遗产保护、文化产业发展、基础文化设施建设等各个方面，为"文化小康"建设保驾护航。习近平强调："坚定文化自信，是事关国运兴衰、事关文化安全、事关民族精神独立性的大问题。"[②] 在文化建设过程中，党和国家倡导人民坚定文化自信，以科学理性的态度对待传统文化，充分肯定中华文化在中国历史以及世界历史上取得的成就，弘扬革命文化，传承革命精神，不断推进社会主义先进文化发展，建设社会主义文化强国。文化自信不断深入人心，为"文化小康"建设提供文化资源和不竭动力。对中华优秀传统文化、革命文化和社会主义先进文化充满自信，实际上是对"文化小康"建设自信的表现。"文化小康"建设需汲取中华优秀传统文化和革命文化的养分，需要以社会主义先进文化的建设作为支撑，并且在"文化小康"建设过程中，以人民为中心，立足实际，兼收并蓄，博采众长的文化建设原则和要求为其提供了正确的思路。对于"文化小康"建设来说，执政党对文化的高度重视以及国民的文化自信，为其扫清了障碍，提供了良好的政策支撑和发展的机遇。

（二）"文化小康"建设所面临问题

1. 以贫困文化为代表的落后文化带来消极影响

在"文化小康"建设过程中，所面临的突出问题就是贫困文化对人的消极影响。贫困文化最早由美国学者刘易斯提出，他认为贫困文化是贫困人口在物资匮乏的条件下所形成的独特的生活方式和思想观念，并在一定程度上会发生"代际传递"，使贫困家庭的下一代也深受贫困文化的影响[③]。同时他认为贫困文化所塑造的人即使给予他有利条件也很难再摆脱贫困，但这一观点并没有得到普遍认同。

反观中国脱贫现状，我们可以发现，贫困文化对人的影响是深远持久的，但并不是不能够扭转的局面。在物质层面实现脱贫之后，首要解决的就是精神层面

---

①② 习近平.决胜全面建成小康社会　夺取新时代中国特色社会主义伟大胜利——在中国共产党第十九次全国代表大会上的报告［N］.人民日报，2017–10–28.

③ Oscar Lewis. Five Families，Mexican Case Studies in the Culture of Poverty［M］. New York：Basic Books Inc，1965：107–127.

的脱贫。然而，精神层面的脱贫难度是不容低估的。由生活贫困所伴随的目光短浅、安贫守旧、消极等待等落后的思想观念，在摆脱贫困之后，一时难以得到矫正，并且在贫困家庭中成长的下一代也会受到其消极的影响。"贫困文化"的消灭，最根本的是要消灭贫困本身，在脱离贫困的环境后，对其进行一定的思想教育，使其认识到贫困文化的消极方面，帮助其树立正确的价值观。文化对人的影响是深远持久的，落后的思想观念并不存在快速矫正的捷径，这是"文化小康"建设的难题所在。在"文化小康"建设过程中，以贫困文化为代表的落后思想观念会阻碍其进程，并且消灭贫困文化具有一定的艰巨性。

2. 区域"文化小康"建设发展不平衡

"文化小康"建设在全面建成小康社会的背景下，是不放弃任何一个地区，不落下任何一人的"文化小康"。就目前的情况来看，中国区域文化发展差距较大，"老少边穷"地区文化发展落后，既是脱贫的重点区域也是"文化小康"建设难啃的硬骨头。全面小康社会所要解决的问题是消灭贫穷，达到小康标准，需要明白小康与富裕并不是同等概念，小康仍需要发展到一定阶段才能实现富裕。

目前，中国需要实现的全面小康，重点是要解决贫困人口的问题，"文化小康"建设也是如此。区域"文化小康"建设发展的不平衡，主要体现在人民的文化素质、文明程度、所拥有的文化资源、投身文化建设的热情等方面。在经济较为发达的地区，人民的素质和文明程度较高，并拥有丰富的文化资源，能够有意识地参与到文化建设中来，不断扩展文化建设参与的深度和广度，且文化市场比较成熟，能够满足人民的精神文化生活需求。但在经济较为落后的地区，由于经济和历史的原因，文化基础设施落后，人民对于文化建设的热情和参与意识都不高，文化生活较为单一。在经济文化发达地区，"文化小康"建设的主要目标是解决人们的文化供给和文化消费，以及少部分人存在的信仰缺失、道德水平滑坡等问题。经济文化落后的地区，不仅要解决信仰与道德问题，还要重点保障基础的文化设施建设，确保人们都能拥有文化资源，满足精神文化需求。"文化小康"建设呈现出区域发展不平衡问题，需重点解决欠发达地区的文化建设问题，并寻找欠发达地区和发达地区文化建设的平衡点，这也是目前所面临的难题之一。

3. 重经济效益轻社会效益

"文化小康"建设作为全面建成小康社会的重要方面，对"文化小康"建设还存在较为片面的理解，过于强调"文化小康"建设所带来的经济效益而忽视社会效益。由于经济效益往往能够快速呈现它的价值，给"文化小康"建设带来成就感，相比较而言，社会效益时间长、见效慢，对人的长远发展起作用，不能快速、直接地看到"文化小康"建设的效果。因此，造成了在"文化小康"建设过程中，将大量的资源投入短、平、快的文化建设项目中，对文化热门项目趋之若鹜，而文化基础设施建设则处于边缘化。

当前，人民的精神文化需求缺口较大，且文化需求日益多样化，"文化小康"

建设要把握住关键环节，满足人民积极向上的健康文化，使人民的精神生活实现小康，对于消极的文化需求需要进行矫正而不是放任发展甚至迎合。经济效益与社会效益之间不存在孰优孰劣的问题，两者都是"文化小康"建设中不可或缺的重要手段。但从人类发展和社会进步的角度出发，"文化小康"建设要把社会效益放在首位，实现两者的统一。"文化小康"建设在繁荣文化市场，增收创益方面具有一定的作用，能够带来经济效益，但过度放大其价值会造成危害。发展文化产业能够促进经济的发展，摆脱贫困，在许多贫困地区，也对文化资源进行了开发，但从多地反映的情况来看，存在过度开发、破坏开发等问题，存在一些地区为了创收，而对原有的文化进行过度改造和包装，对文化产生了不可逆的破坏。一个地区的文化凝聚着这个地区的精神依托，体现着这个地区的风土人情，是无法用金钱衡量的精神财富。在"文化小康"建设过程中，要坚持正确的文化立场，建设积极向上的文化，发挥文化引领社会风尚、服务社会的作用。若过于重视经济效益忽视社会效益，会导致文化畸形发展，从而不利于全面建成小康社会的实现。

四、坚持"文化小康"建设的实践路向

在全面建成小康社会的背景下，"文化小康"建设要抓住时代发展的机遇，破解文化建设的难题。"文化小康"最重要的是解决人们精神领域的贫穷与困顿，要把思想道德建设放在突出位置，发挥区域优势，为解决地区发展不平衡问题寻求出路，以及坚持以人民为中心，把社会效益放在首位，实现社会效益和经济效益的统一。

（一）以社会主义核心价值观为引领，加强思想道德文化建设

"文化小康"建设的基础工程在于思想道德文化建设，只有精神世界得到丰满，"文化小康"建设才有意义。在"文化小康"建设过程中，贫困文化等是威胁"文化小康"建设的主要障碍之一，且对贫困地区的影响是长期的，在处于贫困状态之时不仅对其产生消极影响，而且在摆脱贫困之后，贫困文化也不会随之消失，并仍持续影响贫困人口的精神世界。如果思想文化没有得到及时的矫正，那么脱贫就是脆弱的，人们容易再次陷入贫困的境地。同时，人们一旦实现经济的小康，如果忽视精神文化建设，任由物欲横流，会造成人们思想的颓废，生产"精神垃圾"，造成不良的社会风气。这主要表现在现代社会中，存在部分群体使用现代科技手段创造财富的同时，精神生活却寻求封建迷信的依赖，从而迷失方向。发挥社会主义核心价值观的引领作用，加强思想道德文化建设就显得十分必要了。

整个社会要重视思想道德文化建设，发挥社会主义核心价值观的引领作用。在实现脱贫的地区，要把精神文化建设摆在重要位置。密切关注脱贫人口的思想动态，采取措施帮助他们矫正被贫困文化所束缚的价值观念。在具体实施上：首

先，强化教育引导。面对贫困文化的传递性，通过学校教育，引导树立正确的价值观念；通过不断地深化和加强，减小贫困文化对于下一代的影响。通过社会教育、职业教育使贫困人口在学习技能的同时，重新塑造正确的价值观。在一定程度上说，接受教育实际上已经是逐渐抛弃不思进取、安于天命的落后思想的开始。在教学过程中，要强化对当今中国实际情况的教育，使人们把握中国特色社会主义和中国梦的内涵，对国家和社会形成清晰的认识，正确把握时代要求，顺应时代前行，认识到消极思想观念的阻碍作用。其次，培育全民族的道德精神。对于个人和社会来说，道德建设都是十分必要的。道德不仅表现为个人的行为规范，还体现着整个国家和民族的精神面貌。一个国家和民族的价值理想和精神信仰影响着整个国家和民族的走向，高尚的价值理想和精神信仰能够推动国家和民族向前发展；反之，则会使国家和民族湮灭在历史长河中。"文化小康"社会的建设有赖于道德精神建设。中国特色社会主义的道德精神建设主要体现于弘扬民族精神和时代精神，倡导社会成员坚持爱国主义、社会主义、集体主义，激励人们在社会生活中亲和仁爱、甘于奉献。最后，要弘扬科学精神，抵制腐朽、落后文化。文化的相对独立性特征，使文化在社会发展过程中，并不是亦步亦趋的，而是有时先于社会的发展，有时落后于文化的发展。在当今社会主义中国，仍然有部分落后文化顽固地存在于人们的思想、行动中。贫困文化作为落后文化的一类典型，是阻碍脱贫地区实现"文化小康"社会的拦路虎。贫困地区一般处于封闭、落后的山区，交通不便，信息接收能力弱，往往是受封建文化荼毒最深的地方，许多腐朽、落后的习俗依然延续至今。针对这一情况，需要将科学精神传输进去，以贫困人口所能接受的宣传方式，贴近实际，宣传科学卫生的生活习惯，普及基本的科学常识，认识到封建文化对人们所造成的不良后果。另外，存在部分群体接受了高等教育，拥有较高的科学文化素养，却仍然深陷封建迷信的泥潭之中无法自拔。究其缘由，部分群体接受的科学文化只停留在物质层面，目的在于习得科学技术作为谋生手段，在其内心深处并没有形成真正的认同，使他们在封建迷信中寻求精神依托。需要警醒的是，科学精神要真正深入内心世界，不能停留在表面。打破封建迷信的桎梏，认识到封建迷信的危害与落后，以科学的文化充实内心，树立积极向上的生活态度。

（二）抓住经济建设重点，发挥区域文化优势

区域文化发展不平衡是制约"文化小康"建设的一个重要方面。打破区域文化发展不平衡，寻求平衡点，可以从以下两个方面着手：

第一，解决区域经济发展不平衡。造成区域文化发展不平衡主要方面是经济发展的不平衡。总的来看，需要提高落后地区的经济发展水平。对于经济发展落后的地区，国家给予政策的倾斜和专项的财政补贴，给予落后地区经济利好政策，对落后地区的企业进行减税，吸引更多的投资商进行商业投资，创造就业机会，

带动经济发展。经济较为发达的地区对经济落后的地区提供资金、人才、政策上的帮助,使落后地区能够在经济建设过程中少走弯路,实现经济的发展。由经济发展程度所造成的文化发展不平衡,主要表现在文化基础设施建设和人们的文化素养方面。在经济发展程度较高的地区,由于医疗、教育等优势吸引了大批文化素质高的居民在此生活并定居。高素质的人群,加之完善的文化基础设施,使经济发达地区的文化需求较大,并带动了文化事业和文化产业的发展,从而使"文化小康"建设取得显著的成就。对于落后地区的文化建设而言,人们普遍文化素质不高,基础文化设施建设不完善,文化事业和文化产业发展止步不前。文化需求是文化生产和文化消费的动力,在经济水平落后的地区,人们参与文化建设的意识薄弱,积极性不高,导致文化事业和文化产业发展止步不前。此外,在许多贫困地区,图书馆和文化活动中心基本上沦为摆设。要提高落后地区的"文化小康"建设水平,需要加强基础文化设施建设,重视教育,努力提高人们的科学文化素质。让人们意识到文化事业和文化产业的重要性,以当地群众所喜闻乐见的文化形式发展文化事业,从而提高群众参与文化建设的主动性和积极性。

第二,因地制宜,发挥区域文化优势。区域文化发展不平衡,其中的一个重要方面就是文化资源的不平衡。每个地区所拥有的文化资源在数量上既不是等额的,在质量上也不是等同的。文化资源分布不均,所带来的文化发展也不平衡,如何解决?可以从整理、识别、借鉴三个方面着手。首先,需要对当地文化资源进行科学整理与分类。许多地区拥有潜藏的大量文化资源,但没有发掘,所以呈现出文化资源匮乏的假象。在地域文化资源的整合当中,深入发掘对经济社会发展有益、对人民精神生活有益的重要资源,将其科学分类,在今后的文化建设中,充当重要的文化资源。把埋藏于历史角落中的文化发掘出来,使文化资源得到丰富。其次,需要对文化资源进行识别。识别所解决的是每个地区不同的文化资源,该如何运用的问题。一方面,对文化资源的属性进行识别,在"文化小康"建设过程中,每个区域的人民对文化的需求各不相同,充分利用当地文化资源,识别代表当地文化特色的服饰、戏曲、习俗、工艺,吸收作为文化小康建设的重要资源。识别优秀的传统文化,将其运用到"文化小康"建设中。另一方面,要对文化资源的功能进行识别,将基础性的文化资源投入文化事业建设中,将具有商业开发价值的文化资源运用到文化产业中。当然,这两者并没有清晰的界限,有些文化资源既可以满足文化事业发展的需要又可以满足文化产业发展的需要,这需要进行识别与权衡。最后,加强与其他地区的文化交流与借鉴。对于文化资源较少的地区,借鉴其他区域的文化是丰富当地文化资源的重要途径,但需要根据当地的文化需求,取长补短,有选择地进行吸收与借鉴。同时,吸收借鉴其他区域或者其他民族、国家的文化,是促进文化发展的有益手段。"文化小康"建设需要因地制宜,取长补短,发挥区域文化优势,实现"文化小康"区域平衡健康发展。

（三）坚持社会效益放首位，实现社会效益与经济效益的统一

"文化小康"所显现的是人们的价值观念、文化生产、文化消费、文化创造进入健康和谐的状态。在一定程度上说，"文化小康"建设离不开企业与文化市场，两者同样也会影响到"文化小康"建设的成效。在物质生活达到小康社会后，人们越来越关注精神享受、精神消费以及实现较高层次的精神文化需求。在此情况下，大批满足人们精神文化需求的企业相继产生，文化市场和文化产业不断繁荣。

一方面，国有企业作为我国文化基础设施的主体，在建设过程中如何实现"文化小康"建设，确保社会效益放在首位，实现其与经济效益的统一是一个重要课题。国有企业在成为市场主体后，不应成为市场的奴隶，而应成为社会主义先进文化的捍卫者，引领文化市场走向健康发展。另一方面，其他文化市场主体也是"文化小康"建设的重要组成部分。在社会主义市场经济条件下，其他文化市场主体既要实现盈利，又要实现社会价值。如何在实现社会价值的基础之上实现盈利？要坚守文化生产的红线，危害社会发展以及人民精神健康的文化一律不得进行生产，敏锐地发现人们的文化需求，创造人民喜闻乐见的文化产品。文化小康建设不能仅仅依靠国家力量，需要动员社会力量参与到其中，发挥两者的合力。文化消费的主要群体就是人民群众，总的来说"文化小康"建设要围绕以人民为中心这个重点。首先，文化生产与消费要满足人们的学习需要。在竞争日益激烈的社会，人们对自身有了更高的学习需求。生产优质的学习产品能够使人们沉浸在学习之中并有所得。生产高质量的学习产品，能够实现社会效益与经济效益的统一。其次，满足人们的精神娱乐需要。一方面，要完善文化基础设施建设，加大对图书馆、博物馆等基础设施的投入，加强对剧院、音乐厅、电影院的监管。另一方面，要满足人们对于精神娱乐的消费持续增长，并且对于文化娱乐有不同的需求。不同的年龄段、不同的职业、不同的收入群体有着各异的文化需求。针对不同的文化群体提供不同的文化产品，并探索覆盖所有领域与年龄的普适性文化产品。在文化生产方面要坚持积极向上的文化，不能迎合腐朽、落后的文化。最后，做好文化生产需要不断提升国家文化软实力。优秀的文化产品，能够在世界上获得广泛的认同，扩大中国文化的影响力，推动中国文化走向世界。同时，在国际上获得认同的优秀文化，能够获得更大的品牌价值和经济效益。文化生产要把握时代发展的潮流和人民群众的需要，不断进行文化创新，生产出符合人民群体利益、国家利益的文明精品，实现社会效益与经济效益的统一。

五、结语

"文化小康"是全面建设小康社会的题中应有之义，是中国社会进步和人全面

发展的客观要求。"人是文化的存在"[①]。人创造了文化，同时又被文化所塑造。在中国全面建成小康社会的历史进程中，"文化小康"只是其阶段性的产物。此时的"文化小康"只是初级形态，距离实现人的自由而全面的发展仍有漫长的路程。"文化小康"的实现所要做的是补齐文化发展的"短板"，丰富人们的精神文化生活，提高国民素质和社会文明程度。

---

① 刘放桐.新编现代西方哲学［M］.北京：人民出版社，2000：400.

中国经济蛋糕"做大"与"切好"的政治经济学探源

——基于《资本论》经济发展理论

栾雅璐

摘要： 通过解读《资本论》中马克思的经济发展理论可以在政治经济学的视域下了解到经济发展的动力和目的，能够了解资本主义的基本矛盾。中国经济经历了近40年的高速发展，已经成为世界第二大经济体，必然符合经济发展规律，符合社会历史发展的规律。相比于资本主义无法克服的基本矛盾，中国特色社会主义经济体系中的基本经济制度和分配制度的不断发展和调整是中国经济蛋糕"做大"和"切好"的秘密所在。通过对中国共产党历次会议精神和经济政策的解读能够清晰地梳理出中国经济发展的实践进程和理论成果，这也是中国从站起来、富起来到强起来的历史进程。2020年中国共产党将会兑现全面建成小康社会的庄严承诺，并向第二个百年奋斗目标奋进，在这个特殊的历史节点上回首过去，展望未来，能够清晰地预见中国经济发展的光明前景。

关键词： 资本论；经济发展理论；经济制度；分配制度

《资本论》是分析经济现象和社会发展规律的一把钥匙，创造中国经济奇迹的关键是中国共产党的领导。经济制度的成熟完善是"做大"经济蛋糕的制度保障，分配制度的结构调整是"切好"经济蛋糕的制度要求。中国经济的发展历程也是马克思主义经济发展理论不断被赋予新的时代价值的创新历程。

一、《资本论》中的经济发展理论

在《资本论》中，马克思指出："经济范畴只不过是生产的社会关系的理论表现，极其抽象。"[①] 恩格斯对此也有相似的论述："政治经济学，从最广的意义上说，

作者简介：栾雅璐，女，汉族，内蒙古呼伦贝尔人，中国青年政治学院2018级在读硕士研究生。研究方向：马克思主义中国化。联系电话：15724501516。地址：北京市海淀区西三环北路25号。邮箱：luanyalu3323@163.com。

① 马克思恩格斯选集（第1卷）[M].北京：人民出版社，2012：222.

是研究人类社会中支配物质生活资料的生产和交换的规律的科学。"① 政治经济学本质上是一门历史的科学。它所涉及的是历史性的即经常变化的材料；它首先研究生产和交换的每一个发展阶段的特殊规律，而且只有在完成这种研究之后，它才能确立为数不多的、适用于生产一般和交换一般的、完全普遍的规律。② 在马克思的政治经济学理论中，他通过高度抽象的概念解读了生产力与生产关系、经济基础与上层建筑的辩证关系，解释了资本主义经济发展的基本问题。

（一）经济发展的动力

在《资本论》中，马克思认为社会经济发展的根本动力是生产力。社会经济的发展受到客观经济规律的制约，即生产力决定生产关系，经济基础决定上层建筑。生产力是指具有劳动能力的人和生产资料相结合而形成的改造自然的能力，即人类创造财富的能力，是社会发展的内在动力基础。生产关系是在生产的物质关系里，个人之间、群体与自然环境和社会关系的总和。马克思指出："人们在自己生活的社会生产中发生一定的、必然的、不以他们的意志为转移的关系，即同他们的物质生产力的一定发展阶段相适合的生产关系。"③ 生产力包括三个基本要素：劳动对象、以生产工具为主的劳动资料和从事生产劳动的劳动者。生产关系包括三个方面的内容：生产资料所有制形式、人们在生产过程中的地位和相互关系、产品分配形式。

在《资本论》中，马克思指出社会财富的唯一来源是人类劳动。在古典政治经济学中，大卫·李嘉图和亚当·斯密已经认识到劳动是产生财富的源泉。但他们没有将价值和使用价值区分开，也没有将具体劳动和抽象劳动区分开，自然也无法彻底地解释社会财富的来源。马克思通过劳动的二重性与商品的二因素性学说解释了社会财富的性质和其真正的来源。在商品经济当中，社会财富的一种存在形式是价值：价值通过交换价值表现出来，两者是内容与形式的关系。社会财富的另一种存在形式是使用价值，是指产品的有用性，是劳动产品能够满足人们需要的性质。商品的价值是人类抽象劳动的凝结，所以人类劳动是社会财富的唯一来源。

（二）经济发展的目的

马克思认为，经济发展的根本目的在于满足人的需要，实现人的自由而全面的发展。经济发展的最根本目的是满足人的生存和发展，所以首要的任务便是生产出满足人们生活需要的物质生活资料，以解决人的生存问题和温饱问题，进而

---

① 马克思恩格斯选集（第3卷）[M].北京：人民出版社，2012：525.
② 马克思恩格斯全集（第26卷）[M].北京：人民出版社，2014：155.
③ 马克思恩格斯全集（第31卷）[M].北京：人民出版社，2012：412.

满足人的其他需要。马克思认为,经济发展的目的不是一成不变的,而是依据社会发展阶段的变化而变化,但无论社会形式如何变化,经济发展的基本形式都是物质资料的生产。

恩格斯在《在马克思墓前的讲话》中说:"正像达尔文发现有机界的发展规律一样,马克思发现了人类历史的发展规律,即历来为繁芜丛杂的意识形态所掩盖着的一个简单事实:人们首先必须吃、喝、住、穿,然后才能从事政治、科学、艺术、宗教等;所以,直接的物质的生活资料的生产,从而一个民族或一个时代的一定的经济发展阶段,便构成基础。"[①] 这也说明了就个人而言,经济的发展首先是满足人基本的生存需要,其次是满足人发展的需要,最后是满足人比较高级的需要即享受的需要。就社会而言,经济的发展首先是满足个人和其家庭的需要,进一步满足社会公共生活的需要。

马克思指出,在商品经济条件下,经济发展的目的已经不再是单纯地满足人们生活的需要,而是变成了赤裸裸的对货币财富的追逐。这是因为,在商品经济条件下,价值最终以货币的形式表现为社会财富,所以对社会财富的追求便演变成了对货币的追求。人之所以具有生产使用价值,是因为使用价值是社会财富的物质承担者。为此,马克思曾多次强调,资本主义社会生产的目的"是资本尽可能多地自行增殖",即"生产剩余价值"。[②]

(三)制约资本主义经济持续发展的原因

马克思认为,资本主义私有制和社会化大生产之间的矛盾是制约资本主义经济持续发展的根本原因。前文已经论及在商品经济条件下,经济发展的目的已经表现为对剩余价值的追逐,而在社会层面还维持剩余价值生产的社会条件。这就说明资本主义的社会经济发展已经偏离经济发展的根本目的,但是经济规律依然强制性地发挥着作用。因此,一方面,社会生产会因追求剩余价值而无限扩张,在资本主义企业的内部生产有着严密的组织和系统的管理,但就整个社会而言,社会生产处于"无政府状态"。另一方面,资本主义为追求高额利润在扩大生产的同时,不断榨取劳动力,劳动者的消费能力因为资本主义的剥削而绝对或相对地缩小。因此,当供求的矛盾激化到一定的程度,资本主义经济危机就会不可避免地爆发。

马克思认为资本主义经济危机会呈现出周期性变化,即危机、萧条、复苏、高涨的循环。在资本主义制度下,经济危机每间隔若干年便爆发一次,从一次经济危机的开始到下一次经济危机的开始构成资本主义再生产的一个周期。这要从资本主义的基本矛盾中寻找原因。资本主义私有制和社会化大生产之间的矛盾存

---

① 马克思恩格斯选集(第3卷)[M].北京:人民出版社,2012:1002.

② 马克思恩格斯全集(第42卷)[M].北京:人民出版社,2016:338.

在于资本主义社会发展的始终，并呈现出波浪式发展的状态。资本主义经济危机是这一矛盾发展到一定程度的必然结果，经济危机通过对生产力的破坏而暂时的、强制的缓解这一矛盾。正如恩格斯所说："它在把资本主义生产方式本身炸毁以前不能使矛盾得到解决，所以它就成为周期性的了。资本主义生产造成了新的'恶性循环'。"①

二、基本经济制度的确立和完善"做大"中国经济蛋糕

在马克思主义经典作家的话语体系中，对公有制的描述有所不同，但基本的概念都是认为"生产资料的社会占有""生产资料的集体所有"。要建设社会主义国家必须实行公有制，这是社会主义国家区别于资本主义国家的显著特点。中华人民共和国成立以后，中国共产党对社会主义公有制建设进行了探索。随着经济理论认识的深入和公有制建设实践的推进，我国开始在公有制的基础上推动所有制结构的多元化，推进社会主义初级阶段基本经济制度的发展。在公有制条件下发展多种所有制经济，让公有制经济和非公有制经济相互促进、共同发展，这是对马克思主义所有制理论的创造性运用和创新性发展。

（一）初步探索："一大二公三纯"的苏联模式

在改革开放之前，我们的社会主义建设大都参考苏联模式，所有制建设的经验也大多来自马克思主义经典作家关于"未来社会"的描述和苏联政治经济学理论。在苏联社会主义模式的影响下，我国在最初一段时期内将社会主义理解为纯而又纯的公有制，不允许有任何非公有制经济的存在，但这种片面追求公有制程度的所有制结构阻碍了社会主义生产力的发展，使社会主义的优越性难以发挥出来。

由于苏联的传统政治经济学认为社会主义等同于公有制，公有制的最高形式是全民所有制，全民所有制的具体表现形式即是"一大二公三纯"。②因此，在社会主义建设的最初20年，我们由于理论的不成熟和实践经验的不足，阻碍了生产力发展，但这也是我国探索和建设社会主义基本经济制度必然要经历的重要阶段。

（二）逐步形成：改革开放以来的结构性转变

改革开放是唤醒中国经济和社会发展的一声春雷。党的十一届三中全会后，中国共产党重新确立了实事求是思想路线，作出了我国正处于社会主义初级阶段的重要论断。对国情的正确认识和把握是制定经济方针政策的根本依据。改革开放以后，我国告别了计划经济时代"一大二公"的所有制模式，非公有制经济开

---

① 马克思恩格斯选集（第3卷）[M].北京：人民出版社，2012：663.
② 斯大林.苏联社会主义经济问题[M].北京：人民出版社，1964.

始逐步走进我国的基本经济制度。公有制和非公有制经济结构比例变化和调整的过程即是我国基本经济制度科学化的过程。

党的十一届三中全会明确指出:"社员自留地、家庭副业和集市贸易是社会主义经济的必要补充部分,任何人不得乱加干涉。"① 党的十一届六中全会指出:"国营经济和集体经济是我国基本的经济形式,一定范围的劳动者个体经济是公有制经济的必要补充。"② 党的十四大明确了社会主义市场经济体制的总目标,并说明:在所有制结构上,以公有制包括全民所有制和集体所有制经济为主体,个体经济、私营经济、外资经济为补充,多种经济成分长期共同发展,不同经济成分还可以自愿实行多种形式的联合经营。③ 党的十五大提出:"一切反映社会化生产规律的经营方式和组织形式都可以大胆利用。"④ 明确了个体、私营经济等非公有制经济是社会主义市场经济的重要组成部分,这是对非公有制经济认识和定位的重要突破。党的十八届三中全会指出:"公有制经济和非公有制经济都是社会主义市场经济的重要组成部分。"⑤

通过历次会议对非公有制经济定位的变化发展可以看出,非公有制经济在中国共产党的领导下逐步完善和发展,成为与公有制经济相辅相成、相得益彰的结构组成部分。自改革开放以来,通过探索多种有效的公有制实现形式,逐步确立了我国的基本经济制度,这是对马克思主义所有制理论的重大发展。

(三)更加完善:新时代的中国特色社会主义经济制度

中国特色社会主义市场经济是马克思主义政治经济学发展的最新理论成果,是当代马克思主义政治经济学的重要内容。进入新时代以来,我国立足于全新的历史坐标,在充分正确了解国情的前提下总结了改革开放以来取得的重要历史经验,遵循中国特色社会主义市场经济发展的客观规律,作出了一系列重要论断,进一步深化了对中国特色社会主义市场经济的认识和把握,实现了基本经济制度最新突破。

2013年11月,党的十八届三中全会指出:"国有资本、集体资本、非公有资本等交叉持股、相互融合的混合所有制经济,是基本经济制度的重要实现形式。"⑥ 这是我国首次将混合所有制经济提升到基本经济制度的重要实现形式的高度。2015年,中共中央针对全面深化国有企业改革问题指出:"大力推动国有企业改制上市,创造条件实现集团公司整体上市。根据不同企业的功能定位,逐步调整国有股权比例,形成股权结构多元、股东行为规范、内部约束有效、运行高效灵活的

---

① 中共中央文献研究室.改革开放三十年重要文献选编(上)[M].北京:人民出版社,2008:17.
② 中共中央文献研究室.改革开放三十年重要文献选编(上)[M].北京:人民出版社,2008:213.
③ 中共中央文献研究室.改革开放三十年重要文献选编(上)[M].北京:人民出版社,2008:660.
④ 中共中央文献研究室.改革开放三十年重要文献选编(上)[M].北京:人民出版社,2008:901.
⑤⑥ 中共中央文献研究室.十八大以来重要文献选编(上)[M].北京:中央文献出版社,2014:515.

经营机制。"[1] 2017年，党的十九大报告指出："要完善各类国有资产管理体制，改革国有资本授权经营体制，加快国有经济布局优化、结构调整、战略性重组，促进国有资产保值增值，推动国有资本做强做优做大，有效防止国有资产流失。"[2]

进入新时代以来，我国始终坚持马克思主义的所有制概念，并以此为基础作为国有企业改革和中国特色社会主义经济制度完善和发展的理论依据。中国特色社会主义经济制度不仅有利于公有制经济的迅速发展，而且实现了公有制和非公有制经济的科学、紧密结合，极大地推动了国民经济发展，做大了中国的经济蛋糕。

三、分配制度的形成和发展"切好"中国经济蛋糕

中国的经济经历了近40年的高速增长，创造了举世瞩目的中国奇迹，中国的经济蛋糕越做越大，与此同时，怎样切好蛋糕成为中国经济发展重要的课题。

马克思认为：分配的结构完全决定于生产的结构。分配本身就是生产的产物，不仅就对象说是如此，而且就形式说也是如此。就对象说，能分配的只是生产的成果，就形式说，参与生产的一定方式决定分配的特殊形式，决定参与分配的形式。[3] 由此可见，分配关系的本质与生产关系是统一的，我国分配制度的变化调整激发了人们劳动的积极性和创造性，极大地推动了生产力的发展。

（一）站起来：低效率的平均主义

在党的十一届三中全会召开之前，我国实行按劳分配，平均主义主导分配制度。中华人民共和国成立之初，人民刚刚摆脱战争的阴霾，百废待兴，国家建设正面对一穷二白的窘境。平均主义也是由我国当时的国情所决定的，是对当时社会历史条件的客观反映。

马克思在论及产品与分配时指出：在分配是产品的分配之前，它是生产工具的分配，社会成员在各类生产之间的分配（个人从属于一定的生产关系）。这种分配包含在生产过程本身中并且决定生产的结构，产品的分配显然只是这种分配的结果。[4] 他的这一观点揭示了分配结构与生产结构的本质联系，即生产结构决定分配结构，分配本身就是生产的产物。在当时的苏联和中国，生产资料由劳动者共同占有，劳动者成为支配生产过程的主体，劳动过程不受资本家支配，进而成为平等社会关系下的平等劳动。但在纯而又纯的公有制条件下，分配也自然走向高

---

① 中共中央文献研究室.十八大以来重要文献选编（中）[M].北京：中央文献出版社，2017：653.
② 习近平.决胜全面建成小康社会 夺取新时代中国特色社会主义伟大胜利——在中国共产党第十九次全国代表大会上的报告[M].北京：人民出版社，2017：33.
③ 马克思恩格斯选集（第2卷）[M].北京：人民出版社，2012：695.
④ 马克思恩格斯选集（第3卷）[M].北京：人民出版社，1972：99.

度的平均化，造成了经济活动的低效率和持续的贫困。

（二）富起来：公平和效率的结构调整

党的十一届三中全会进行了按劳分配理论的正本清源。此后，中国经济发展进入了"快车道"，收入分配制度也经历了多次调整。分配制度的逐步优化是对马克思主义分配理论的继承和发展，是其不断中国化的过程，对社会主义经济制度的完善发挥着重要的作用。这一过程围绕公平和效率作出了三次较大的调整，实现了中华民族从站起来到富起来的飞跃。

从党的十一届三中全会到党的十三大是分配制度调整的第一阶段。党的十一届三中全会报告在坚持按劳分配为主体的前提下，提出了实现收入分配方式的多样性原则，这是收入分配制度的重大创新。这一阶段收入分配制度调整改革的主要矛盾是打破平均主义思想，先富带后富，拉开收入差距，通过制度层面的变革来刺激生产力的发展。

从党的十三大到党的十六大是分配制度调整的第二阶段。党的十三大首次提出多种分配方式并存，提出"以按劳分配为主体，其他分配方式为补充"[1]。党的十四大将"其他分配方式为补充"改为"多种分配方式并存"，党的十五大强调"把按劳分配和按生产要素分配结合起来，坚持效率优先、兼顾公平"。[2] 这一阶段坚持按劳分配为主体，多种分配制度并存的原则，在打破平均主义的基础上，合理拉开收入分配差距，保证基尼系数在一定范围内上升。

从党的十六大到党的十八大召开是分配制度调整的第三阶段。党的十六大指出"一切合法的劳动收入和合法的非劳动收入，都应该得到保护"。[3] 党的十七大强调了要素分配："确立劳动、资本、技术和管理等生产要素按贡献参与分配的原则，完善按劳分配为主体，多种分配方式并存的分配制度。"[4] 在这一阶段，中国经济增长速度加快，收入分配差距进一步拉大，为此形成了以公平为导向的收入分配制度改革。

（三）强起来：共享发展成果，实现共同富裕

在肯定我国经济增长的同时，也必须实事求是地看待中国社会两极分化、贫富差距日益扩大的现实问题。我国 1978 年的基尼系数为 0.317，2000 年已经超越了 0.4 警戒线，2006 年上涨至 0.496。基尼系数已经突破了合理的限度，社会的两极分化日益严重，潜藏着诸多社会问题。中国实现了站起来、富起来的历史飞跃，

---

① 中共中央文献研究室.改革开放三十年重要文献选编（上）[M].北京：人民出版社，2008：487.
② 中共中央文献研究室.改革开放三十年重要文献选编（下）[M].北京：人民出版社，2008：902.
③ 中共中央文献研究室.改革开放三十年重要文献选编（下）[M].北京：人民出版社，2008：1247.
④ 中共中央文献研究室.改革开放三十年重要文献选编（下）[M].北京：人民出版社，2008：1254.

但要真正强起来，必须实现共同富裕。

前文已经提到，人的需求是社会资本生成的动力，马克思认为人的需求是与生俱来的，经济社会发展的目的是实现人的自由而全面的发展。这与中国传统文化中的"人本思想"和中国共产党"以人为本"的执政理念高度一致。党的十九大作出了我国社会主要矛盾变化的重要论断，深刻指出我国当前发展中不平衡不充分的问题。党的十九大还指出要通过调整收入分配格局，共享社会的公平正义以提高人民获得感，收入分配的变革充分体现了社会主义制度的优越性，推动人民共享经济红利和发展成果。党的十九大报告指出："坚持在经济增长的同时实现居民收入同步增长、在劳动生产率提高的同时实现劳动报酬同步提高。"[①]践行共享发展是社会主义理论与现阶段中国实际情况相结合的理论成果，以人民为中心的发展理念也是社会历史发展的必然趋势，符合最广大人民的根本利益。

中国经济蛋糕已经做大，但分配蛋糕的结果需要进一步调整。只有坚持唯物辩证法的观点深刻揭示共享发展内涵、明确共享发展的意义、探索共享发展的路径、夯实共享发展的理论基础才能更好地在实践中有的放矢，在脱贫攻坚、城乡一体化和全面建成小康社会的关键时期注入强大动力。

---

① 习近平．决胜全面建成小康社会 夺取新时代中国特色社会主义伟大胜利——在中国共产党第十九次全国代表大会上的报告［M］.北京：人民出版社，2017：46–47.

"两个毫不动摇"的中国智慧及实践要求

李宜达

摘要： 在"两个一百年"奋斗目标历史交汇点上，党的十九届四中全会强调新时代下"两个毫不动摇"不会变。作为中国特色宏观调控的重要支撑，"两个毫不动摇"为经济新常态下增强我国经济发展韧性、拓展宏观经济政策可操作空间提供了有力保障，是新时代我国经济体制改革的基本原则。"两个毫不动摇"充分彰显了中国特色社会主义的独特优势，新时代下不仅需要坚持"两个毫不动摇"，还应深化对"两个毫不动摇"新内涵和新要求的认识。

关键词： 党的领导；中国特色社会主义；两个毫不动摇

一、"两个毫不动摇"是中国特色宏观调控的重要支撑

根据马克思主义政治经济学的基本观点，生产资料所有制是一国经济基础的核心，构成了社会的基本经济制度。然而，马克思虽然在《共产党宣言》中对社会主义制度下的所有制关系提出了自己的构想，但是却没有给出十分具体的设计以及规划。我国自进入社会主义初级阶段以来，着眼于这一时期的生产力水平，明确了公有制为主体、多种所有制经济共同发展的基本经济制度。这无疑是对马克思主义政治经济学的进一步丰富和发展，是马克思主义基本原理与中国实际相结合的重大理论成果。党的十九届四中全会强调"两个毫不动摇"不会变，即立足于新时代的历史方位，我国仍毫不动摇地巩固和发展公有制经济，毫不动摇地鼓励、支持并引导非公有制经济的发展。"两个毫不动摇"充分体现了中国经济

基金项目：国家社会科学基金重大项目"提高发展平衡性、包容性、可持续性的动力机制研究"（15ZDC012）。

作者简介：李宜达，男，广东财经大学经济学院，联系电话：15118780376，通信地址：广东省广州市海珠区仑头路 21 号广东财经大学，邮编：510320，电子邮箱：1617981117@qq.com。

学智慧，是中国特色社会主义政治经济学的重要理论成果。

社会主义公有制是生产资料归社会劳动者共同占有和支配的一种新型的所有制。我国是社会主义国家，必须坚持公有制作为社会主义经济制度的基础，必须强调公有制的主体地位。离开公有制为主体，就不可能称其为社会主义国家。公有制经济控制着关系国计民生的重要部门，提供基础设施配套、公共服务和战略性高新技术等。因此，坚持公有制经济主体地位是满足人民群众对美好生活需要的根本保障。非公有制经济则能够充分调动各类经济主体的主观能动性，激发经济发展的活力和创造力，为国民经济的发展提供竞争性的市场环境，从而积极有效地推动经济发展方式的转型升级。因此，坚持发展非公有制经济能够有效地解决不平衡、不充分发展的问题。正是在"两个毫不动摇"方针的正确指引下，我国的公有制经济与非公有制经济都取得了历史性的发展成就。据官方统计，2019年1~11月，国有企业税后净利润23910.0亿元，同比增长6.1%，归属于母公司所有者的净利润14155.0亿元。其中，中央企业15635.9亿元，归属于母公司所有者的净利润9597.0亿元；地方国有企业8274.1亿元，归属于母公司所有者的净利润4558.0亿元。与此同时，民营经济成为我国当前经济发展的重要推动力量。现阶段民营企业对国家财政收入的贡献占比超过50%，GDP和固定资产投资、对外直接投资占比均超过60%，新增就业的占比贡献超过90%。改革开放40多年来，正是在公有制经济与非公有制经济的共同推动下，我国经济社会发展实现了重大飞跃，综合国力逐渐增强，人民收入水平、生活水平不断改善，国际地位显著提高。

现阶段中国经济发展进入新常态，经济在从高速增长向高质量发展转变的过程中不可避免地会面临较大的下行压力。在这增长速度换挡期、结构调整阵痛期，为保证经济持续平稳运行，就必须坚持"两个毫不动摇"，以中国特色宏观调控夯实未来中国经济发展的基础。其一，必须坚持党定调、政府引导、市场决定的中国特色宏观调控模式。党是中国特色社会主义事业的领导核心，是社会主义现代化建设取得胜利的根本保证。"两个毫不动摇"本身就具有顶层设计意义，是党超越马克思主义经典作家设想而进行的伟大创新。坚持党的领导是深化国有企业改革的根本原则，加强党的建设是引导民营企业健康发展的重要要求。自改革开放以来，中国取得的世所罕见的经济快速发展奇迹离不开党对世界经济走势以及中国发展方向的敏锐判断。中国经济对经济全球化的巨大推动作用和对世界经济增长的突出贡献，充分体现了党领导我国经济工作的独特制度优势。只有坚持党的全面领导，才能充分发挥中国特色宏观调控的巨大优势，实现市场在资源配置中起决定性作用和更好发挥政府作用的有机统一。其二，必须坚持做优、做强、做大国有企业以支持国家的重大战略、重点改革和重要政策措施落地。当前由于人口结构老龄化、地方政府隐性债务风险以及货币政策力度不足等问题，我国财政政策可操作空间明显收紧①。为了激发非公经济活力、切实减轻企业和中低收入群体的税收负担，则要求保持一定的财政支出强度。2019 年，中央经济工作会议强调，积极的财政政策要提质增效，为此必须多渠道盘活国有资源资产以增加非税收入，做优、做强、做大国有资本，使国有企业成为新常态下拓展我国财政政策空间的有力支撑。其三，必须坚持鼓励、支持并引导非公经济的健康发展以推动我国经济顺利转型升级。由于要素边际生产力递减规律的作用，目前我国已无法通过大规模增加生产要素占用和消耗来拉动经济持续高速增长，只有通过创新、技术进步，才能提高要素的边际生产力，从而抑制边际生产力递减，推动中国经济健康平稳运行。民营企业作为创新的主体、科技创新的重要力量，将成为构筑未来中国经济发展战略优势的重要抓手和关键支撑。

　　总之，经济新常态下只有坚持"两个毫不动摇"才能充分彰显中国特色宏观调控的独有优势，才能把经济下行的压力转变为促进经济持续健康发展的动力。"两个毫不动摇"为推动新时代中国经济高质量发展提供了有力保证，使我国经济具有更强的韧性，也使宏观调控政策拥有更大的回旋余地②。

二、"两个毫不动摇"是我国经济体制改革的基本原则

　　自党的十二届三中全会指出商品经济的充分发展是我国经济社会发展的不可逾越阶段及实现经济现代化的必要条件，我国对市场的定位开始不断进行深化。党的十四大关于建立社会主义市场经济体制、使市场对资源配置起基础性作用等表述，则是一次重大理论突破。基于新时代对市场的新定位，党的十八届三中全会则明确指出使市场在资源配置中起决定性作用，更为透彻地表达了市场经济运行规则的真谛。过去 40 年，市场化改革破除了旧体制束缚，激发了社会经济活力，确实是我国经济能够高速增长的重要因素。随着市场化改革取得的成功，新自由主义思潮开始在社会中盛行，不乏有人认为告别公有制、发展民营经济是搞活我国经济的成功之道，盲目崇拜私有制和私营企业，大力提倡完全自由化、全面私有化和彻底市场化。新自由主义严重偏离中国特色社会主义道路，严重违背总设计师邓小平画出的改革开放蓝图。邓小平多次指出：公有制占主体是我们所必须坚持的社会主义的根本原则③。中国的改革开放，并非受西方经济学尤其不是自由主义思想的指导。从根本上来说，中国的经济发展是由根植于中国特殊国情而生成的特殊因素所推动的。这些特殊的因素只能从中国特色社会主义政治经济学中去挖掘和总结。改革开放每一次的重大进展，都是中国政治经济学理论的重大突

① 李宜达 . 新常态下拓展财政政策空间的必要性及路径［J］. 西部财会，2019（3）：10-12.
② 汤铎铎 . "两个毫不动摇"与中国特色宏观调控［N］. 中国经济时报，2019-11-20（5）.
③ 邓小平文选（第 3 卷）［M］. 北京：人民出版社，1993：111

破。改革开放的实践又进一步推动政治经济学理论的新突破，由此推动了政治经济学的一系列创新，催生了中国特色社会主义政治经济学。

绝不能机械地照搬改革开放初期的经验，绝不能错误地认为我国现阶段一切经济的疑难杂症都可以通过私有化来解决。以国有企业的改革为例，我国现阶段的公有制采取国家所有制形式，即国家代表全体劳动人民的利益，并且掌握全民所有生产资料，而我国的国有企业，是公有制最好的实现形式。习近平总书记强调，深化国企改革是大文章，国有企业不仅不能削弱，而且还要加强①。深化国有企业的改革是巩固和发展公有制经济的关键一环。国有企业要做优、做强、做大，真正提高为全民利益服务的能力。国有企业，作为我国社会主义市场经济的重要标志、支柱和第一主体，其改革绝不是要实行私有化，而是要巩固和发展公有制经济，更好地发挥国有经济的主导作用。如果国有企业改革是进行私有化，那么在其改革过程中就会不可避免地充斥着官商勾结和腐败现象，无疑将严重影响我国经济社会的稳定。因此，鼓吹国有企业私有化是对党中央大政方针的严重曲解。过度私有化不仅无法激发我国经济的活力，还会给我国目前的经济运行带来以下几点危害：一是加剧产能过剩和"僵尸"企业的问题。现阶段，产能过剩和僵尸企业已经成为许多经济与金融困难的根源。盲目私有化会导致"僵尸"企业不能及时出清，使产能过剩问题无法得到有效解决。二是容易发生官商勾结。盲目私有化会加剧权钱交易的问题，甚至成为企业家谋取政治权力的工具。三是加大经济运行的风险和社会成本。盲目私有化不仅不利于整体经济结构的优化，长期下去还会造成经济发展的"僵化"。四是严重影响社会的稳定。公有制经济是抵御资本主义经济危机的有力保障，如果公有制丧失主体地位，那么将导致中国受资本主义世界的经济危机影响越来越大，而且盲目私有化极有可能导致我国陷入中等收入陷阱或贫困陷阱。

当然私有制并不是仅具有消极本质，相反私有制的产生和发展是社会历史的必然，它对发展生产力具有不可替代的历史价值。在某些行业和领域私有化的真正目的应该是更好地发展社会主义经济，从而发展和巩固公有制的主体地位。因此看待社会主义初级阶段的私有化现象，必须持辩证的态度，不能盲目崇拜，高举"私有化"的旗帜，同时也不能一味地否定、批判这一现象。我国虽然建立了社会主义制度，但现阶段的生产力还未达到非常高的水平，经济发展不平衡不充分，物质资料没有极大丰富，因此私有制的存在是不可避免的，它将长期处于社会主义初级阶段这一社会现实下。习近平总书记反复告诫全党要牢牢把握社会主义初级阶段这个最大国情，立足社会主义初级阶段这个最大实际，是对中国国情

---

① 坚定不移做强做优做大国有企业：党的十八大以来国有企业改革发展的理论与实践［J］. 国资报告，2017（7）：8-10.

的准确判断①。在社会主义初级阶段，我们需要通过在某些行业和领域私有化、发展非公有制经济等手段，来发展我们的社会主义市场经济，发挥市场在资源配置中的决定性作用，不断加强社会主义自身发展所需要的物质技术基础。特别是在经济新常态下，我国正大力推进供给侧结构性改革，随着改革的进一步深化，非公经济特别是创新型民营企业对于提高新时代中国经济的平衡性、包容性和可持续性将会发挥越来越大的作用。但要明确的是，中国实行的社会主义市场经济、发挥市场在资源配置中的决定性作用与新自由主义有着本质上的区别。公有制的主体地位在社会主义国家中不可动摇，而非公有制经济是为我国社会主义经济服务的。盲目私有化不仅不利于激发我国经济的活力，还可能使我国的经济发展陷入困境。只有巩固和发展公有制经济，通过社会主义公有制经济的制约和影响，才能使资本主义性质经济的内在本质中不利于社会主义的消极因素得到抑制，而有利于社会主义经济的积极因素得到发展。

三、"两个毫不动摇"是中国政治经济学理论的重大创新

关于中国特色社会主义政治经济学的构建，自改革开放以来我国进行了一系列艰难探索，现阶段主要面临两大难题：其一，理论创新遇到瓶颈。目前贯穿于中国特色社会主义初级阶段的政治经济学还未适应新时代的需要，应加速理论创新。其二，理论构建面临诸多悬而未解的学术难题。目前，学术界对中国特色社会主义政治经济学的核心范畴、基本规律等方面的理解还存在一些不同的认识，甚至关于某些问题的分歧出现了日益扩大的趋势。这两大难题在很大程度上限制了中国特色社会主义政治经济学的理论化水平，导致政治经济学中诸多经典理论未能充分体现在中国特色社会主义政治经济学中，即一系列具有中国特色的经济思想未能与政治经济学的经典理论实现有机融合。中国特色社会主义政治经济学的"特色"二字，其最根本的要义，就是要立足于中国的经济实践，用马克思主义经济学的范式解释中国现象、解决中国问题，即坚持问题导向和目标导向相统一是中国特色社会主义政治经济学的一个重要标志。进入新时代以来，习近平总书记立足于马克思主义基本原理，以全新的视野深化对新常态下中国经济社会建设规律的认识，并且多次就坚持和发展马克思主义政治经济学发表重要论述，强调"坚持和发展中国特色社会主义政治经济学"。

（一）以人民为中心，发挥社会主义公有制的优越性

在生产资料公有制下，社会产品归劳动者群体共同占有，并且确立了按劳分

---

① 陶文昭.习近平总书记"7·26"重要讲话是中国特色社会主义发展关键期的战略指引［J］.前线，2017（8）：111.

配在分配方式中的主体地位。在生产资料公有制的社会中，人民当家作主，人民是生产资料的所有者，是最终支配生产资料的主人。公有制所强调的是任何个人或集团均不享有支配和使用生产资料的特权，通过调动各方面的积极性、主动性以及创造性，实现经济发展和人的发展有机统一，从而为更高水平生产力的发展开辟出更为广阔的空间。以人民为中心的发展思想充分体现了社会主义公有制的人民性，是马克思主义政治经济学的根本立场。坚持以人民为中心，就是要明确发展是为了人民。

西方经济学所推崇的发展观是追求物质财富的积累，即认为发展的目的主要是实现国内生产总值的增加、人均国民收入的提高以及产业结构的升级，而忽视了具体的人特别是普通劳动者的真实情况和感受。这一发展观既没有立足于满足人的需求，也没有着眼于充分发挥人的主观能动性。在一定的历史时期，这样的发展理念虽然能在一定程度上促进经济增长，然而这样的增长是不健康、不可持续的，经常会被经济危机所打断。此外，忽略人发展的经济增长也往往会出现异化。以人民为中心的发展思想立足于中国的经济实践和马克思主义政治经济学的根本立场，并且也选择性地吸收了当代西方经济学中与市场经济一般相联系的即不具有特殊的社会经济属性的经济学概念和范畴，其本质在于实现经济发展和人的发展有机统一。坚持以人民为中心实际上就是把人作为发展的目的和归宿，追求人的全面发展。具体而言，就是要全方位满足人的真实需要，全方位丰富和提高人创造美好生活的能力，努力实现人的全面发展。而且，以人民为中心的发展思想不是只追求少数人的全面发展，而是追求最广大人民的全面发展，通过把人的自由而全面的发展放在核心位置来转变经济发展方式，即不是单纯依靠物质的增长来拉动经济增长，而是依靠人的智慧、人的素质以及人的创造力来推动经济增长。坚持以人民为中心的发展思想是新时代坚持和发展中国特色社会主义的重要基石。

习近平总书记提出的共享发展理念继承并拓展了马克思主义公平正义观，是以人民为中心思想的重要体现。按照共享发展理念，就是要实现人民群众平等地分享改革发展的成果，共同得到实实在在的利益，从而逐步实现共同富裕。改革开放40多年来，我国经济社会发展取得了巨大成就，人民的总体生活水平得到了较大改善。但是，现阶段我国财富的分配格局尚存在不合理之处，反映在不同行业之间、不同地域之间特别是城乡之间的收入差距仍然较大，农村居民人均可支配收入远低于城镇居民。2019年，中央经济工作会议强调要确保脱贫攻坚任务如期全面完成，这就需要充分发挥公有制经济的强大推动力量，不断提升贫困地区的交通、通信基础设施，实现基础提升型扶贫；着力变革落后地区的制度、机制基本设计，实现制度变革型扶贫。习近平总书记指出，"蛋糕"不断做大了，同时还要把"蛋糕"分好 ①。实现全民共享，就是要把不断做大的"蛋糕"分好，让社会主义公有制的优越性得到更充分的体现，让人民群众有更多的获得感、幸福感。

（二）以"亲""清"新型政商关系，引领新时代非公有制经济健康发展

推动非公有制经济的良性发展，关键在于正确处理好市场与政府之间的关系。新时代下必须把市场在资源配置中起决定性作用和更好发挥政府作用有机结合起来，即必须坚持新时代中国特色社会主义市场经济正确的改革方向，从广度和深度上推进市场化改革，减少政府对资源的直接配置以及对微观经济活动的直接干预，通过加快新时代政府职能的转变，有效激发各类市场主体的活力，为非公有制经济人士提供良好的营商环境，促进非公有制经济的长期健康发展。为此需要加快构建"亲商""清政"的新型政商关系，协调好政府与市场、权力与资本以及官员与企业家之间的关系。

国际经验表明，在一个多种体制相互融合的新兴经济体、转轨经济体中，企业家往往感到与政府越来越有隔阂和距离，而实际上政府在这样一个高速发展、矛盾临界的发展阶段中也有自身的困惑及困境。这两种现象并存的主要原因是时代改变了，新兴产业的发展规律以及创新发展规律也发生了变化，这就需要重建政商关系。习近平总书记在党的十九大报告中明确提出要构建"亲""清"新型政商关系，即要在政企之间营造共同信任信赖的环境，实现包容发展。"亲"就是政府的公权力不仅要用来帮助国有企业，也要用来真诚地帮助民营企业解决问题、克服困难。"清"就是政府官员在与企业的日常交往中，必须廉洁清正、奉公克己，坦坦荡荡地帮助企业的经济发展。没有"亲商"，我国经济的发展容易出现迟缓乏力的现象；没有"清政"而只有"亲商"容易导致民营企业的政企不分。因此"亲商""清政"两者相辅相成，缺一不可。"亲""清"新型政商关系实际上是一种包容性的政商关系，其要求政府以包容的态度对待民营企业家，要在企业遇到困难时帮助企业，让民营企业家有安全感，而不是疏远企业以及无限制地追究一些因历史原因和制度不完善而导致的问题。要有针对性地解决中小企业发展中的突出问题，坚持对国有和民营经济一视同仁、对大中小企业平等对待，加强产权特别是知识产权的保护，努力为企业发展创造良好环境。构建政商关系的重点是大力推进我国法治建设，不断完善市场体系，通过明确官商交往的规则和边界来减少公职人员的腐败问题，使权力在阳光下运行，使经济在包容中发展。市场经济和法治中国需要"亲""清"的政商关系。"亲""清"新型政商关系是新时代下推动中国经济高质量发展的重要基石。

---

① 马晓途.做大"蛋糕"分好"蛋糕"［N］.内蒙古日报（汉），2015-10-22（5）.

新时代交通强国思想助力全面小康社会建成

——以我国铁路发展为例

陈欢欢

摘要： 2000~2020 年，我国致力于全面建成小康社会。全面建成小康社会需要政治、经济、文化等各方面的发展进步，铁路是国民经济的大动脉，因此加强铁路建设对于支撑和引领经济发展，建成全面小康社会具有重要作用。铁路建设在这一时期取得了决定性的成就，铁路规模持续扩大、铁路运营不断优化、铁路技术接连创新，特别是中国高铁走出国门，走向世界，建立了中国标准。铁路部门也通过资金投入、运输帮扶、旅游扶贫等多种扶贫方式助力脱贫攻坚，帮助贫困地区在实现脱贫方面取得显著成效。随着第一个百年奋斗目标的实现，第二个百年奋斗目标迈上新征程，铁路也要持续推进现代化建设，带动各行各业的现代化，从而为社会主义现代化强国打下坚实的基础。

关键词： 铁路建设；国民经济；全面建成小康社会

一、铁路对国民经济的作用

"铁路是国民经济大动脉、关键基础设施和重大民生工程，是综合交通运输体系的骨干和主要交通方式之一，在我国经济社会发展中的地位和作用至关重要。"[①] 铁路设施的完善意味着减少商品、原料、技术、人员等要素在空间上的阻隔，实现要素空间循环畅通。要素的阻隔会对国民经济形成制约，当交通滞后于经济发展时，会阻碍经济的发展。我国经济进入新发展阶段，铁路建设仍有发展空间，需要进一步加强铁路建设，发挥铁路在减少空间阻隔方面的作用，支撑和引领经济发展。

作者简介：陈欢欢，女，上海对外经贸大学马克思主义学院 2020 级硕士研究生。

[①] 中华人民共和国国家发展和改革委员会. 关于印发《中长期铁路网规划》的通知［EB/OL］.［2016-07-13］. https://www.ndrc.gov.cn/xxgk/zcfb/ghwb/201607/t20160720_962188_ext.html.

（一）要素空间阻隔对国民经济的制约

我国幅员辽阔，东西跨度 5400 公里，南北相距 5200 公里，不同地区资源、地形、人口、气候等差异较大，巨大的差异一方面给经济发展带来广阔的发展空间，另一方面又对各地区之间的互联互通造成困难。商品、原料、技术、人员等要素的流动依赖于交通通达程度。要素之间距离较远会导致运费高、运输时间长、运输难度大等问题，而要素流通的快捷性、便利性和广泛性是经济发展的重要因素。"一种商品越容易变坏，生产出来越要赶快消费，赶快卖掉，它能离开产地的距离就越小，它的空间流通领域就越狭窄，它的销售市场就越带有地方性质。"① 商品的销售市场取决于空间流通领域，当运输方式改善时（减少运输时间或者改善运输存储条件），以时间换取空间，商品的销售市场相应扩大，从而增进要素流通。同时，经济发展是综合多因素的结果，区域发展差距、区域一体化程度、产业布局等方面均会受到要素空间阻隔的影响。当前我国区域发展差距较大、区域一体化程度较低、产业布局不合理，在一定程度上受到要素空间阻隔的制约。随着经济发展水平的提高，第三产业中旅游业的兴起更需要交通基础设施作为基础。

党的十九大报告提出，我国的主要矛盾已经转变为人民日益增长的美好生活需要和不平衡不充分的发展之间的矛盾。发展不平衡问题已经成为制约我国经济发展的重要问题，其中区域发展不平衡受到要素空间阻隔的因素较大。有学者对交通基础设施是否区域经济发展差距中的原因进行了相应的实证研究，得出"不同省份交通基础设施的差异导致了它们在经济发展中的差异"②。依据经济发展水平，2011 年国家统计局把全国经济区域划分为东部、中部、西部和东北四大地区。从表 1 可以看到，2000~2019 年，东中西部三个区域 GDP 在全国所占的比重较为稳定，中部和西部略有小幅上升，东北地区 GDP 占比下降幅度较大，说明西部大开发和中部崛起战略有一定成效。从 2021 年第一季度经济增长速度的统计数据来看，沿海地区省份广东、江苏、浙江的增长速度均在全国平均增长速度以上，尽管沿海地区的经济总量已经相对较大，增长速度仍高于内陆地区，表明缩小地区发展差距任务依旧艰巨。

表 1　2000 年与 2019 年全国各地区 GDP 比较

地区	2000 年 GDP（亿元）	2000 年 GDP 占比（%）	2019 年 GDP（亿元）	2019 年 GDP 占比（%）
东部	52743.47	53.44	511161.19	51.88

---

① 马克思.资本论（第 2 卷）[M].北京：人民出版社，2018：145.

② 刘生龙，胡鞍钢.交通基础设施与经济增长：中国区域差距的视角 [J].中国工业经济，2010（4）：14-23.

续表

地区	2000年GDP（亿元）	2000年GDP占比（%）	2019年GDP（亿元）	2019年GDP占比（%）
中部	18900.75	19.15	218737.79	22.20
西部	17276.41	17.51	205185.18	20.82
东北	9771.97	9.90	50248.95	5.10
合计	98692.6		985333.11	

资料来源：根据历年《中国统计年鉴》制作。

　　党中央一直高度重视区域协调发展问题，从党的十六大到党的十九大，推进区域协调发展工作一直是党的报告中的重要工作之一，并且出台了一系列政策文件旨在缩小地区发展差距。然而自改革开放以来，东部地区的先富并没有使"扩散效应""涓滴效应""后发优势"等充分显现，因此进一步完善欠发达地区交通基础设施建设，提升欠发达地区经济发展水平，推动区域均衡发展具有重要意义。

（二）铁路对减少要素空间阻隔的作用

　　从图1和图2可以看到全国人均GDP与各地区铁路密度具有较强的关联性，经济越发达的地区铁路密度也越高，足以见铁路对于发展经济的重要作用。铁路发展的显著作用在于打破各地区之间的空间阻隔。空间阻隔的打破一方面依赖信息技术的发展，另一方面依赖交通运输体系的完善。在交通设施日益完善的当下，传统地理空间的概念逐渐弱化，更加侧重于两地交通空间通达的时间。铁路相较于其他运输方式，具有速度快、运费低廉、稳定性好、运量大等优势，在综合交通运输体系中占据重要的位置。

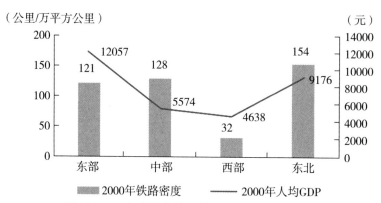

图1　2000年全国各地区铁路密度与人均GDP

资料来源：根据历年《中国统计年鉴》制作。

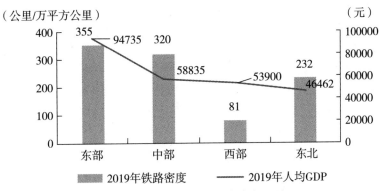

图 2　2019 年全国各地区铁路密度与人均 GDP

资料来源：根据历年《中国统计年鉴》制作。

　　铁路的发展，有利于缩短要素流动时间。从北京到上海，相距大约 1300 公里，京沪高铁的开通，使两地的空间距离从 10 小时缩短到最短只需 4 小时 18 分钟，早上出发，中午即可到达。两个地区均是经济高度发达的地区，京沪高铁极大推动了两地人员往来，扩大了人员往来规模。自 2011 年 6 月 30 日开通到 2019 年 6 月 30 日，京沪高铁累计运送旅客 10.3 亿人次，年均增长 20.4%。[①]农产品储存时间较短，我国农产品产地主要在东北、华北、西北地区，距离消费市场沿海经济发达地区较远，而农产品具有保存时间较短的特性，一方面会导致农产品运输距离不能过远，另一方面导致农产品运输量不能过大，使农产品销售市场较小。因此缩短运输时间，可以发挥空间收敛效应，扩大农产品销售市场，有利于资源的合理配置以及农业的发展。

　　铁路的发展，有利于降低要素流动费用。铁路与公路相比，在长距离运输方面，具有运输成本优势，铁路自身运输能力的提升，也会有效降低物流成本。根据 2018 年煤炭运价，1000 公里煤炭运费约为 147.3 元（实际运费根据线路会有相应差异），公路运费约为 250 元，铁路运费约为公路运费的 60%，铁路在大宗货物的长距离运输方面具有显著优势。2019 年开通的浩吉铁路是中国"北煤南运"战略运输通道，开通之后，内蒙古、山西、陕西的煤炭可以直接运送到湖北、湖南、江西，不仅缩短了运输时间，也降低了运输费用，预计每吨运费可以下降 30~50 元。

　　铁路的发展，有利于扩大要素流动范围。青藏高原平均海拔在 4000 米以上，地形复杂，生态脆弱，交通闭塞。青藏铁路的开通，使西藏进入铁路时代，减少了外界进入西藏的困难，带动了西藏旅游业的发展，也便利了西藏地区的人员出行。通过打工、经商、上学增进西藏与外界的往来，提升要素流动性，西藏地区的 GDP 有了大幅增长，而在这之前，西藏与外界的联系较少，要素流动性较低，

①　张晓鸣 . 京沪高铁运送旅客 10.3 亿人次［N］. 文汇报，2019-07-01.

西藏地区的发展较为困难。

因此，铁路的发展使要素流动时间缩短，流动费用下降，流动范围扩大。对第一产业来说，可以扩大商品销售市场。对于第二产业来说，可以降低商品、原料的储备量，降低库存剩余风险，提高资本周转效率。对于第三产业来说，一方面促进商贸往来、信息互通；另一方面促进旅游产业的发展，并且有利于产业转移以及产业结构优化，从而促进区域协调发展以及经济发展。

二、全面建设小康社会过程中铁路建设的决定性成就

基于中国经济发展的需要和全面建设小康社会的要求：一方面，中国铁路渐进提速，量力而行，1997~2007年，经过六次提速，客车平均运行时速从54.9公里提升到70.2公里，并且随着高速铁路的飞速发展，中国铁路速度逐渐位于世界前列；另一方面，2000~2016年，国务院通过了三版《中长期铁路网规划》。由于铁路建设速度超出预期，国务院及铁路部门不断根据实际情况调整规划，合理规划铁路网建设规模。从2004年第一版规划到2020年营业里程达到10万公里，2008年修改规划到2020年营业里程达到12万公里，2016年最新版规划到2020年达到15万公里，从"四纵四横"到"八纵八横"，并重点加快中西部的铁路建设，逐步形成完善的铁路网。在铁路部门的加快建设下，2020年底，铁路营业里程已达到14.6万公里，铁路基础网络已初步形成。2000~2020年，铁路建设取得了决定性成就，同时也注重发挥铁路扶贫功能，为全面建设小康社会提供有力支撑和建设现代化强国打下良好的交通基础。

（一）铁路建设全方位持续推进

第一，铁路设施规模不断扩大。自2008年金融危机以来，全球经济低迷，中国在经历高速发展之后，也面临着经济结构调整的压力，经济下行压力不断增大，然而在这样的情况下，铁路投资持续保持在高位。《中国统计年鉴》数据显示，2000年，铁路固定资产投资为805.27亿元，2018年增长到8276.73元，增长了约9.3倍，"十三五"时期，铁路固定资产投资达3.5万亿~3.8万亿元。这说明铁路建设在现阶段国民经济发展中依旧具有重要战略意义。随着投资规模持续高位运行，中国铁路设施实现了量的飞跃，2000~2018年，铁路营业里程从6.9万公里增长到13.2万公里，增长了约0.9倍（见图3），铁路网密度相应从71.51公里/万平方公里增长到137.1公里/万平方公里。铁路设施在扩大规模的同时推动设施的优化，2000~2018年，铁路复线里程从21408公里增长到76346公里，增长了约2.6倍，电气化里程从14864公里增长到92185公里，增长了约5.2倍。线路的优化表明我国铁路设施质量和技术有了较大提高。

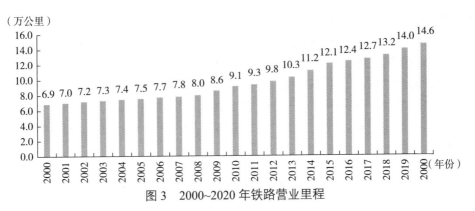

图 3　2000~2020 年铁路营业里程

资料来源：根据历年《中国统计年鉴》制作。

第二，铁路运营状况不断优化。随着人口的增长、经济的发展，人口流动需求不断增长。《中国统计年鉴》数据显示，2000 年，铁路客运量为 105073 万人，2019 年为 366002 万人；2000 年，旅客周转量为 4532.6 亿人公里，占比 36.97%，2019 年为 14706.6 亿人公里，占比 41.6%。相较于其他运输方式，铁路对于旅客长距离运输有着得天独厚的优势。2000 年，旅客运输平均运距为 431 公里，2019 年为 402 公里，旅客平均运距的下降，表明城际铁路的发展，使中短途铁路优势越发明显。因此，铁路客运量在全国运输方式比重从 2000 的 7.1% 增长到 2019 年的 20.79%，而且比重有进一步升高的趋势，铁路客运仍具有较大发展潜力。2000 年，铁路货运量为 178581 万吨，占全国货运量的比重为 13.14%；2019 年铁路货运量为 4713624 万吨，占全国货运量的比重为 9.31%，随着我国经济结构的调整，铁路货运量在运输方式中所占比重未来将会有提升的趋势。2000 年，货物周转量为 13770.5 亿吨公里，占比为 31.07%；2019 年为 30182 亿吨公里，占比为 15.14%。可见，我国铁路运输线路繁忙程度高，运营能力较强。

（二）高速铁路实现高质量发展

高速铁路具有载客量高、时效高、安全性高、正点率高、舒适度高、经济便利、能耗低等优势，成为旅客出行的优质选择，具有高度经济效益和社会效益。不同时代、不同地区对高速铁路的时速标准有不同的规定。目前，时速主要采用两种标准，即 200 公里以上及 250 公里以上，我国采用时速 250 公里以上的铁路为高速铁路。

我国高速铁路起步较晚，但发展迅速。2008 年，我国开通首条高速铁路，营业里程只有 266 公里，到 2013 年底，营业里程突破 1 万公里，约占世界高铁运营里程的 45%，到 2018 年已经拥有 29904 公里，旅客发送量突破 50 亿人次。京沪高铁、京广高铁联通经济发达地区，旅客运输量大，要素流动性的加强为经济发展提供动力。高铁的发展不仅停留于规模层面，更重要的是高铁技术的发展，用十年左右的时间，中国高铁通过技术创新，已形成了自己的行业标准。2015年，我国第一部正式的高速铁路设计行业标准《高速铁路设计规范》开始实施，提升了高铁的国际化程度以及在国际市场中的竞争力，推动高铁走出国门。"一带一路"建设项目的中老铁路、中泰铁路、中越铁路均采用中国标准，为铁路基础设施建设提供中国技术、中国标准，签署近10年的《泛亚铁路网政府间协定》得以真正落地实施，从规划变为现实，促进各国互联互通、优势互补，也表明中国高铁得到国际认可，在国际市场上已经占据重要地位。

自2004年以来，中国高铁依次经历了自我探索技术积累阶段、技术引进和消化吸收、自主创新、陷入低谷、新一轮高新技术开发和迈入新征程六个阶段，实现弯道超车，已成为中国走向世界的亮丽名片。

（三）铁路扶贫力度大成效显著

随着《国家八七扶贫攻坚计划（1994—2000年）》的实施，自1994年开始，铁道部对新疆和田县和湖北麻城县进行定点扶贫。自2001开始，为全面建设小康社会，中国开始实施《中国农村扶贫开发纲要（2001—2010年）》，到2011年，扶贫形势发生新变化，对扶贫工作也提出了新要求，国务院出台《中国农村扶贫开发纲要（2011—2020年）》（以下简称《纲要》）。《纲要》的出台，为铁路部门的扶贫工作提供了指导和方向。

自2001年开始，铁道部（2013年3月11起改为中国铁路总公司）根据《纲要》进行调研，制定扶贫规划，开展专项扶贫活动，并取得了显著成效。从表2可以看到，2000~2018年，铁道部（中国铁路总公司）每年均会投入扶贫专项资金，且资金投入力度较大，共投入33389.63万元，特别是党的十九大提出"决胜全面建成小康社会"以后，铁道部在2018年大幅增加了扶贫资金投入。这些扶贫资金用于贫困地区的教育、农业、交通、医疗卫生、救灾等方面，建立和维修希望小学、发展特色农产品、开展产业扶贫、建设基础设施、改善医疗设施和服务，有效减少了贫困地区的贫困人口、提升了贫困地区的农民收入、增强了贫困地区的经济基础。2006年，胡锦涛在考察铁道部的扶贫项目之后对铁道部的扶贫工作予以肯定。在铁路建设方面，铁路部门大力开展中西部和贫困地区铁路建设，西部地区的铁路投资份额占到全国的70%~80%。2018年，中国铁路总公司制定了《铁路建设扶贫行动方案（2018—2020年）》，对贫困地区加大铁路建设力度。此外，铁路部门不断创新铁路扶贫方式，利用铁路渠道为贫困地区的产业进行免费宣传，开设旅游专列进行旅游扶贫等。

表2　2000~2018年铁路扶贫资金

单位：万元

年份	扶贫资金	年份	扶贫资金
2000	775	2010	2850
2001	1602	2011	1106
2002	540	2012	1074.6
2003	566.8	2013	940
2004	1812.53	2014	940
2005	4672.3	2015	897.7
2006	2309.8	2016	2410
2007	2341	2017	1604.5
2008	2111	2018	4911
2009	1000	合计	33389.63

资料来源：根据历年《中国铁道年鉴》制作。

三、铁路在建设交通强国和现代化国家中的作用

经过二十年的高速发展，中国铁路多项设施和运营指标已经位于世界前列，随着我国经济进入新常态，经济发展方式正处于转型期，要"加快推动铁路发展质量变革、效率变革和动力变革"[①]。铁路集团根据《交通强国建设纲要》发布了《新时代交通强国铁路先行规划纲要》，将分两个阶段实现现代化铁路强国的目标，"到2035年，将率先建成服务安全优质、保障坚强有力、实力国际领先的现代化铁路强国。到2050年，全面建成更高水平的现代化铁路强国，全面服务和保障社会主义现代化强国建设"[②]，为第二个百年奋斗目标的实现贡献铁路力量。

（一）中国铁路助力建设交通强国

《中国交通年鉴》（2018）数据显示，中国铁路里程数位于世界第二，与第一名的美国20余万公里的铁路营业里程之间仍有较大差距；铁路网密度按照国土面积计算位于世界第七，按照人口计算位于世界第八，在世界发达经济体中的排名仍较靠后（见表3），发达国家铁路建设发展起步早，而且因为经济的需求，所以铁路分布密集，铁路网密度高。中国幅员辽阔，人口众多，仍是发展中国家，因

---

①② 本刊编辑部.新时代交通强国铁路先行规划纲要［J］.铁道技术监督，2020，48（9）：1-6+24.

此中国铁路建设仍需持续推进。值得可喜的是，截至 2017 年底，中国铁路的电气化里程已位于世界第一，电气化率达 68.2%，中国在铁路的高质量发展方面走在世界前列，中国推进铁路设施规模扩大的同时也注重推进铁路技术和建设质量的提升，中国铁路发展理念以及实践符合新发展阶段需求。

表 3　2017 年世界主要国家铁路设施指标对比

国家	营业里程						路网密度			
	总数（公里）	位次	复线（公里）	位次	电气化（公里）	位次	按国土面积（公里/万平方公里）	位次	按人口（公里/万人）	位次
美国	228218	1	151877	1	1600	8	237.01	5	7.22	2
中国	126969.9	2	71761	2	86553.4	1	132.2	7	0.91	8
俄罗斯	85545	3	38290	3	43852	2	50.30	9	5.92	3
印度	66987	4	19989	4	23555	3	203.78	6	0.51	9
加拿大	52131	5	16997	7	258	9	52.21	8	14.83	1
德国	33488	6	18472	5	20233	4	936.99	1	4.06	5
法国	29979	7	17072	6	15957	5	467.52	4	4.54	4
日本	19256	8	7740	9	11699	6	509.42	3	1.52	7
英国	16253	9	12000	8	5483	7	667.20	2	2.48	6

资料来源：根据《中国交通年鉴》（2018）制作。

根据《中国交通年鉴》（2018）世界主要国家铁路运营数据，中国的旅客发送量为 30.84 亿人次，位于世界第三，而位于世界第一的日本有 92.36 亿人次，印度有 81.07 亿人次。日本人口约为中国的 9%，国土面积约为中国 4%，旅客发送量却是中国的 3 倍，日本高度发达的铁路设施，值得我国借鉴。中国的旅客周转量为 13456.92 亿人公里，位于世界第一，日本的旅客周转量为 2662.94 亿人公里，远远低于中国，可见中国铁路运输的繁忙程度高、压力大，仍需进一步优化。中国货物发送量为 36.89 亿吨，大约为美国的 2.6 倍；中国的货物周转量为 26962.20 亿吨公里，位于世界第一，其次是俄罗斯；中国的客运密度为 1261 万人公里/公里，位于世界第三，第一位、第二位分别为印度和日本；中国的货运密度位于世界第二，第一位是俄罗斯（见表 4）。中国铁路货物发送量、周转量、客运密度、货运密度均位于世界前列，可见中国的铁路运输需求大、运营能力强。

表4　世界主要国家铁路运营指标对比

国家	旅客发送量（亿人次）	位次	旅客周转量（亿人公里）	位次	货物发送量（亿吨）	位次	货物周转量（亿吨公里）	位次	客运密度（万人公里/公里）	位次	货运密度（万吨公里/公里）	位次
中国	30.84	3	13456.92	1	36.89	1	26962.20	1	1261	3	2672	2
美国	0.31	8	104.92	8	14.09	2	23146.93	3	46	8	1014	3
俄罗斯	11.18	7	1207.77	4	13.84	3	24918.76	2	141	7	2913	1
印度	81.07	2	11430.39	2	11.02	4	6544.81	4	1706	1	977	5
日本	92.36	1	2662.94	3	0.31	9	202.55	8	1383	2	105	9
德国	20.76	4	825.20	6	2.71	6	926.51	6	246	6	277	6
英国	15.60	5	666.61	7	1.10	7	192.30	7	410	5	118	7
法国	12.71	6	906.38	5	0.62	8	336.42	7	302	5	112	8
加拿大	0.04	9	15.35	9	3.04	5	5113.97	5	3	9	981	4

资料来源：根据《中国交通年鉴》（2018）制作。

　　中国铁路建设的规模和技术基本已经位于世界前列，在世界上已经具有重要地位，但是中国经济体量大、市场发展潜力大，根据我国国情以及畅通国内大循环和坚持新发展理念的要求，铁路建设依旧需要持续推进。铁路总公司也提出"交通强国，铁路先行"的目标和任务进一步推动铁路产业智能化、信息化、数据化，使铁路设施更加智能、运营更加科学，如"京张高铁，实现自动驾驶、刷脸进站等智能体检功能"[①]，必须努力建设现代化铁路强国，推动交通强国建设。

（二）铁路的现代化带动国家的现代化

　　我国正处于"两个一百年"奋斗目标的历史交汇期，从全面小康到社会主义现代化强国建设，铁路的现代化将会有力推动国家现代化。铁路现代化在现代化国家建设中的作用主要体现在四个方面：第一，我国进入新发展阶段，东部产业结构处于转型升级期，制造业正逐步从东部转移到西部，铁路的现代化建设将会推动产业的转型升级以及区域协调发展。第二，我国为应对气候变化，制定了2030年达到碳峰值和2060年达到碳中和的目标，到2030年，单位国内生产总值二氧化碳排放将比2005年下降65%以上。这一战略目标对经济的发展相当于一次重要的革命，逼迫产业转型升级，而且我国城镇化、工业化仍在进行中，因此实现这一目标具有较大压力。我国经济必须尽快从粗放型向集约型转变，铁路建设一方面需要耗费大量能源，另一方面建成的铁路可以推动能源的节约，有必要加快实现铁路的现代化。第三，由于我国正在进行供给侧改革，铁路供给侧结构也

---

① 姜旭.铁路运输与国民经济发展：中国铁路运输70年［M］.北京：经济管理出版社，2020：33.

需要相应优化，铁路供给侧改革提出了货运增量行动、客运提质计划、复兴号品牌战略三大举措，这三大举措的实现需要铁路现代化。第四，由于第四次工业革命带来的产业变革，当前产业智能化、信息化、数据化快速发展，铁路行业要率先进行产业变革，带动相关产业变革，正如马克思所说："一个工业部门生产方式的变革，必定引起其他部门生产方式的变革。"① 因此，铁路的现代化会带动其他行业的现代化。

---

① 马克思.资本论（第1卷）[M].北京：人民出版社，2018：440.

农村公路助力小康社会的政治经济学分析

张耿庆　陶也婕

摘要：基于马克思《资本论》中的交通运输论，结合中国新时代交通强国的时代背景，党的十八大以来，习近平总书记多次就农村公路发展作出重要指示，为坚决打赢脱贫攻坚战，全面建成小康社会提供了有力保障。农村公路的发展不仅支撑着我国农村经济的发展，还能起到改善民生的作用，缩小城乡差距，从而促进社会和谐。农村公路是解决"三农"问题的根本出路，如今以农村公路为依托的行业日渐成为新兴产业，不仅带动农村地区整体协调发展，更是乡村振兴战略落到实处的切实体现，也为全面建成小康社会提供了坚强交通运输保障。

关键词：农村公路；全面小康；脱贫攻坚；经济发展；交通运输

从古至今，公路交通一直是一个城市、一个省份甚至是一个国家现代化进程的体现，也是一个国家经济实力的象征。其中，农村公路是我国公路建设环节中不可缺少的重要部分，若将全国的交通系统比作血液循环系统，那么高速公路和各省级干线公路是交通大动脉，负责主要的经济往来，农村公路则被比喻成毛细血管，沟通连接着各种基础物资的输送。此外，农村公路也是服务"三农"的基础性设施，自 2004 年以来，"三农"问题一直占据着中国特色社会主义现代化"重中之重"的地位。[①]农村公路作为农村欠发达地区最主要的甚至是唯一的交通运输方式，且作为乡村振兴的重要性、先导性条件，为加快农村农业现代化提供强有力的交通运输保障，同时也为全面建成小康社会发挥服务支撑性和先行导向性作用。

基金项目：上海市哲学社会科学规划一般课题"新时代中国特色社会主义乡村振兴的政治经济学研究"（2018BKS014）。

作者简介：张耿庆，男，山西平定人，上海对外经贸大学马克思主义学院、《资本论》与政治经济学研究中心副教授，博士，研究方向：政治经济学。陶也婕，上海对外经贸大学马克思主义学院硕士研究生，研究方向：马克思主义政治经济学。

① 中共中央国务院关于"三农"工作的一号文件汇编（1982—2014）[M].北京：人民出版社，2014.

一、理论基础

（一）马克思经典原著关于交通运输的论述

马克思交通运输理论是马克思经济理论的重要组成部分。交通运输业的发展是经济社会发展的先行和先决条件，它的发展规模和速度直接决定着经济社会的发展规模和速度，直接影响着我国现代化的进程。

1. 交通运输业是个独立的生产部门

随着生产力和社会分工的发展，交通运输的兴起使其成为一个独立的物质生产部门，马克思在《资本论》中提到：商品在空间上的流通，即实际的移动，就是商品的运输。运输业一方面形成一个独立的生产部门，从而形成生产资本的一个特殊的投资领域。另一方面又具有如下特征：它表现为生产过程在流通过程内的继续，并且为了流通过程而继续。①

2. 交通运输助力经济中心形成，助力经济全球化

马克思高度赞扬交通行业对经济产生的影响，并指出："能与交通运输革命相提并论的唯有十八世纪下半叶的工业革命。"② 交通运输能够加速资本周转，进而形成市场中心。正如世界历史展示的那样，英国在 1848~1866 年的空前繁荣得益于新航路的开辟、交通的发展、世界市场的形成。马克思恩格斯要求发展交通运输业，不断开拓世界市场的思想理论，对于习近平总书记不断提高对外开放水平、实施"一带一路"倡议、经济全球化、构建人类命运共同体等一系列重要论述具有极强的指导意义。

3. 交通运输影响区域经济发展

马克思曾说："土地的位置随着一国工业的发展、随交通手段、随人口增加必然不断改善时，而位置和自然丰度会一样发生作用的。"③ 产业布局在于资源的分布，而资源被利用的优先度在不同程度上受交通的影响，产业布局也会随交通的发展不断优化。

马克思认为交通运输发展加快人口和资本的集中，在资本主义国家，城市已经表明了人口、生产工具、资本、享受和需求的集中这个事实，而在乡村里则是完全相反的情况，即孤立和分散，随着大量人口和资本在一定的地点这样加速集中，大量资本也就集中在少数人手里。④ 因此少数财富集中在资产阶级手中，造成了无产阶级的贫困。建立社会主义国家可以实现区域平衡发展，消除贫困，除此

① 马克思.资本论（第2卷）[M].北京：人民出版社，2004：170.
② 马克思.资本论[M].徐靖喻，译.北京：煤炭工业出版社，2016：356-357.
③ 马克思恩格斯全集（第26卷）[M].北京：人民出版社，1975：111.
④ 马克思恩格斯选集（第1卷）[M].北京：人民出版社，1995：104.

之外要大力发展交通运输事业。[①] 马克思、恩格斯提出的交通运输要平衡协调发展的理论，为习近平总书记提出抓住"十三五"发展黄金时期，实施京津冀协同发展、长江经济带等重要战略提供了思想来源。

（二）中国共产党领导人关于交通运输的理论

中国共产党成立后，在新民主主义革命和社会主义建设过程中，形成了丰富的交通运输思想：交通先行、交通为基战略；集中力量办交通；人民交通人民办，办好交通为人民；发扬光荣传统，做好思想政治工作，调动各党派专家和民主人士办交通的积极性；发展交通推进外交工作；坚持科学技术是第一生产力，科教兴交，人才强交等。

在中华人民共和国成立初期，以毛泽东同志为主要代表的党和国家领导人就对交通工作的重要性有着清醒的认识。毛泽东在党的七大上强调，恢复和发展经济"首先是解决交通运输和修理铁路、公路、河道的问题"。[②] 从战略高度上深刻总结了旧式中国交通落后、经济萧条、国土四分五裂以及政治七零八落的深痛教训，论述了促进交通发展的重要性。

改革开放初期，在经历经济严重比例失调后，邓小平提出需要在调整中加强交通建设，把交通建设与其他各项事业通盘考虑。党的十一届三中全会把我国战略重点转移到社会主义现代化建设上来以后，在邓小平倡导下，整个经济建设和社会发展以交通运输等基础产业的超前建设为前提而进行。1982年，邓小平曾深刻指出："我们整个经济发展的战略，能源、交通是重点，多搞一点铁路、公路、航运，能办很多事情。"[③] 党的十三大又提出要发展"以综合运输体系为主轴的交通业"，为我国交通运输事业指明了广阔的前景。自此，我国交通运输业发展迈入了快车道，蓬勃发展，日新月异。

2009年，胡锦涛在考察新疆时指出："要科学规划、加快实施，抓紧建设综合交通运输体系。"[④] 交通运输系统是事关区域经济发展与人民生活水平提高的最重要的基础设施之一，要科学规划、加快实施，抓紧建设综合交通运输体系。

党的十八大以来，习近平总书记深刻把握新时代我国发展的阶段性特征，对交通事业发展作出一系列重要论述，提出了建设交通强国的时代课题，并且在党的十九大时作出建设交通强国的重大战略决策。交通运输是国民经济中基础性、先导性、战略性产业和重要的服务性行业，是推动可持续发展的重要支撑。自党的十八大以来，中国交通发展取得历史性成就，已经建成了交通大国，正加快向

---

① 庞明礼，张凤.被动式城镇化的社会稳定风险：一个政治经济学分析框架［J］.经济社会体制比较，2015（4）：68-75.

② 毛泽东选集（第4卷）［M］.北京：人民出版社，1991：1348.

③ 邓小平文选（第3卷）［M］.北京：人民出版社，1993：16-17.

④ 哈琳琳，袁蕾.公铁空一体化 实现高效换乘［N］.新疆日报（汉），2010-05-13（5）.

交通强国迈进。

全面奔小康，关键在农村；农村奔小康，基础在交通。[①]农村公路作为综合交通运输体系的重要组成部分，让贫困地区的农民群众"进得来、出得去、行得通、走得畅"。

中华人民共和国成立七十多年来尤其是改革开放以来，农村公路的发展大致经历由低到高、由差到好、由少到多等有序发展的过程。由最开始的建设起步阶段，到改革开放时期的加速发展阶段，再到快速发展阶段，最后是从 2013 年到如今的高质量发展阶段，农村公路作为农村经济的重要载体，直接关系到农民脱贫致富奔小康的步伐。

二、关于农村公路的情况概述

（一）农村公路发展历程

1978 年，我国农村公路里程只有 58.6 万公里，大量乡镇和村庄都不通公路，农村中心集镇的发展刚刚起步。到 2002 年底，我国农村公路达到 133.7 万公里。2003 年作为农村公路大建设的新起点，交通部党组提出"修好农村路，服务城镇化，让农民兄弟走上油路和水泥路的目标"[②]；2005 年，国务院办公厅颁布《农村公路管理养护体制改革方案》（国发办〔2005〕49 号），建立了以县为主的养护管理体制，明确了养护资金的渠道。[③]从 2006 年开始，我国进入实施"十一五"发展规划阶段，交通部组织实施了"五千亿元"工程，我国农村公路建设步入了历史上最大规模的快速发展时期。在全面建成小康社会和实现中华民族伟大复兴征程中，"三农"问题一直牵动着习近平总书记的心。2014 年 3 月 4 日，习近平总书记在关于农村公路发展的报告上批示强调："应充分发挥交通基础设施建设带来的先导作用，特别是在一些贫困地区，改一条溜索、修一段公路就能给群众打开一扇脱贫致富的大门。……要通过创新体制、完善政策，进一步加强农村公路的建设、管理、维护与运营，在逐步完善中消除制约农村经济发展的交通瓶颈，引领广大农民走向脱贫致富奔小康的道路。"俗话说："要想富，先修路。"农村基础设施和生活条件改善是彻底脱贫的根本，也是全面建成小康社会的关键一步。通过基础设施投资促进要素流动，从而缩小居民收入差距，已成为扶贫的重点。

习近平总书记多次强调，没有农村的小康也就没有全面的小康；要逐步消除

① 钱俊君，卢毅，伍慧. 习近平关于交通运输重要论述的主要特点［J］. 长沙理工大学学报（社会科学版），2019，34（6）：47-53.

② 拂晓. 2003—2004 年我国公路交通发展要点［J］. 商用汽车，2004（2）：20-21.

③ 国务院办公厅关于印发农村公路管理养护体制改革方案的通知［EB/OL］.［2005-09-29］. http://www.gov.cn/gongbao/content/2005/content_108100.htm.

制约农村发展的交通瓶颈，为广大农民脱贫致富奔小康提供更好的保障[①]；为使广大农民的小康梦早日实现，要进一步深化和加强农村公路发展。自党的十八大以来，习近平总书记提出了"四好农村路"的概念，并多次对"四好农村路"建设作出重要指示，强调不仅要把农村公路建好，更要管好、护好、运营好，将"四好"概念统筹推进，确保农村公路健康可持续发展，为农业农村发展提供不竭动力，为广大农民致富奔小康、为加快推进农业农村现代化提供更好保障。人民对交通基础设施的需求从"有没有"向"好不好"转变，这是人民对美好生活的实际需要，虽然我国农村公路在数量上已经取得一些突破，但是在供给质量方面仍然存在问题。加快农村公路从规模速度型向质量效用性的转变，不断满足人民日益增长的出行需要。2017年12月，习近平总书记又一次针对农村公路作出专门批示，强调："四好农村路"的建设已取得了显著成效，为农村特别是一些贫困地区带去了人气、财气，也进一步加强了党在基层的民心凝聚力。各有关部门和各地区要认真贯彻党的十九大精神，立足实施乡村振兴战略、打赢脱贫攻坚战的高度，进一步加强领会推进农村公路建设的重要意义，聚焦农村公路建设中的突出问题，完善与农村公路建设相关的政策、机制，不仅要建设好农村公路，更要加强农村公路的管理、维护与运营，让农村公路成为保障农民致富奔小康、农业农村加快现代化建设的坚实基础。[②]下一步，交通运输行业需要坚持问题导向和需求导向，聚焦农村公路建设中的突出问题，完善与农村公路建设相关的政策、机制，扎实推进"四好农村路"高质量发展，为实施乡村振兴战略提供有力支撑，为交通强国建设奠定坚实基础。

习近平关于交通运输的重要论述始终坚持以人民为中心，强调党性与人民性的统一。社会主义初级阶段仍然是我国最大的实际和国情。党的十八大以来，以习近平同志为核心的党中央从全局和战略出发，出台实施了一系列交通服务"三农"的基础性、先导性、含金量高、操作性强的惠农强农举措。

（二）修建农村公路取得的成绩

在规划的科学指引下，我国公路路网规模、技术等级、通达深度发生了翻天覆地的变化。截至2018年底，全国公路总里程、公路密度均为中华人民共和国成立初期的60倍，14.26万公里高速公路如同大动脉为经济社会发展输入不竭动力，404万公里农村公路如同"毛细血管"成为民生路、产业路、致富路。[③]

交通运输部全面贯彻习近平总书记的话语体系，高度重视农村公路建设和质

[①] 习近平总书记关心农村公路发展纪实［EB/OL］.［2014–04–28］. http://news.12371.cn/2014/04/28/ART/11398691024786730.shtml.
[②] 赵京，邓小兵，侯琳. 乡村振兴与"四好农村路"建设［J］.综合运输，2018，40（12）：13–17+22.
[③] "壮丽70年 奋斗新时代"看70年公路交通巨变［N］.中国交通报社，2019–10–08.

量管理，加强顶层设计和行业指导，积极开展"四好农村路"示范县创建，加强对"四好农村路"的督导。2020年9月28日，国新办举行决战决胜脱贫攻坚为全面建成小康社会提供坚实交通保障发布会。截至2020年底，交通扶贫成效显著，全年新增29个乡镇和1146个建制村通客车，基本实现了具备条件的乡镇和建制村100%通客车目标。新改建农村公路26.9万公里，开展乡镇和建制村通硬化路抽查检查，安排22.83亿元支持1.55万公里农村公路灾毁重建，开展乡镇和建制村通客车评估，切实巩固"两通"成果。新改建农村公路超过140万公里，新增通客车建制村超过3.35万个，兑现了"小康路上决不让任何一个地方因交通而掉队"的庄严承诺。①

党的十八大以来，全国新建改建农村公路127.5万公里，99.24%的乡镇和98.34%的建制村通上了沥青路、水泥路，乡镇和建制村通客车率分别达到了99.1%和96.5%以上，城乡运输一体化水平接近80%，农村"出行难"问题得到有效解决，交通扶贫精准化水平不断提高，农村物流网络不断完善。2010~2019年全国农村公路建设里程及增长情况如表1和图1所示。

表1　2010～2019年全国农村公路建设里程及增长情况

年份	农村公路里程（万公里）	农村公路同比增长（%）	全国公路总里程（万公里）	总公路里程同比增长（%）
2010	350.66		400.82	
2011	356.4	1.64	410.6	2.44
2012	367.84	3.21	423.8	3.21
2013	378.48	2.89	435.6	2.78
2014	388.16	2.56	446.39	2.48
2015	398.06	2.55	457.73	2.54
2016	395.98	−0.52	469.63	2.60
2017	400.93	1.25	477.35	1.64
2018	403.97	0.76	484.65	1.53
2019	420.05	3.98	501.25	3.43

---

① 杨传堂，李小鹏主持召开交通运输工作座谈会　勇担使命积极作为奋力加快建设交通强国　为全面建设社会主义现代化国家当好先行 [J].交通财会，2020（12）：2.

图1 2010~2019年全国农村公路建设里程及增长情况

资料来源：根据中国交通运输部2010—2019农村公路建设情况数据汇总。

三、建立起"农村公路+X"的新型经济产业链

马克思在《资本论》中提到：一定量同时使用的工人，是工场手工业内部分工的物质前提，同样，人口数量和人口密度是社会内部分工的物质前提，在这里，人口密度代替工人在同一个工场内的密集。但是，人口密度是一种相对的东西。人口较少但交通工具发达的国家，比人口较多但是交通工具不发达的国家有更加密集的人口。[①] 由此可见，交通运输对于社会分工有着不可或缺的作用。

以农村公路为依托，各省区市结合自身的特点和优势，探索建立起"农村公路+产业""农村公路+文化""农村公路+生态"等模式，为农村带来经济效益、文化效益和生态效益，为农村经济发展注入活力。

近年来，各省区市认真学习贯彻习近平总书记关于"四好农村路"重要指示精神，推进农村公路与乡村产业、生态、文化等深度融合发展，建设更通达、更安全、更舒畅、更美丽的农村公路，为乡村振兴注入活力。

（一）农村公路+产业

随着互联网行业的发展，农村诸多产业与互联网经济相结合，催生了乡村旅游、农村电商、农村物流产业，不仅为农村剩余劳动力提供了就业岗位，而且增加了农民收入，带动相关产业发展，拉动农村地区经济社会发展。[②]

长顺位于贵州省中西部，由于土地贫瘠、资源匮乏、交通闭塞、石漠化严重

---

① 马克思恩格斯文集（第5卷）[M].北京：人民出版社，1975：408.

② 吴锦云.河源市农村公路"建管养运"一体化发展研究[D].广州：仲恺农业工程学院，2018.

等外在原因，属于国家级贫困县，自 2018 年以来长顺县通过"四好农村路"建设，构建了以高速公路为骨架、国省干道为支撑、县乡公路为脉络、村组硬化路为毛细血管的"内优外快"交通网络，逐渐将交通区位优势转化为经济发展的胜势，不仅实现了脱贫摘帽，把抓好交通基础设施建设作为促进农村发展农民增收的重要保障，通过"四好农村路"建设与现代农业的深度融合，促进农村产业升级，真正达到产业增效、贫困户脱贫、农民增收的目的。①

5 年来，全省农村公路累计完成投资 1268 亿元，新改建里程 5.9 万公里，建成 7.87 万公里通组硬化路，实施危桥改造 1254 座、安防工程 8.3 万公里，于 2017 年底在西部率先实现了建制村通畅率、通客运率达 100%，提前 2 年完成交通扶贫兜底性任务，于 2019 年 6 月在西部率先实现 30 户以上村民组通硬化路②，历史性地解决了群众出行难和"黔货出山"难题，以交通为核心的基础设施建设从根本上改变了农村发展条件，促进了经济社会发展。

（二）农村公路 + 文化

鉴于农村普遍文化程度不高，导致农村没有形成特有的农村文化风俗，各省市在建设农村公路的过程中，探索其与乡村文化相融发展模式，将农村的民风民俗、历史人文、红色景区等文化资源进行有机整合，打造特色文化公路，借此提升农村文化素养。重庆市巴南区以"路"为主题，通过在公路一头一尾处设置"康庄大道""和谐之路"浮雕，沿公路两侧设立"秦汉古道""唐宋丝路""当代公路"等壁画和雕塑小品，打造古韵风味的文化桥，建设苏式园林风格与巴渝民居风格相结合的招呼站，搭建有文化墙的道路观景台等方式，建成了全国首条农村生态文化公路。③

在红色文化资源方面，井冈山政府在建设"四好农村路"的过程中，将农村公路建设与其红色文化资源结合起来。以路为媒，大力推进"红军故乡情景再现"工程建设，通过在道路的沿线竖立红色标识，重要节点打造红色雕塑等措施，累计在农村公路共设立红色标识、雕塑等红色印记 1000 余处，让游客来到井冈山就感受到红军故乡的浓厚氛围；践行苏区作风传承"红"，在道路建设中，始终坚持传承苏区的好传统、好作风。④ 这样做把"红色 + 四好农村路"建设与发掘、保护沿线村镇的历史文化结合起来，真正发挥这条公路红色文化、全域旅游、巩固脱贫成果的作用，服务乡村振兴战略，带动沿线经济发展，为经济社会发展提供强大的运输服务保障。

① 孙誉菡，杨燕，范圆圆，等.幸福源自坦途：贵州长顺"四好农村路"发展缩影［J］.中国公路，2020（23）：54-55.
② 李瑜，周雅萌，杜延卿.农村公路：乡村振兴幸福路［J］.当代贵州，2020（47）：16-17.
③ 巴南：农村公路建设融入文化元素［N］.重庆日报，2015-06-18.
④ 江西省井冈山市市委，井冈山人民政府.以路为媒 弘扬红色文化［J］.中国公路，2018（19）：70-71.

（三）农村公路 + 生态

最近几年，农村生态问题成为社会各界人士的热点话题，习近平总书记曾提出要建设好生态宜居的美丽乡村，在农村开展整治环境等活动。由于农村拥有得天独厚的自然资源，风景优美，但是道路不通畅，来往不方便，道路等级低，导致许多游客不愿来农村游玩。在乡村振兴政策的引导下，各省区市大力开展"农村公路 + 生态旅游"模式，将自然资源与公路建设整合在一起，积极打造山水风光、乡村风情深度结合，在公路沿线绿化美化生态环境。

江苏溧阳的"1号农村公路"已经成为农村公路示范点，溧阳凭借着依山傍水的自然资源禀赋和朴实无华的人文风情，以路为线、以路为景、以路为媒，把溧阳优美的自然风光和深厚的人文底蕴展现出来，给人以"人在景中走，如在画中游"的直观感受。[①]"1号农村公路"将国家森林公园、国家湿地公园、省级自驾游基地、旅游景区、新型民宿等全域旅游景点串联起来，形成了"大环小环内联外通"的公路网络，推动了乡村振兴战略的落实，带动了农村一二三产业的发展，真正做到了发展成果由人民共享。

农村交通状况的改善，提高了农村人民的生活水平，经济、教育、医疗和文化事业也随之日新月异。不少地区将建设"四好农村路"作为建设社会主义新农村的重要切入点。

四、农村公路对全面建成小康社会的作用

（一）加快资源优势转化，推动农村地区城镇化进程

从我国农村发展的历程来看，由于受到交通道路的阻碍，导致农产品没有好的销售渠道，只有完成农村公路的建设，才能打破这种自然封闭的状态，才能使农村丰富的自然资源得到充分开发，才能使农村的土地、矿产、森林等资源优势转化为经济优势。除此之外，农村公路的发展使农村信息和商品流通渠道变宽，令农产品能够更自由地进入流通领域，从而实现农民增收致富，增加就业率，提高生活水平。

农村公路的建设，不仅可以改善农村运输条件和投资环境，有助于实施"引进来"和"走出去"的发展战略，还可以增加农民收入，拓宽农民增收渠道，实现农民"足不出户"就业的可能性；可以加快农村信息传播和对外交流，改善传统的生产模式和生活方式，改变之前农民自产自销、自给自足的局面。农村公路的建设是推动农村快速发展、脱贫的必要因素之一，对于刺激消费、加强地区之间的联系与沟通、提高生活质量、推进城镇化建设和新农村建设等方面有着非常积极的作用。

---

① 江苏省交通运输厅公路事业发展中心."农村公路 +"在江苏延伸［J］.中国公路, 2019（21）：96-101.

（二）促进产业结构转型升级，拉动内需，稳定经济发展

新时期我国全面建成小康社会的重点在农村，难点也在农村。中国能否成功达到小康社会的各项指标，关键在于农村在小康进程中的表现。要想实现全国农民真正意义上的小康，唯一的办法是完善农村基础设施建设，将资源优势转化为经济优势，加快农业产业化进程和城镇化进程。

中华人民共和国成立以来，城市道路交通建设有了很大的发展，交通基础设施日趋发达，与之相比农村道路普遍存在道路等级低、服务水平差、维护费用高昂等问题，公路问题成为阻碍农村经济发展的首要原因，不能满足农村经济发展的需要。

由于长期受制于不完善的交通基础设施，农村至今未形成较完整的产业链，自然资源禀赋未得到充分利用，农村的弱势越发突出，与城市的经济差距越拉越大。农村公路作为农业、农村和农民赖以生存与发展的物质条件，在增强城乡沟通互动、拉近生产地与消费市场距离、提高农村人民就业率、优化农村资源配置等方面发挥着重要作用。加快农村公路的发展既是提升农村经济的客观要求，也是全面建成小康社会的具体要求。因此，农村公路的建设不仅是农村经济发展形势的要求，更是建设中国特色社会主义的要求，是中国共产党全心全意为人民服务的宗旨体现。

五、结语

（一）结论

农村公路是保障农村经济发展的重要基础设施之一，更是乡村振兴战略落到实处的具体体现，本文采用定性分析的方法，分析了农村公路对全面建成小康社会的卓越性贡献，从交通运输理论的发展、农村公路的建设历程、政策扶持以及依托农村公路而生的新兴产业入手，着眼于农村公路未来发展情况。中华人民共和国成立以来，虽然我国交通建设事业取得了巨大成就，但距离交通强国的目标还存在一定的差距。尤其是农村公路建设仍然存在不少问题，需要去面对和解决这一系列难题，因此在深刻领会农村公路建设对全面建成小康社会重要意义、准确把握全面建成小康社会对农村公路建设新要求的基础上，反思目前农村公路建设存在的问题。

（二）关于农村公路未来的展望

1. 推动"四好农村路"高质量发展，统筹做好脱贫攻坚与乡村振兴有机衔接

脱贫摘帽不是终点，而是新生活、新奋斗的起点。收官之年要把短板补得再扎实一些，把基础打得再牢靠一些。决胜全面建成小康社会已进入关键之年，坚

决打赢脱贫攻坚战与全面推进乡村振兴成为"三农"工作的重点，推进"四好农村公路"建设，必须聚焦这两项重大工作部署。交通基础设施是贫困地区脱贫攻坚的基础性和先导性条件。Lewis（1954）的二元经济发展模型认为，劳动力的自由转移可以在很大程度上消除城乡收入差距。然而，劳动转移成本不可能为零这一现实使交通运输成为缩小城乡收入差距的重要保障。建设交通强国，必须首先做好交通扶贫工作。加快农村骨干公路内通外联，保障农村公路的安全建设与运营，促进农村公路运输服务品质的提升，打造以"交通＋特色产业"扶贫为主的特色致富路。

2. 农村公路在新发展格局下的远景

"十四五"规划首次纳入构建"以国内大循环为主体，国内国际双循环相互促进的新发展格局"，这是党中央结合当前国际国内发展新形势、新变化而作出的新的战略部署。交通运输业作为国民基础性产业，肩负重责，农村公路在惠及全民的农村交通基本公共服务方面发挥着不可替代的作用，是打通区际、城际、城乡等不同空间尺度之间经济循环，统筹推进内需结构升级与空间优化，促进区域协调发展和城乡融合发展，以及建设现代流通体系的重要载体和主要联系纽带（崔姝等，2020）。

3. 建设交通强国，构建人类命运共同体

历史进入承前启后的阶段，建设交通强国，是习近平总书记在党的十九大报告中提出的重大战略部署，是新时代我国建设现代化强国和创新型国家的战略任务。在当今世界复杂多变和不确定性成为常态的背景下，保护主义和单边主义有所复燃，建设高质量发展的交通强国，需要从构建人类命运共同体的愿景出发，坚持新发展理念，坚持深化供给侧结构性改革，坚持"一带一路"互联互通建设为重点的全方位开放，推动中国与世界的全方位融通，促进不同文明的相互交融，推动构建人类命运共同体，促进共同发展。

参考文献

［1］Lewis W A. Economic Development with Unlimited Supply of Labor［J］. The Manchester School of Economic and Social Studies, 1954, 22(2):139–191.

［2］崔姝，饶宗皓，王宇，等. 构建双循环新发展格局背景下公路交通发展思路［J］. 交通运输部管理干部学院学报，2020（4）：41–44.

通信业助力共同富裕的政治经济学分析

姚路萱

摘要： 作为社会主义的本质要求之一，共同富裕为中国式现代化的重要特征。中国式现代化共同富裕内涵要求物质财富更为丰富的同时，更要兼顾"均衡分布"的要求，实现"共建共享"。作为国民经济的血管的通信业能够有效缩小较大的城乡差距，加速提升信息链、价值链和产业链的耦合度，进而振兴乡村经济，实现致富农民的目标。探寻通信业赋能农村产业融合，进而推动共同富裕的有效路径，使通信业发展在振兴乡村经济中发挥最大化效用，从而让农民稳步迈向共同富裕。因此通信业的发展能够有效地促进物质财富的均衡分布，这对于实现共同富裕目标具有重要作用。

关键词： 通信业；共同富裕；城乡差距；信息链；价值链

一、关于共同富裕的文献综述与问题的提出

当前中国经济已经全面建成小康社会，需要进一步实现共同富裕的发展目标，让发展成果共建共享。党的十八届五中全会将"创新、协调、绿色、开放、共享"新发展理念确定为经济发展的指导方针；党的十八大以来，习近平总书记高度关注全体人民共同富裕的实现，形成了一系列关于中国式现代化共同富裕的重要论断和理念，发展了马克思主义人的自由而全面的发展思想。习近平总书记在《扎实推动共同富裕》一文中指出，"共同富裕是社会主义的本质要求，是中国式现代化的重要特征"[①]，这将共同富裕与中国式现代化联结在一起。

在对共同富裕的目标内涵作出擘画时，习近平总书记强调，"我总的认为像全

作者简介：姚路萱，女，上海对外经贸大学国际经贸学院硕士研究生，主要从事马克思主义经济理论研究。

① 习近平.扎实推动共同富裕［J］.求是，2021（20）：4-8.

面建成小康社会一样，全体人民共同富裕是一个总体概念"①，落脚点聚焦在"共同"和"富裕"两个关键词上。但是，由于"这是一个在动态中向前发展的过程，要持续推动，不断取得成效"，不同人群、不同地区在实现富裕的程度和时间上会存在差异，不可能完全步调一致，因而要有计划地、分阶段地施行，这是马克思主义社会发展阶段理论的要求，也是经济社会发展的客观规律的要求。总体上看，实现全体人民的共同富裕，大抵分为三步，"到'十四五'末，全体人民共同富裕迈出坚实步伐，居民收入和实际消费水平差距逐步缩小。到 2035 年，全体人民共同富裕取得更为明显的实质性进展，基本公共服务实现均等化。到本世纪中叶，全体人民共同富裕基本实现，居民收入和实际消费水平差距缩小到合理区间"②。即从现在起至 2025 年底，是迈向共同富裕目标的第一阶段。在这一阶段，主要任务是巩固拓展脱贫攻坚成果，规避规模返贫情况的发生，逐步走出相对贫困，迈入高收入国家行列；到 2035 年，是迈向共同富裕目标的第一阶段，建设好一批共同富裕的试验区，使国家进入了较为富裕国家的行列，基本公共服务实现均等化；2049 年前后，是迈向共同富裕目标的最后一个阶段，离共同富裕目标实现最近的阶段。在这一阶段，不仅要求居民收入差距缩小到收入平等国家的标准，而且居民实际消费水平差距也要缩小到合理区间。

因此，缩小收入差距是促进社会公平的具体体现，在此基础上，缩小城乡收入和所享受的基本公共服务的差距是实现共同富裕的着力点。相比城市而言，农村由于生产条件不完善发展带来的经济效益远不如城市，进而导致城乡基本公共服务供给不均衡。有研究认为，完善公共财政③和转移支付制度④是实现城乡基本公共服务均等化的必然要求。⑤在长期的城乡二元体制壁垒下，城乡基本公共服务长期的不均等是造成城乡差距扩大的重要因素⑥。然而，现实情况中的财政支出结构偏颇和"唯GDP"的干部考核机制等更加剧了农村基本公共服务供给结构的失调。

在此背景下，有研究从整体角度出发探析了关于农村基本公共服务的供给现状⑦和减贫振兴效应⑧，也有研究从体育、公共文化、教育、医疗卫生和法律等基本公共服务的具体项目出发，探究其发展困境与破解路径。但对城乡基本公共服务中的通信业发展差距的研究较少，在新时代通信业的发展带来了数字乡村发

①② 习近平.扎实推动共同富裕 [J].求是，2021（20）：4-8.
③ 金人庆.完善公共财政制度逐步实现基本公共服务均等化 [J].求是，2006（22）：7-9.
④ 楼继伟.完善转移支付制度推进基本公共服务均等化 [J].中国财政，2006（3）：6-8.
⑤ 安体富，任强.政府间财政转移支付与基本公共服务均等化 [J].经济研究参考，2010（47）：3-12.
⑥ 夏锋.基本公共服务均等化与城乡差距分析 [J].经济前沿，2007（10）：38-43.
⑦ 张开云.农村基本公共服务：现状评价与路径选择 [J].学术研究，2009（11）：50-55，159.
⑧ 郝晓薇，黄念兵，庄颖.乡村振兴视角下公共服务对农村多维贫困减贫效应研究 [J].中国软科学，2019（1）：72-81.

展的新的可能性，且相关研究内容多围绕理论探究，对于城乡间要素流动的收入分配作用研究中，有研究分析生产要素单向流动对城乡收入差距的直接影响[①]，也有研究将要素流动作为间接变量探究农村电商[②]、交通基础设施[③]，其中缺乏通信业发展对城乡收入差距的影响，得出的结论可能存在偏差，因此进一步研究通信业发展对共同富裕的助力路径，以期能为促进共同富裕和缩小城乡差距提供借鉴。

二、通信业发展与共同富裕的关系论述

共同富裕与通信业发展的内在关联性表现在，实现共同富裕需要生产力的发展，同时也需要生产关系的优化，集中体现在分配问题需要"先富带动后富"，让生产力发展能够进一步溢出原有的地域范围。通信业带来的协同效能够加速财富创造，溢出效应和普惠效应可以"带后富"和"帮后富"。共同富裕实质上面临的最大问题就是发展不平衡不充分的问题，通信业能够作为硬件支持，为数据和技术赋能。在数字经济的基础上，提供了必需的基础设施支持，也为经济的均衡发展提供了跨地域的共享机制，在此基础上，能够带来"互联网+"的传统产业升级，如数字农业、共享经济、智慧物流等。

通信业发达的地区，往往拥有数字技术与三次产业的深度融合的技术基础。依托于通信业的技术发展，该地区的经济的传统产业能够实现全价值链条的改造，新业态和新模式应运而生。作为数字经济中最为活跃的要素之一，电子商务作为21世纪出现的新产业新业态新模式，为生产力发展不平衡不充分的问题提供了新的方案。国家统计局数据显示，2020年，全国电子商务交易额达37.2万亿元，比2011年的电子商务交易总额翻了三番以上（见图1）。

要想实现共同富裕的目标，就要有效解决乡村生产力发展不平衡不充分的问题。由于大部分乡村支柱产业是农业，其经济附加值不高，在价值链上处于弱势地位，缺少对下游收购商的议价权，大部分的农业剩余价值往往转移到中间商手中，乡村农民往往只能够得到农产品的成本价，这只是对于其劳动力再生产所必需的生活资料的差额补偿，而在通信业发展的基础上，电子商务能够进一步减少剩余价值再分配的中间环节。例如，早在2020年4月20日，习近平总书记在陕西柞水县小岭镇金米村农产品的电商直播间考察调研时强调，电商作为新兴业态，既可以推销农副产品、帮助群众脱贫致富，又可以推动乡村振兴，是大有可为的。在智慧农业产业体系方面，陕西省与第三方机构合作打造"数字化种植—产地仓

① 熊小林，李拓.中国居民收入分配差距测算及其影响因素研究［J］.统计与信息论坛，2022，37（10）：39-52.

② 陈享光，汤龙，唐跃桓.农村电商政策有助于缩小城乡收入差距吗——基于要素流动和支出结构的视角［J］.农业技术经济，2021（12）：1-15.

③ 杨茜，石大千.交通基础设施、要素流动与城乡收入差距［J］.南方经济，2019（9）：35-50.

存储—线上线下销售—纯信用助农贷款"创新模式，通信业的基础设施助力农户实现农事管理数字化和智慧化，进一步提升农产品质量，降低生产成本。

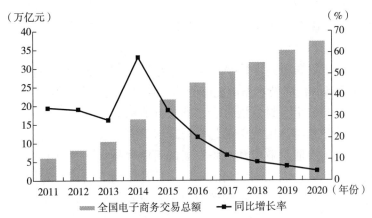

图 1　2011~2020 年全国电子商务交易总额及同比增长率

资料来源：国家统计局官方网站。

数字信息技术的扩散能够有效提高信息传递时效，进而降低了传递的成本，能够有效增强了城乡经济联动，加强区域经济活动联动。在广度和深度上，通信业能够充分发挥信息的强渗透性和广覆盖性。例如，依托于通信与发展的电子商务对农业的助力，能够从最初的助力搭建农产品销售渠道，后期深度切入农产品的渠道推广、品牌建设、生产端的流程优化，推动农业产业链的全方位的数字化转型。其中传递的数据量以及所要求的传输速度大大提升，而通信业的发展充分满足了这一部分的数据传输需要，进一步加速赋能农业产业化、数字化发展，这在很大程度上改变了农业传统生产方式。

随着通信业发展，网民数量的不断增加，传统消费场景往往通过网络场景完成，电子商务使产业经济发展的传统模式实现了较大的转变。过去的"原材料—制造—分销—零售—消费者"的线性商业价值链，逐步迁移并改造升级成为分布式、社会化、平等协同的商业价值网。商务大数据监测显示，2020 年全国农村网络零售额达 1.79 万亿元，占全国网络零售总额的 15.3%；农产品网络零售额达 4158.9 亿元。2020 年全国农村网络零售额达 1.79 万亿元，农产品网络零售额 4158.9 亿元；国家级贫困县农产品网络零售额为 406.6 亿元。

三、乡村通信业发展的空间异质性分析

由于我国的东、中、西三大区域，在资源产业市场政策等方面有较大的差异，因此各地区通信业发展的情况存在一定的差异。当前主要影响共同富裕目标实现的关键点正是在于乡村，因此研究乡村通信业发展情况以及东、中、西部区域的

通信业乃至数字乡村的发展程度差异有益于后续的共同富裕目标的实现。

各个地区的数字乡村具有地域间的空间差异特征。第一，从东部区域来看，这一地区的乡村拥有较好的政策优势和较好的产业基础，并且早期已经形成了完善的市场条件，制造业企业扎堆，数字产业出现集聚的规模效应，通信业的发展也有大量的资金支持用以建设相对完善的基础设施，同时能够及时转化生产成果，大量应用场景对生产数据和销售数据有大量的需求，能够反过来促进通信业的发展，大量的通信业设备和信息技术基础能够为数字乡村建设奠定良好的基础。

从中部地区的数字乡村发展来看，其服务业的聚集基础较好并且产业的集聚效应还在发挥着正效益。因为中部的农村地区具有丰富的劳动力，从人口数量和土地租金来看，发展通信业带动经济发展的可能性较大，并且其中的核心代表城市所对应的农村地区，例如湖北武汉和湖南长沙带动下的周边农村数字经济发展态势较好。国家对其投入了大量的产业政策支持和基础设施建设的资金支持。东部的部分数字服务业企业开始向资源要素更充沛，而要素价格更低的中部地区进行转移。因此中部地区能得到东部地区数字经济发展的技术溢出效应的红利，这就需要配套的通信业基础作为承接产业转移的前提。

从西部地区的数字乡村发展来看，西部地区对比全国的数字服务业发展速度更慢，面临的实际困难较大，搭建通信业发展所必需的基础设施成本更高，与此同时由于缺乏制造业企业的集中，人口相对稀疏，能够通信的网民数量密度降低，通信业的实际应用场景耕地，除了个别难以直接承接东部发展的技术溢出效应带来的企业迁移。西部的数字乡村的发展，实际上正是需要东部、中部共同助力解决的问题。

北京大学新发展研究院联合阿里研究院发布的《县域数字乡村指数》(2018)显示，在中东部的长三角地区，浙江和江苏的县域数字乡村指数高，同时数字乡村的发展程度较强。东部地区的福建省和江西省的数字乡村经济发展更好。中部地区发展相对更弱，在部分星点状地区出现一定的数字乡村的聚集趋势。西部大部分地区的数字乡村发展情况较差，少部分区域依托于区域协同政策，如成渝经济区的建设而得到进一步发展。

目前，我国连续 5 期的电信普遍服务试点取得了实质性成效，已经实现行政村通光纤和 4G 比例超过 98%。建成后将实现凉山州所有行政村 4G 网络 100% 覆盖，以保障相应的数字乡村的基础设施，而数字乡村经济的发展也进一步带动当地经济，进一步实现共同富裕的全面小康的目标。在江西，12316"三农"综合服务平台通过一码找专家、12316 惠农直播室、小码施肥、农村人居环境整治"码上通"、查补贴等线上便民服务，为全省涉农企业及广大农户精准施策，助力恢复农业生产，提供高效便捷服务。据统计，2020 年 1 月 25 日至 3 月 13 日，江西 12316 平台热线累计回复农资及农产品流通销售、生产技术、政策等各类咨询 17912 人次，日均服务量达到 381 人次。在云南，当地移动公司在旗下电商平台"彩云优品"

上线了蔬菜、鲜花专区，助力云南各类蔬菜、鲜花销售。上线一周时间共上架玫瑰、百合等14个品类的A级和B级鲜花以及白菜、豌豆和辣椒等近20个品种的蔬菜，助销滞销商品432件，销售额近2万元。在新疆，当地电信公司助力精准。扶贫大数据平台开发建设，截至目前，平台注册用户超过37万人，完成全疆建档立卡贫困村313万人动态管理，管理项目合计4410个，覆盖35个县，通过平台跟踪管理的项目资金达到618亿元。

四、新时代乡村通信业发展前景展望

进入新时代以来，整体通信业得到了较快发展，其带动的电信业务收入也在增速回升，电信业务总量较快增长。经核算，2020年电信业务收入累计完成1.36万亿元，比2019年增长了3.6%，增速同比提高2.9个百分点（见图2）。按照2019年价格计算的电信业务总量1.5万亿元，同比增长20.6%。乡村通信业也得到了较快发展，数字乡村的建设工作也在稳步推进。

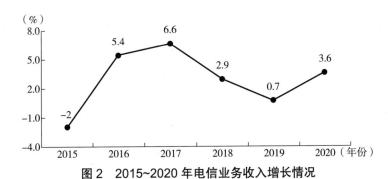

图2　2015~2020年电信业务收入增长情况

资料来源：国家统计局。

《通信业统计公报》（2020）显示，网络提速和普遍服务向纵深发展，移动数据流量消费规模继续扩大，网络基础设施能力持续升级，东、中、西部地区协调发展。这意味着，中西部的通信设备和通信服务能够得到进一步的完善，这对于中西部的各乡村地区总体利好，立足于"互联网+"的农业、制造业和服务业能够有更多的硬件设施支持。在传统工业经济中，落后乡村仍处于价值链和信息链中的被动地位。而乡村通信业的发展为落后乡村地区赶上数字经济发展的浪潮提供了新的机遇和可能。山东省曹县依托于发达的通信业基础和数字信息技术，以汉服销售、电商直播等电子商务模式拉动了县域经济发展速度，在数字流量经济时代，扭转了县域经济在传统的价值链和信息链的下游被动地位。

目前，乡村通信业发展面临的主要难点在于，农业信息资源缺乏有效整合、数据共享程度低、基层农业信息获取手段落后、农业信息队伍和农民信息化水平不高以及需要建设高素质的农业大数据人才队伍形成典型示范。在大数据时代，大部分农村地区农业信息资源数字化、网络化程度低，农业信息服务网站虚有其表，缺乏专业性和实用性，农民的科学文化素质难以适应信息化建设的发展需要。

要充分建设数字乡村，就需要加快完善乡村县域经济的信息链、价值链和产业链的三者耦合度，让数字乡村的通信设备得到充分利用，提供更多的应用场景，使之抓住数字经济发展的机遇，改变在传统工作经济中的边缘化弱势地位。因此，对于乡村通信业发展，本文提出以下建议：

第一，加快完善农村信息化政策体系的步伐。进一步加强农村信息化政策顶层设计，因地制宜对数字乡村的产业布局进行规划引导，为通信业服务和数据信息消费需求提供更多的应用场景。充分挖掘数据信息消费需求，搭建数字乡村产业链是农村信息化工作的重点，充分利用大数据信息技术，设计农业农村信息化的顶层结构。从国家层面统筹规划进行技术研发，积极研发相关关键技术，再从我国农业农村发展的地域性差异和经济发展需求，进一步拓展和深化相关领域。推动现代大数据、互联网、云计算等信息技术与农业产业的生产发展相融合，打造智能化生产、信息化管理、电商化销售的现代农业，解决农产品价值和价格倒挂的问题。

第二，完善以乡村通信业为代表的农村信息化基础设施。充分发挥大数据的统计、核算和预测的功能，在提高农村土地利用率、统筹农村劳动力资源配置和解决农民信息不对称问题上，发挥着不可或缺的作用。要完善以乡村通信业为代表的农业农村信息化建设，就需要整合社会力量，首先需要提升农村信息化基础设施水平，让资源通过产业链、价值链和信息链能够充分流入乡村地区，解决发展不平衡不充分的问题，加速实现共同富裕的战略目标。在数字乡村建设中，让数字政务向基层推进，完善数字农业生产的生产体系，搭建农业生产、交换、分配和消费的全过程信息链，以数字农业为抓手，以乡村通信业为基础，培养一批农业大数据应用的示范项目，推进现代农业智慧园建设。搭建整合农民人力资源和社会保障、医疗保险、教育等部门公共信息的一体化乡村公共服务与社会救助信息共享平台，借助通信技术，着力解决农民在市场化经营中面临的信息不对称困境。

第三，丰富农村大数据应用场景。要进一步深化大数据在农业生产经营、管理和服务等方面的创新应用，可以从物联网、云计算、5G等现代信息技术入手，实现农业生产的精准施肥、智能灌溉等，同时还要积极组织研发适用于该地区农业发展的信息技术，实现对农业生产全过程的信息化管理，提高信息化农业装备的引导能力。农村信息化建设是开展农村电子商务的基础，在利用大数据发展农村信息化建设的同时，还要加强农民对电子商务的了解，让他们获取养殖种植技术，提高农村文化素养，延长农业产业链，实现农产品直销，帮助农民从电子商务和农村信息化建设中获得利益，推动我国农村信息化建设快速发展。同时也要让农民认识到信息化服务的价值与重要性，加大网络信息服务平台的宣传力度，告诉农民具体的使用方法，并选取重点领域开展示范与网络共享，探索农业农村信息化发展机制、路径与新的商业模式，提高农业信息化水平，培育智慧农业产业。

五、结论与启示

在全面建成小康社会的基础上，要实现共同富裕的战略目标，就需要解决各区域的发展不平衡不充分的问题，让差距值保持在合理范围内。作为国民经济"血管"的通信业能够有效缩小较大的城乡差距。通信业通过赋能农村产业融合，构筑电子商务渠道改变剩余价值分配比例，让农民在价值链和产业链上处于中上游地位，从而让农民稳步迈向共同富裕。通信业发展在振兴乡村经济中发挥最大化效用，因此通信业的发展能够有效地促进物质财富的均衡分布，这对于实现共同富裕目标具有重要作用。

后续发展乡村通信业，进一步建设数字乡村的进程中，需要注重数字乡村建设的经济协同和发展效率同步，提高数字乡村的数字治理模式，实现数字乡村不同领域的协同发展。要充分利用技术的外溢效应，让技术外溢效应与资本外溢效应同步带动其余地域的数字乡村建设，加大对县域级通信业发展的资金和技术投入的支持力度，提高县域级数字经济的发展水平，加大数字经济人才的引进力度和导流支援力度，进一步落实和完善乡村振兴与巩固脱贫成果的有关顶层设计，进一步发挥区域协同优势，东西部定点支援优势，提高全区位、全领域的数字乡村建设水平。

综上所述，从巩固脱贫成果与实现全面小康来看，相对贫困地区应该进一步利用数字基础设施带来的时代红利，将数字经济建设与巩固脱贫成果进一步结合，加大区域发展政策与数字乡村治理机制结合力度，以此形成文、旅、商等农业优势产业发展新型业态，利用乡村优势产业融合发展的倾斜性政策，实现共同富裕目标与乡村振兴工作的进一步结合。

新时代交通强国思想
助力全面小康社会建成

——以我国高速公路发展为例

曹 雨

摘要： 2020 年是决胜全面建成小康社会的关键时期，交通运输是国民经济中基础性、先导性、战略性产业，是重要的服务性行业，对全面建成小康社会发挥着重要作用。高速公路建设作为公路建设中不可缺少的重要一环，从中华人民共和国成立以来发展形成谋篇布局、蓄能聚势的格局，为我国全面建成小康社会奠定了坚实的物质基础。在全面建成小康社会收官之年，国家切实完成公路建设量、加快重点公路建设。在新时代背景下，高速公路建设向高质量发展迈进，实现其"数字化""智能化"转型，打通城内外交通微循环，构建区域协调发展新格局。

关键词： 交通强国；高速公路；小康社会；高质量发展

一、新时代交通强国思想的理论来源及内涵

（一）新时代交通强国思想的理论来源

1. 交通运输促进新的经济中心形成

马克思在《资本论》中谈到交通运输业的作用时，强调其是发挥"时间消灭空间"的作用。距离即空间上的距离会产生时间的差别，"商品的销售市场和生产地点的距离，是使出售时间，从而使整个周转的、时间产生差别的一个经常性原因"。[①] 但是交通运输的出现，就能够缩短商品的移动时间，这样就使空间距离在事件上缩短了。随着每一种交通运输工具的发展，这样的相对距离还会继续缩小，会使生产地点到较大的销售市场的相对距离产生变化。在这样的条件下，大量的人口和资本在集聚，一个新的经济中心就出现了。"随着交通运输工具的变化，旧

作者简介：曹雨，上海对外经贸大学马克思主义学院硕士研究生，研究方向：中国特色社会主义政治经济学。

① 马克思.资本论（第1卷）[M].北京：人民出版社，2018：277.

的生产中心衰落了，新的生产中心兴起了。"① 这样，交通运输业就促进形成了一个新的经济中心。

2. 交通运输实现区域经济均衡发展

交通运输使一定量的商品流通时间缩短，所以大量人口和资本的加速集聚，这样就形成了区域发展的不平衡。"随着大量人口和资本在一定的地点和销售地点这样加速集中，大量资本也就集中在少数人手里。"② 这样的集聚也就更加造成了区域的经济发展不平衡，"城市已经表明了人口、生产工具、资本、享受和需求的集中这个事实；而在乡村里则是完全相反的情况：孤立和分散"③。在如何消除这样的区域发展不平衡中，恩格斯提出："只有使人口尽可能地平均分布于全国，只有使工业生产和农业生产发生紧密的联系，并适应这一要求使交通工具也扩充起来"④。交通运输工具的发展能够解决区域经济发展不平衡的问题，从而实现区域经济的平衡发展。

（二）新时代交通强国思想的内涵

1. 以"强交通"立"交通强"

我国交通运输业相比于西方国家来说，起步较晚。德国是修建高速公路最早的国家，其于 1931～1942 年的波恩至科隆高速公路是世界上第一条高速公路。1998 年，美国基本建成州际高速公路系统，该系统历程长达 7.46 万公里，基本联通了全国各地的高速公路系统。

我国交通运输业与西方国家相比仍有较大的差距。高速公路面积密度最大的是荷兰，每 1000 平方公里面积中有高速公路 43.9 公里。日本的轨道交通智能化与机械化较高，综合化物流覆盖较大。欧盟的交通运输建立起绿色发展模式。从这个层面来说，我国交通运输业发展存在质量相对不高、覆盖密度不高、可持续发展能力不强等缺点。

习近平总书记指出："加快形成安全、便捷、高效、绿色、经济的综合交通体系。"⑤ "交通强"意味着我国交通发展水平应该能赶上世界水平，所以提升我国交通运输业的整体化布局，提升现代化水平，倡导绿色交通运输业发展是我国"强交通"的实践要求，也是实现"交通强"的实践路径。

2. 以"强交通"促"国家强"

交通运输是国民经济中基础性、先导性、战略性产业，是重要的服务性行业，交通运输承担着国民经济的发展需要。交通运输是国民经济持续快速发展的坚实

---

① 马克思.资本论（第1卷）[M].北京：人民出版社，2018：277.
② 马克思.资本论（第1卷）[M].北京：人民出版社，2018：278.
③ 马克思恩格斯选集（第1卷）[M].北京：人民出版社，1995：104.
④ 马克思恩格斯选集（第3卷）[M].北京：人民出版社，1995：215.
⑤ 习近平在北京考察　就建设首善之区提五点要求 [EB/OL].[2014-02-26].新华网.www.xinhuanet.com/politics/2014-02/26/c_119519301_3.htm.

支撑与有力保障。习近平总书记明确指出："'十三五'是交通运输基础设施发展、服务水平提高和转型发展的黄金时期，要抓住这一时期，加快发展，不辱使命，为实现中华民族伟大复兴的中国梦发挥更大的作用。"① 强国建设，交通先行，交通运输对于国民经济的作用，能促进国家其他行业的发展。用"交通强"促"国家强"是符合生产力发展要求、基于国情、以人民为中心的选择，也是新时代赋予交通运输业的新的历史使命。

二、全面建成小康社会中高速公路发展的成就及作用

（一）高速公路的地位和优势

中国高速公路有两种含义：一种是指中国标准的高速公路级别公路，其建设技术标准等级高于一级公路；另一种是指中国政府统一编号标识的全封闭或半封闭的高等级公路，它包括符合相关公路技术标准、交通流量需求和经济政治意义等的高速公路和一级公路，这些高等级公路被国内政府统一编排形成独立路网，即中国高速公路路网。

在各种运输方式中，道路运输及其基础设施占用的空间最大，所受的物理性约束最少。与其他运输方式相比，道路运输具有显著的优势：一是运输工具成本相对较低，进入道路运输市场的门槛较低，较低的资金成本能够促进新技术的开发和使用；二是运输工具具有相对较快的行驶速度；三是交通运输网形成后，公路运输的选择方式比较灵活，道路运输也是唯一能够为旅客和货物提供门到门服务的运输方式；四是维修费用较低，在高速公路建成后维护费用较低，能够扩大高速公路的应用、提高其认可度。

（二）高速公路发展概述

1. 高速公路发展规模加速、加快推进

高速公路在 20 世纪 30 年代出现在美国、意大利等发达国家。第二次世界大战后，西方工业国家由于战后重建和发展经济的需要，开始大规模地修建高速公路。我国的高速公路发展比美国等西方发达国家晚了近半个世纪的时间。1988 年10 月，我国第一条高速公路沪嘉高速公路建成通车，这标志着我国高速公路建设的开始。从 1998 年至今，高速公路建设进入了快速发展时期，年均通车里程超过4000 公里，年均完成投资 1400 亿元。1999 年，全国高速公路里程突破 1 万公里；2000 年，国道主干线京沈、京沪高速公路建成通车，在我国华北、东北、华东之间形成了快速、安全、畅通的公路运输通道；2001 年，西南公路出海通道经过 1 0

---

① 习近平. 切实抓住和用好黄金时期 开创交通运输事业新局面［EB/OL］.［2016–12–27］. http://www.gov.cn/xinwen/2016–12/27/content_5153332.htm#1.

多年的建设实现全线贯通，西部地区从此缩短了通向大海的时间。2002 年底，我国高速公路通车里程突破 2.5 万公里，位居世界第二位，2011 年是具有里程碑意义的一年，我国高速公路通车里程达到 8.49 万公里，跃居世界第一位。截至 2020年，我国高速公路总里程达到了 16.1 万公里（见图 1）。

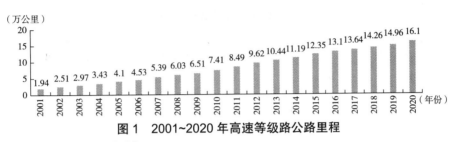

图 1 2001~2020 年高速等级路公路里程

资料来源：《中国交通年鉴》。

从我国高速公路里程增长率来看，我国高速公路在 2002 年增速达到 29.38%，自 2011 年后，我国高速公路里程增长速度变缓，但逐年稳步增长，2020 年增长率达到了 7.62%（见图 2）。

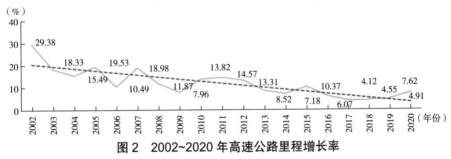

图 2 2002~2020 年高速公路里程增长率

资料来源：《中国交通年鉴》。

2. 高速公路发展蓄能聚势、谋篇布局

1981 年，国家计划委员会、国家经济委员会和交通部印发的《国家干线公路网（试行方案）》，明确国道由"12 射、28 纵、30 横"共 70 条路线组成，总规模约 11 万公里。2004 年出台的《国家高速公路网规划》，该规划确定了高速公路"7918"网，采用放射线和纵横网格相结合的形式，包括条北京放射线、条纵向路线和条横向路线组成，总规模约 8.5 万公里，其中主线 6.8 万公里，地区环线、联络线等其他路线约 1.7 万公里。该规划主要是以城市为节点，连接了所有目前城镇人口在万以上的城市；依据经济和人口分布情况，总体上按照"东部加密、中部成网、西部连通"的原则布局。其中，首都放射线 7 条、北南纵线 11 条、东西横线 18 条，此外包括 6 条地区性环线以及若干条并行线、联络线等。

国家加强对高速公路谋篇布局。截至 2020 年，高速公路布局覆盖了全国，从高速公路密度来看（见表 1），高速公路密度呈现"东密西疏""南强北弱"的态势，只有上海市、天津市密度超 1000 公里 / 万平方公里，北京市、广东省等省份在 500~1000 公里 / 万平方公里，其余大多数省区市密度平均在 300 公里 / 万平方公里。从表 1 可以看出，西部地区高速公路覆盖密度较为疏，东部地区高速公路覆盖密度较为密，呈现空间布局不均衡的态势。

表 1　2020 年各省份高速公路密度

省区市	高速公路通车里程 （公里）	国土面积 （万平方公里）	高速公路密度 （公里 / 万平方公里）
上海	900	0.6	1500
天津	1296	1.1	1178.2
北京	1174	1.7	690.6
广东	10690	18	593.9
福建	6000	12	500
浙江	5096	10.2	499.6
山东	7473	15.4	485.3
江苏	4917	10.3	477.4
贵州	7604	17.6	432
河南	7100	16.7	425.1
重庆	3400	8.2	414.6
河北	7775	18.8	412.6
湖北	7433	18.6	399.6
江西	6321	16.7	378.5
山西	5762	15.6	369.4
海南	1255	3.4	369.1
安徽	4900	14	350
湖南	6950	21	331
宁夏	2088	6.6	316.4
辽宁	4331	14.6	296.6
陕西	6100	20.6	296.1
广西	6800	23.6	288.1
云南	9000	38	236.8
吉林	4300	18.7	229.9
四川	8000	48	166.7
甘肃	6000	45.4	132.2
黑龙江	4516	47	96.1
内蒙古	6985	118	59.2
青海	4040	72	56.1

续表

省区市	高速公路通车里程（公里）	国土面积（万平方公里）	高速公路密度（公里/万平方公里）
新疆	5500	166	33.1
西藏	688	123	5.6

注：我国台湾和香港、澳门地区的数据未计算。

资料来源：《中国交通年鉴》、各省份交通年鉴。

（三）高速公路在全面建成小康社会的主要成就

2020年是全面建成小康社会的收官之年。习近平总书记明确指出，"十三五"是交通运输基础设施发展、服务水平提高和转型发展的黄金时期，要抓住这一时期，加快发展，不辱使命，为实现中华民族伟大复兴的中国梦发挥更大的作用。[①]

1. 切实保障公路建设完成量

在全面建成小康社会中，我国加快推进由7条首都放射线、11条北南纵线、18条东西横线，以及地区环线、并行线、联络线等组成的国家高速公路网建设，尽快打通国家高速公路主线待贯通路段，推进建设年代较早、交通繁忙的国家高速公路扩容改造和分流路线建设，有序发展地方高速公路，加强高速公路与口岸的衔接。2020年1~11月，我国公路建设完成量如表2所示。

表2 2012~2022年公路固定资产投资额（亿元）

年份	公路固定资产投资额（亿元）
2012	12713
2013	13692
2014	15460
2015	16513
2016	17975
2017	21253
2018	21335
2019	21895
2020	24312
2021	25995
2022	28527

资料来源：根据各年度交通运输业发展统计公报整理。

---

① 习近平. 切实抓住和用好黄金时期 开创交通运输事业新局面［EB/OL］.［2016-12-27］. http://www.gov.cn/xinwen/2016-12/27/content_5153332.htm#1.

2. 加快重点高速公路建设

党的十八大以来，党领导公路建设取得了不少的成就（见表 3），2019 年基本贯通的京新高速公路横贯东北、华北、西北，也称"三北大捷道"，全长约 2739 公里，是《国家高速公路网规划》中 7 条北京辐射线之一，是西北新疆和河西走廊连接首都北京、华北、东北及东部地区最为便捷的公路通道，也是一条新的出疆陆路大通道，它使新疆至北京公路里程缩短 1000 多公里，可显著节约运输成本。2020 年 10 月 1 日，纵贯贵州省黔东南苗族侗族自治州的剑河至榕江高速公路开通。剑榕高速全长约 118 公里，呈南北走向，连通我国东西向交通"大动脉"沪昆高速和厦蓉高速，是贵州省高速公路"6 横 7 纵 8 联"网络中第 2 纵的重要组成部分，对完善黔东南贫困山区交通路网、带动沿线经济发展具有重要意义。

表 3 党的十八大以来高速公路建设取得的主要成就

时间	主要成就
2014 年 12 月	京港澳高速公路
2014 年 12 月	京昆高速公路
2015 年 12 月	张承高速公路
2016 年 11 月	密涿高速公路河北段
2017 年	共和到与玉树的高速公路
2018 年	墨脱公路
2019 年	营达高速公路
2019 年	贵州六枝至安龙、纳雍至晴隆、金沙经仁怀至桐梓剑河至榕江的高速公路
2019 年	京新高速公路
2020 年 12 月	津石高速
2020 年	四川—成宜高速公路

资料来源：《中国交通年鉴》、各省份交通年鉴。

重点地区高速公路的建设对于建成小康社会具有重要意义。高速公路的开通对贫困地区的发展具有推动意义，在高速公路周边地区也有了很多具有当地特色的旅游产业区和农业产业区。

三、新时代交通强国思想下高速公路的发展展望

（一）高速公路高质量发展："数字化""智能化"

党的十九大报告作出了"我国经济已由高速增长阶段转向高质量发展阶段"的重要论断。同样，建设交通强国不能只停留在"量"的层面，还要实现"质"的飞跃。我国高速公路发展也要向高质量发展迈进，首先，打造泛在的交通运输物联网，

推动运行监测设备与交通基础设施同步建设。强化全面覆盖交通网络基础设施风险状况、运行状态、移动装置走行情况、运行组织调度信息的数据采集系统，形成动态感知、全面覆盖、泛在互联的交通运输运行监控体系。其次，在高速公路网络中构建新一代交通信息基础网络，尤其加快车联网建设。在客运枢纽站点提供高速无线接入互联网公共服务。在高速公路服务区接入 5G 服务，建成高速公路通信网络全覆盖。最后，继续推进高速公路云计算与大数据应用的建设。增强国家交通运输物流公共信息平台服务功能。使高速公路和其他交通运输工具实行数据共享，共建云数据库，进行数据采集和分析应用，推进高速公路"数字化"。

（二）连接城内外交通，打通微循环

根据《"十三五"现代综合交通运输体系发展规划》要求优化超大、特大城市轨道交通网络，推进城区常住人口 300 万以上的城市轨道交通成网。加快建设大城市市域（郊）铁路，有效衔接大中小城市、新城新区和城镇。

连接城内外，最便捷、最快速的就是公路交通。在公路交通中，高速公路的运输速度快、网络密的特点，使高速公路成为合适的连接城内外交通的工具。连接城市内外交通，完善城市交通路网结构，提高路网密度，形成城市快速路、主次干路和支路相互配合的道路网络，打通微循环。在城市与城市之间、城市与城镇之间打通商品运输的微循环，促进资源的集约高效配置和加快要素的流动，促进城际、城镇之间的区域经济发展。

（三）构建区域协调发展交通新格局

从高速公路密度来说，我国高速公路呈现出"东密西疏"的特点，根据《"十三五"现代综合交通运输体系发展规划》，按照区域发展总体战略要求，西部地区着力补足交通短板，强化内外联通通道建设，改善落后偏远地区通行条件；东北地区提高进出关通道运输能力，提升综合交通网质量；中部地区提高贯通南北、连接东西的通道能力，提升综合交通枢纽功能；东部地区着力优化运输结构，率先建成现代综合交通运输体系。强化区域发展战略总体支撑是构建区域协调发展交通新格局的前提，再通过以东部地区交通网络带动西部交通发展，提出"建设长江经济带高质量综合立体交通走廊"和"构建京津冀协同发展的一体化网络"的发展要求。

从重点公路建设角度来说，加强重点地区的公路建设，以革命老区、民族地区、边疆地区、集中连片特殊困难地区为重点，加强贫困地区对外运输通道建设。加强贫困地区市（地、州、盟）之间、县（市、区、旗）与市（地、州、盟）之间高等级公路建设，实施具有对外连接功能的重要干线公路提质升级工程。

通过区域发展总体战略和总体布局实践，加强西部地区的高速公路网的建设，构建区域协调发展交通新格局。

参考文献

［1］马克思恩格斯选集（第1卷）［M］.北京：人民出版社，1995：104.

［2］马克思.资本论（第2卷）［M］.北京：人民出版社，2004：170.

［3］马克思恩格斯选集（第3卷）［M］.北京：人民出版社，1995：104.

［4］桑业明.马克思交通运输观与新时代交通强国建设［J］.长安大学学报（社会科学版），2021，23（3）：1-10.

［5］邱铁鑫.新时代"交通强国"战略的理论探析［J］.北京交通大学学报（社会科学版），2019，18（4）：58-62，92.

［6］武晓娟.中国共产党新时代交通强国思想研究［D］.重庆：重庆交通大学，2019.

［7］王发洪.高速公路模块化建设成未来发展趋势［N］.云南经济日报，2021-05-18（A02）.

［8］张瑜亮.交通大数据在智能高速公路中的应用探讨［J］.中国交通信息化，2021（S1）：238-239.

［9］徐韩英.高速公路运营管理高质量发展的思考［J］.浙江经济，2021（4）：76-77.

新时代交通强国思想
助力全面小康社会建成
——以我国民航业发展为例

陆 磊

摘要： 党的十九大报告明确提出加强水利、铁路、公路、水运、航空、管道等基础设施网络建设，并提出了"交通强国"的概念，民用航天的发展是实现交通强国过程中极其重要的一部分。全面建成小康社会是"两个一百年"奋斗目标的第一个百年奋斗目标。在建党100周年与全面建成小康社会的交汇点，民用航空的飞跃发展是全面建成小康社会进程中的重要成果。民用航天事业的壮大，推动了经济的高质量发展，为保障民生做出了贡献，有效地维护了社会和谐稳定。

关键字： 民用航空；交通运输；全面小康

党的十九大报告指出"人民日益增长的物质文化需要同落后的社会生产之间的矛盾"转化为"人民日益增长的美好生活需要和不平衡不充分的发展之间的矛盾"[①]，随着物质条件的不断提高，人民对交通运输提出了更高的要求。目前，人民的出行需求更加多元化，以便捷、高效、舒适为主，且越来越多的人选择飞机作为出行方式。民用航空（以下简称民航）在现代交通体系中是极为重要的一部分，是国家战略性先导性产业。民航事业的发展为人民群众的生活提供了更多可能性，使人民群众拥有更加舒适、便捷的出行方式。航空的发展为全面建成小康社会做出了巨大贡献。

作者简介：陆磊，上海对外经贸大学马克思主义学院硕士研究生，主要研究方向：中国特色社会主义政治经济学。

① 习近平 . 决胜全面建成小康社会 夺取新时代中国特色社会主义伟大胜利——在中国共产党第十九次全国代表大会上的报告［N］. 人民日报，2017-10-28（1）.

一、我国民航发展现状

（一）机场布局加快形成

"生产越是以交换价值为基础，因而越是以交换为基础，交换的物质条件——交通运输工具——对生产来说就越是重要。"[①] 交通运输工具推动了生产力的发展，即中国民航对于我国经济发展起着重要作用。中国民航事业得到飞跃发展，取得了令人瞩目的成绩，其中机场布局是民航业发展的重要组成部分。机场带动了产业的发展，是区域经济发展的重要因素。

如图 1 所示，2010~2019 年我国民用机场数量呈现不断上升趋势，这代表我国机场布局逐渐完善，机场分布越来越密集，人民出行更加便利，是综合国力提高的表现。截至 2019 年底，我国共有颁证运输机场 237 个，2019 年新增机场有北京大兴国际机场、巴中恩阳机场、重庆巫山机场、甘孜格萨尔机场；此外，我国民航运输飞机数量呈不断增加态势，民航全行业运输飞机期末在册架数 3818 架，比2018 年底增加 179 架。截至 2020 年，我国境内运输机场（不含我国香港、澳门和台湾地区）共有 241 个。

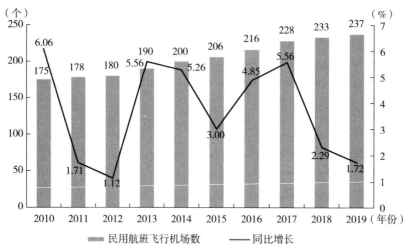

图 1 2010～2019 年中国民用飞机场数变化情况

资料来源：国家统计局。

中华人民共和国成立以来，我国机场服务水平大大提高，为旅客打造了舒适的机场环境。"十四五"时期重点推动建设京津冀、长三角、粤港澳大湾区、成渝民航协同发展，枢纽机场的竞争力不断增强。民航业在国民经济中的作用将更加

[①] 马克思恩格斯全集（第 46 卷下）[M].北京：人民出版社，1980：16.

凸显，服务人民的能力也将进一步增强。

（二）航线网络不断完善

中华人民共和国成立初期，中国民航刚刚起步，规模小、基础薄弱，仅有 12 条短途航线，40 个简易机场，运输总周转量仅 150 多万吨公里。

随着经济的发展，我国航线网络已发生了翻天覆地的变化。截至 2019 年底，我国共有定期航班航线 5521 条（见图 2），国内航线 4568 条，其中港澳台航线 111 条，国际航线 953 条，航线结构更加合理，覆盖范围更广泛。全行业完成运输总周转量 1293.25 亿吨公里，其中国内航线完成运输总周转量 829.51 亿吨公里，国际航线完成运输总周转量 463.74 亿吨公里。

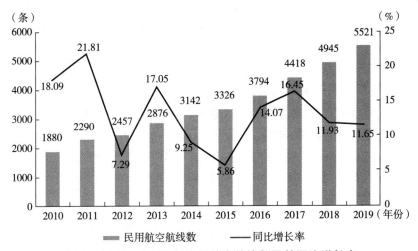

图 2　2010～2019 年民用航空航线数及其同比增长率

资料来源：国家统计局。

与中华人民共和国成立初期相比，如今我国民用航空航线里程 837.98 万公里，是中华人民共和国成立初期的 735 倍。2010~2019 年，我国民用航空航线数呈持续增长趋势，人民的物质水平得到保障，国家对外开放程度提高，国际对民航产生更大需求，推动了民航航线的拓展。

（三）旅客运输量逐年增加

自改革开放以来，人民的收入水平提高，加上民航具有长距离运输的快捷性特点，越来越多的人选择民航作为出行方式，我国民航旅客运输量呈现逐年增加的趋势。

根据国家民航局统计数据，中国民航旅客运输量连续 14 年稳居世界第二。如图 3 所示，2000~2019 年中国民航旅客周转量一直呈现持续增长态势。截至 2019 年，全行业完成运输总周转量 1206.4 亿吨公里，旅客运输量 6.1 亿人次、货邮运输量 738.5 万吨。

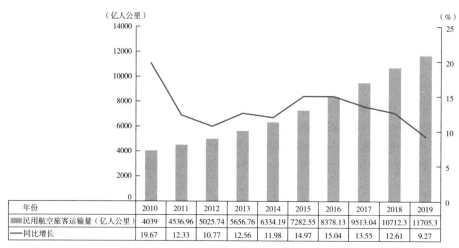

图 3　2010～2019 年中国民航旅客运输量

资料来源：国家统计局。

　　近 20 年来，是我国航空运输发展最快的时期。由表 1 可知，首都机场在亿人次以上。以上海为例，目前上海机场（包括浦东机场、虹桥机场）年航空旅客吞吐量超 1.2 亿人次，年货邮吞吐量达到 400 万吨以上。上海机场基础设施、安全服务处于领先地位，开启了"航站楼＋卫星厅"的机场运营新模式，推动旅客运输量的增加。以上海虹桥机场为导向，未来我国机场逐步迈向现代化，积极满足人民群众的出行需求。

表 1　2019 年中国各省市民航运输机场旅客吞吐量情况

排名	城市/机场	2019 年机场旅客吞吐量（人次）	排名	城市/机场	2019 年机场旅客吞吐量（人次）
1	北京/首都	100013642	14	武汉/天河	27150246
2	上海/浦东	76153455	15	长沙/黄花	26911393
3	广州/白云	73378475	16	青岛/流亭	25556278
4	成都/双流	55858552	17	海口/美兰	24216552
5	深圳/宝安	52931925	18	乌鲁木齐/地窝堡	23963167
6	昆明/长水	48075978	19	天津/滨海	23813318
7	西安/咸阳	47220547	20	贵阳/龙洞堡	21910911
8	上海/虹桥	45637882	21	哈尔滨/太平	20779745
9	重庆/江北	44786722	22	沈阳/桃仙	20544044
10	杭州/萧山	40108405	23	三亚/凤凰	20163655
11	南京/禄口	30581685	24	大连/周水子	20079995
12	郑州/新郑	29129328	25	济南/遥墙	17560507
13	厦门/高崎	27413363	26	南宁/吴圩	15762341

资料来源：中国民用航空局。

二、中国民航事业的发展对全面建设小康社会的作用

（一）民航维护国家安全

"坚持总体国家安全观。统筹发展和安全，增强忧患意识，做到居安思危，是我们党治国理政的一个重大原则。……加强国家安全能力建设，坚决维护国家主权、安全、发展利益。"[①]我国民航以习近平总书记提出的强军思想为指导，必须始终树立国家安全观，为国防事业提供更加高水平的装备，推动民航事业发展，在国家战略安全方面发挥重要作用。

民航作为国家战略性、先导性产业，具有快速机动的特点，具有相应的航空应急系统，其在应急救援、面对突发事件时可以发挥重要作用。民航是国防交通的重要组成部分。我国民航的发展代表着我国综合国力提高，是我国自主创新能力的重要表现，体现了我国国防事业的发展，坚定了我们的民族自信。

民航不仅是国家安全应急的战略力量，也担负着重要任务，"直接为工农业生产服务的勘探地下资源、测绘地形地貌、森林巡护、牧草播种、消灭农作物病虫害等通用航空任务"[②]。安全是民航业的生命线，民航安全是国家安全体系的一个重要组成部分，因此具有相应的安全保障体系。为"国家安全"做出了巨大的贡献。

中国民航的机场布局日趋完善、航线更加密集、运输能力显著提高，安全水平得到保障，运行规模位居世界前列，这表明中国民航处于国际航空行业的领先地位，国际竞争力和影响力与日俱增。

（二）民航助力脱贫攻坚

中国民航提供了贫困地区航空运输服务。《民航局贯彻落实"十三五"脱贫攻坚规划工作方案》（民航综计发〔2017〕1号）指出"推动贫困地区民航机场项目建设，做好民航支持和服务贫困地区开发建设工作"，充分发挥民航在脱贫扶贫工作中的积极作用。

我国民航在16个省份开通了40条短途运输航线，在青海省实施基本航空服务试点，为决战脱贫攻坚做出了努力，实施精准扶贫，充分发挥航空优势，在医疗、基础设施建设、教育等方面投入大量扶贫资金，对于贫困县实行产业扶贫，发挥了西部地区的绿色农业优势、旅游优势，建立稳定脱贫长效机制，带动贫困地区的经济发展。截至2019年底，全国贫困地区运输机场共达到72个，通用机场达到40余个；包含通航在内，民航对贫困地区的人口覆盖率可达到82.6%。贫

---

① 习近平.决胜全面建成小康社会　夺取新时代中国特色社会主义伟大胜利——在中国共产党第十九次全国代表大会上的报告［N］.人民日报，2017-10-28（1）.

② 杨国庆.中国民航发展展望［J］.交通运输工程学报，2001（4）：1-8.

困地区机场保障至少 1 个航班联通枢纽机场，最多 2 个航班转接可联通国际机场，对于贫困地区的交通出行做出了巨大贡献。[①]

航空行业发挥了行业优势特色，改善了落后地区的基础设施，为贫困地区开辟道路，在农村城市之间构建桥梁、缩短距离，统筹城乡公共产品供给，推动城乡资源合理配置、公共服务均等化，助力打赢交通运输脱贫攻坚战，实现城乡交通一体化。

（三）民航助力乡村振兴——以句容市航空小镇为例

1. 航空小镇概述

党的十九大报告提出了乡村振兴这一国家战略，强调"要坚持农业农村优先发展，按照产业兴旺、生态宜居、乡风文明、治理有效、生活富裕的总要求，建立健全城乡融合发展体制机制和政策体系，加快推进农业农村现代化"。

例如，句容市作为中国优秀旅游城市、国家级生态示范区、全国科技工作先进市、国家卫生城市、国家环保模范城市，围绕航空产业，积极谋划了航空小镇，逐步推动航空交通培训、航展经济等多功能产业融合发展。2016 年 11 月，中宇通航旅游集团有限公司与斯洛文尼亚蝙蝠飞机制造厂就引进轻型飞机并合资在句容建厂项目达成最终协议。句容蝙蝠飞机项目位于句容华阳街道航空产业园内，是实施"一带一路"、中欧"16+1"合作的重要成果，也是斯洛文尼亚在我国最大的产业项目。

将航空航天产业纳入"3+2+X"产业链体系，积极加强与国内外一流企业的对接合作，句容将成为"蝙蝠中国"公司总部所在地，覆盖包括中国在内的东亚及东南亚十多个国家和地区。依据资源禀赋和区位优势，精准定位产业布局，合理规划民航结构。积极建成具有特色的航空产业园，航空器研发、航空零部件制造等产业集聚发展，充分利用"互联网＋"等新兴手段，打造特色鲜明、优势突出的航空产业，推动通用航空产业链不断延伸。

2. 航天小镇的建设思路

上文分析了乡村振兴战略下航空小镇的基本内涵，提出了乡村振兴战略背景下民航发展趋势。根据我国的通航产业、航空产品和城镇发展现状等因素，通过顶层设计，设立航空小镇标准化体系，探寻出一条可复制、可推广的建设发展模式，更好地推进脱贫攻坚与乡村振兴的衔接。

（1）加强政策保障，提供资金和人才支持。BOT（Build–Operate–Transfer）项目保持市场机制发挥作用，创新融资渠道，引进投资者融资，加强统筹推进力度、发展创新，打造便民、经济的航空特色小镇，支持航空小镇基础设施和重点项目建设。吸引优秀经营人才和技术，加大对航空小镇范围内高层次人才的引进力度。

---

① 扶贫济困，无问东西［N］. 中国民航报，2021–04–21（21）.

（2）推动"航空＋旅游"融合发展，创造旅游新模式。推动相关资源向航空小镇聚集，加强服务集成，不断强化对主导产业的支撑服务作用。目前正值通用航空发展的历史机遇，进一步巩固航空制造优势加快航空小镇建设的经济实力、产业基础和生态优势。

（3）加强美丽乡村建设，构建绿色生态工业体系关系。《中华人民共和国民法典》中规定民事主体从事民事活动，应当有利于节约资源、保护生态环境。我们倡导绿水青山就是金山银山。习近平总书记指出："我们既要绿水青山，也要金山银山。宁要绿水青山，不要金山银山。"[1]实施绿化美化工程和生态环境整治工程，加强美丽乡村建设，优化生态质量城镇环境，构建绿色生态工业体系和谐人水新的关系，把生态文明建设融入民航小镇建设中。

三、我国民航业发展的未来展望

（一）坚持党的领导，为民航发展提供坚强保障

党的领导是我国民航永续发展的根本保证，我国的制度优势为中国民航的发展奠定了坚实的基础，改革开放为民航提供开放包容的发展环境，开创了一条具有中国特色的民航道路。

必须始终坚持党对民航业的领导核心地位，牢牢把握中国特色社会主义道路的前进方向，充分发挥党组织的坚强领导作用，充分发挥社会主义制度的优越性。以习近平新时代中国特色社会主义思想为指导，贯彻落实党的十九大精神，坚持用党的新发展理念指引新时代民航发展，推进行业治理体系和治理能力现代化。

坚持把党的宗旨作为民航一切工作的使命，始终以党的旗帜为旗帜、以党的方向为方向、以党的意志为意志，全面从严治党持续深化，全心全意为人民服务，为人民群众提供多元化的航空服务、航空产品，提升人民的出行幸福感，建立人民满意的航空事业。不忘初心、牢记使命，服务于"两个一百年"奋斗目标，为实现中华民族伟大复兴的中国梦贡献民航力量。

（二）坚持民航创新发展，为民航发展提供动力

航空运输的发展与科学技术的发展密切相关。航空运输的运行与发展以信息技术为支撑，是衡量是否取得全面建成小康社会胜利的标准之一，标志着我国自改革开放以来的科技实力。坚持创新驱动发展战略，贯彻落实新发展理念，提高核心竞争力，为建设社会主义现代化强国提供航空科技支持。

迈向"十四五"，开启全面建设社会主义现代化国家新征程，中国民航需要从单一航空运输强国向多领域民航强国进阶，以智慧民航建设为主线，提升科技自

---

[1] 习近平. 习近平在哈萨克斯坦纳扎尔巴耶夫大学发表重要演讲 [N]. 人民日报，2013-09-08（1）.

主创新能力，推进对核心技术的研发工作。

2019 年 5 月，为深入贯彻党的十九大精神，更好地实现民航高质量发展，民航局印发《中国民航高质量发展指标框架体系（试行）》，指出"发展效益好综合表现为：安全底线牢、运行效率高、服务品质好、经济效益佳、发展后劲足"，把推进智慧民航建设贯穿到民航行业发展的全过程和各领域，为民航持续发展提供信息支撑，弥补民航发展的短板，实现智能化转型。

推动民航与互联网、大数据、人工智能等新兴技术融合发展，构建"互联网＋民航"的模式。飞机在起飞和降落时，通信网络将地面的信息及时反馈到飞机之间，同时对于飞行中出现的情况实时记录，确保了民航飞行的安全性。推进北斗卫星导航系统发挥定位、导航及监视领域的重要作用，推进在航空器、空管自动化系统等方面的持续创新。

（三）扩大机场覆盖范围，推动区域协调发展

全国主要的航空货邮吞吐量主要聚集在京津冀地区、长三角地区和粤港澳大湾区，西部地区人口密度小，货邮吞吐量相对偏低，机场密集程度较低。东西部地区的民航发展呈现出不平衡不充分的问题。交通便捷程度是区域协调发展的重要因素。面对自然条件恶劣、基础设施条件较差、公共服务短板突出的偏远山区，不仅要加强公路建设，也要合理布局机场。

加强基础设施建设，在偏远地区、地形崎岖的山区加快通航机场建设，改善偏远地区的交通服务水平，加深与城市的联系，发挥航空运输的优势，加快东部与西部地区民航协调发展，提高西部地区交通便利程度，使贫困地区的物资运输更加畅通，推动产业转型，推动民航运输业与当地旅游业、生态农业、先进制造业等产业的融合发展。发展西部地区民航事业，扩大就业机会。必须建立健全交通运输体系，加快航空枢纽建设，促进枢纽机场、干线机场和支线机场的有机衔接，以京津冀、长三角和粤港澳等世界级城市群为依托，建设世界级机场群。

航空运输是一个大而完整的网络，由不同航线组成，需加快形成系统完备、布局合理、功能完善的机场网络体系。以上海虹桥机场为例，虹桥机场与铁路虹桥站对接，开创了枢纽机场与城际铁路互联互通的模式，自此部分机场开始与铁路衔接，实现了民航铁路一体化发展，交通便捷程度大大提高，推动构建立体交通网络。"十四五"时期，枢纽机场需与功能匹配适用的轨道交通体系衔接，把铁路、公路、民航等运输方式融合起来，实现联动发展，建立综合交通运输体系。民航航线网络将持续扩大，机场数量不断增多，覆盖范围更大，在 2035 年形成东西相通，枢纽、干线、支线三者相配合、布局合理的机场格局。

（四）坚持民航绿色发展，推动建设生态友好型交通

交通强国的战略目标，为民航业的发展指明未来发展方向，而民航业的高质

量发展是实现交通强国目标的必由之路，民航业的高质量发展包含了绿色发展。

坚持节约资源和保护环境的基本国策，坚持节能减排，使用清洁能源实现绿色航空，构建绿色低碳交通体系。采用飞行降噪技术，减少机场的噪声污染，加强航空垃圾无害化处理设施建设，打造绿色机场，加强机场环保建设。培育绿色民航产业体系，加速能源消耗低、环境污染少的民航绿色产业培育，推进新兴绿色环保技术的研究，AR/VR 技术、PBN、生物识别技术、A-CDM、仿真技术、ADS-B、RRID 与物联网技术、MLAT、GIS/BIM、EMAS、云计算以及 FOD 探测等新技术的应用[①]，提高了能源的利用率，减少了行业碳排放量。

建立合理的绿色交通监管体系，聚焦人民群众绿色出行的需求，不断落实环境保护责任，实现民航全领域、全方位、全要素的绿色发展模式。坚持民航绿色发展是贯彻落实习近平生态文明思想的有力举措，强化生态环境保护、建设生态友好型交通是民航实现可持续发展的基本要求。

（五）推动国内国际双循环，提高交通运输国际竞争力

党的十九届五中全会提出"加快构建以国内大循环为主体、国内国际双循环相互促进的新发展格局"，对"十四五"时期我国的经济发展战略进行了调整，意味着民航业发展面临着更多的挑战和机遇。高效的交通运输体系能够更大范围地联系生产和消费，扩大贸易范围以及提高生产效率。国内国际双循环与我国现代交通体系息息相关，尤其与民航业有紧密的联系。

充分发挥我国民航安全、高效的优势，提升国内循环效率，提升北京、上海、广州机场国际枢纽的竞争力，扩大北上广机场枢纽与支线机场的航线联动。通过"强化国际航空口岸规划"[②]，更好地提高航空运输能力，构建国内、国际航空网络衔接、内外联通的"双循环"格局。形成我国特色航空产业链，提高我国航空市场国际竞争力，推动我国民航"走出去"，助力国内国际双循环发展，推动我国经济的发展。

在党的十九届五中全会上，习近平总书记强调："要建设更多更先进的航空枢纽、更完善的综合交通运输系统，加快建设交通强国。"[③] 交通是强国之基，加快交通强国建设与经济发展和人民生活密切相关，持续推动民航的发展，发挥民航在交通强国建设中的引领作用，让民航更好地服务于人民群众，满足人民日益增长的美好生活需要，增强人民的幸福感、获得感。

---

① 田利军，于剑.绿色民航发展影响因素研究［J］.价格理论与实践，2018（6）：155-158.
② 李堃.加快民航强国建设 发挥民航在交通强国建设中的引领作用［J］.民航管理，2018（1）：28-30.
③ 习近平.关于《中共中央关于制定国民经济和社会发展第十四个五年规划和二〇三五年远景目标的建议》的说明［N］.人民日报，2020-11-04.

参考文献

［1］2019 年民航行业发展统计公报［Z］.2020.

［2］冯正霖.推进民航治理体系和治理能力现代化　为新时代民航强国建设提供制度保障［J］.民航管理，2020（1）：6-15.

［3］张意，周然，彭士涛，等.新时期绿色交通治理体系和治理能力现代化研究［J］.中国水运（下半月），2021，21（5）：27-28.

［4］张国伍.枢纽机场与区域经济发展——机场对区域经济发展影响——"交通 7+1论坛"第二十六次会议纪实［J］.交通运输系统工程与信息，2012，12（2）：1-8.

全面建成小康社会的实践探索和理论创新

——全面建成小康社会的实践探索和理论创新会议综述

2020 年 12 月 12 日,"全面建成小康社会的实践探索和理论创新"学术研讨会在上海对外经贸大学召开。本次会议由中国政治经济学学会和上海对外经贸大学马克思主义学院主办,《资本论》与中国政治经济学研究中心承办,《海派经济学》《政治经济学研究》编辑部协办。来自中国社会科学院、复旦大学、南开大学、上海财经大学、同济大学、武汉大学和四川大学等 30 余所高校和单位百余名马克思主义经济学与马克思主义理论专家学者参与了这次盛会,本文将分为"全面建成小康社会的理论探索""全面建成小康社会与'三农'问题""全面建成小康社会的实践经验""全面建成小康社会与社会主义现代化建设"四个主题,并对与会专家的精彩发言做简单梳理。

一、全面建成小康社会的理论探索

科学理论是实践正确开展的保障。马克思主义政治经济学是真理性、实践性和阶级性统一的科学体系。进行理论探索不仅要对现实经济现状进行高度理论抽象,还要对观点和政策进行高度逻辑的解构,从而形成一种学理的分析。我国全面建成小康社会是我国社会主义现代化进程中一个重要的历史里程碑,其中基础理论问题的解决是需要加以关注的方向。以程恩富、颜鹏飞、马艳、许光伟、张峰为代表的学者从马克思经典作家的理论出发、从反贫困理论出发、从思想史理论等角度出发解读全面建成小康社会的基础理论问题,丰富了全面建成小康社会的理论,助力形成马克思主义政治经济学在这个时代最新、最科学、最系统的理论成果。

程恩富教授从马克思主义关于贫困的论述切入探讨产生贫困的根源,他从研究资本主义生产关系的层面入手,认为产权因素、政策因素、教育因素、信息不对称等都是贫困的成因,并最终可归结为"一主多因",并从扶贫工作方向论、扶贫工作方略论、扶贫工作主体论、扶贫工作系统论和扶贫工作保障论五个方面系统论述习近平总书记的扶贫思想。颜鹏飞教授则是基于马克思工业革命思想的视角,通过分析每个时代的生产力及其工业革命是历史合力最具有革命性的因素,提出第四次工业革命不仅需要马克思的生产力和工业革命理论的回归，而且需要正确处理第四次工业革命与小康社会的关系，并认为前者是后者的物质保障。马艳教授对后小康时代我国经济高质量发展进行理论解构，认为高质量发展的理论内涵本质就是一种生产方式的转变。她从马克思主义的逻辑进行解构，认为高质量经济发展是后小康社会战略目标的逻辑路径。许光伟教授提出要重点看到小康社会的范畴学，他从历史的角度谈论小康社会的内涵和范畴，认为研究小康、社会主义现代化问题时一定要区分好资本主义和社会主义的范畴。张峰教授从中国共产党的小康社会思想史出发，认为小康社会思想发展的过程其实就是马克思主义中国化、时代化、大众化的过程。

二、全面建成小康社会与"三农"问题

"全面小康'三农'领域突出短板必须补上。小康不小康，关键看老乡，脱贫攻坚质量怎么样、小康成色如何，很大程度上要看'三农'工作成效。"[①] 全面建成小康社会不能忽视"三农"问题，"三农"成为实现社会主义现代化的关键问题。如何从根本上解决"三农"问题成为党和国家经济过程当中的重中之重，其直接关系到能否成功实现社会主义现代化和中华民族的伟大复兴。以简新华、汪洪涛、王爱华、孙世强、蒋永穆为代表的学者就新时代三农问题角度对全面建成小康以及后小康时代出现的问题提供了新的解决思路。

简新华教授围绕"中国'三农'问题的根本出路"展开论述，并对当前"三农"问题中存在的重大基本问题的主流观点进行评述。他指出农村改革基本上纠正了超越阶段的偏差，实现了邓小平所说的农业"第一个飞跃"（实行家庭联产承包责任制）方向基本正确，取得了巨大成就，但是存在忽视发展农村集体经济的偏差，再次集体化有利于集体所有、新型集体经营、发展集体经济的实现。汪洪涛教授从农业生产组织方式演变角度总结新中国以来各个阶段的反贫困工作，其将农村反贫困分为六个阶段，并对六个阶段的特点进行阐述，可分为救济式扶贫阶段、缓解贫困阶段、开发式扶贫阶段、共享式阶段、精准扶贫阶段、减缓相对贫困程度阶段。王爱华教授从新生代农民工的回流问题角度出发，认为推动"回流式"的"城镇化，实现农民工在家门口就业，就地市民化"对于统筹城乡经济社会发展，建设现代农业，发展农村经济，增加农民收入具有重大的意义，也是全面建设小康社会的重大任务。孙世强教授首先就探讨论证新乡贤能否成为乡村振兴的主力问题，阐述了"新乡贤"的内涵、分类和功能定位，并就新乡贤在乡村振兴中的"掣肘"问题给予了现实的考察。蒋永穆教授围绕"脱贫攻坚与乡村

---

① 中共中央党史和文献研究院. 十九大以来重要文献选编（中）[M]. 北京：中央文献出版社，2021：356.

振兴战略的有效衔接"，他从脱贫攻坚与乡村振兴有效衔接的内在关联出发认为脱贫攻坚解决的是决定贫困，相对贫困的解决要依靠乡村振兴，又将脱贫攻坚与乡村振兴的有效衔接的现实挑战分为三个方面矛盾即针对性与整体性的矛盾、特惠性和普惠性的矛盾、福利性与效率性矛盾。

三、全面建成小康社会的实践经验

想要总结经验首先就要总结实践的成就，"马克思主义者认为，只有人们的社会实践，才是人们对于外界认识的真理性的标准"[①]。党在领导全面建成小康社会的实践过程中积累了丰富的经验，这些经验对于建设第二个百年奋斗目标有着重要的意义和经验价值，因此需要在实践上进行梳理与总结。以何自力、张新宁、鄢杰、张耿庆、傅尔基为代表的学者关注全面建成小康社会中的实践总结，从制度、政策等角度解读了全面建成小康社会带给党和人民的宝贵经验。

何自力教授认为，中国当前取得的巨大成就是由社会主义基本经济制度决定的，基本经济制度的建立，不仅利于有为政府和有效市场的结合，而且为构建新型举国体制提供有力保障，同时他也认为全面小康中各地区的实践经验也值得关注和总结。张新宁教授总结了"精准脱贫奔小康的兰考经验"，将精准扶贫问题进行相应的总结即扶贫对象精准、项目安排精准、资金使用精准、措施到户精准、因村派人精准、脱贫成效精准。鄢杰教授对西部民族地区全面建成小康社会的实践进行了从取得的相应成就到做法的总结，从而总结出：高度重视建立对话机制；依靠政府为主，市场为辅；因地制宜，发挥优势的三条基本经验。张耿庆教授认为，新中国减贫事业的本质是马克思主义政治经济学本质的一致体现，并将新中国减贫事业的成就总结为马克思主义政治经济学中国化的实践成果即从政治保证、制度保障、物质基础可以概括为党的领导、发挥社会主义制度优势、解放发展保护生产力。傅尔基研究员围绕"论上海对口支援新疆扶贫迈进全面小康社会的成功之道"，从对口援疆项目为出发点探讨了减贫事业的相关理论总结。

四、全面建成小康社会与社会主义现代化建设

党的十八大在党的十六大、党的十七大确立的全面建设小康社会目标的基础上提出了新的要求，并提出了"到二〇二〇年实现全面建成小康社会宏伟目标"。"十三五"时期是全面建设小康社会的决胜阶段，在以习近平同志为核心的党中央团结带领全国各族人民如期打赢了脱贫攻坚战，如期确保全面建成小康社会、实现了第一个百年奋斗目标。乘势而上开启社会主义现代化国家新征程，向着第二

---

① 毛泽东选集（第1卷）[M].北京：人民出版社，1991：284.

个百年奋斗目标奋进。因此，如何实现社会主义现代化和怎样实现社会主义现代化成为全面建成小康社会后的重要议题。以王天义、李正图、王中保、杨卫、周泽红、伍山林、侯为民等从社会主义现代化的内涵、历史定位、全面建成小康社会和全面建设社会主义现代化的衔接以及关联问题角度阐述为建设社会主义现代化提供了现实路径。

王天义教授认为全面建成小康社会将开启全面建设社会主义现代化国家并实现共同富裕的新征程，并提出新的征程上需要做到：必须始终坚持、加强和改善党的领导，必须坚持以人民为中心的发展宗旨，必须始终坚持和完善社会主义基本经济制度。李正图研究员解析了全面建成小康社会的发展价值，并指出全面建成小康社会为未来建设社会主义现代化国家奠定了坚实的物质基础和制度基础。王中保研究员将社会主义现代化和社会主义现代化进行了对比，指出了社会主义现代化的内涵，同时指出全面建设社会主义现代化不能忽视"人的现代化"，并从政治经济学视角指出实现人的共同富裕全面发展，必须坚持公有制经济，只有坚持大力发展公有制经济在国民经济当中实实在在地占主体地位并且不断发展壮大，才能保证全体人民共同富裕和发展。杨卫教授指出在全面建成小康社会进程中需要关注的三个问题，即把握"两个一百年"的转折点问题；巩固制度基础、物质基础、社会基础三大基础问题；政治经济学的创新问题。周泽红教授在全面建成小康社会和现在提到的构建新发展格局的逻辑关联具备目标的一致性、目标指向性、价值统一性。伍山林教授是从后小康时代的背景下，指出从供给侧结构性改革出发的几个新视角，即保证新发展格局行稳致远、扭住创新链形成新供给、创新观念。侯为民研究员对社会主义现代化强国这个概念进行了考察，他认为应该从中国道路发展逻辑、在历史视野、理论层面三个角度考察社会主义现代化强国的概念，并指出从理论层面考察社会主义现代化，应包含生产力层面技术先进化、生产的现代化、社会需要的满足化或者生活的现代化、社会制度现代化、社会生产生活的文明化五个层面。

本次学术研讨会产生了很多有价值的学术观点，不但为创新和发展全面建成小康社会的理论基础和实践探索提供了很多全新视角，也为促进马克思主义政治经济学的发展提供了一个学术交流平台，这些观点和成果是将马克思主义的观点、立场和方法与中国现实问题进行有机结合，是当代马克思主义政治经济学学者对于全面建成小康问题集思广益、同心协力地深入思考与系统总结的成果。

后 记

习近平总书记在庆祝中国共产党成立 100 周年大会上宣告："经过全党全国各族人民持续奋斗，我们实现了第一个百年奋斗目标，在中华大地上全面建成了小康社会，历史性地解决了绝对贫困问题。"习近平总书记在党的十九届五中全会上强调，要对全面建成小康社会的决定性成就进行系统的总结。站在"两个一百年"奋斗目标的历史交汇点上，为了回顾和总结第一个百年奋斗目标实践进程和理论成果，展望第二个百年奋斗目标的光明前景，中国政治经济学学会与上海对外经贸大学马克思主义学院、上海对外经贸大学《资本论》与中国政治经济学研究中心于 2020 年 12 月在上海共同举办了主题为"全面建成小康社会的实践探索和理论创新"的学术研讨会。中国政治经济学学会会长程恩富教授，武汉大学简新华教授、颜鹏飞教授，南开大学何自力教授，上海财经大学马艳教授，上海社会科学院李正图研究员、杨卫研究员，中央党校王天义教授，四川大学蒋永穆教授，中国社会科学院马克思主义研究院王中保研究员、侯为民研究员等莅临会议并发表演讲，同时来自全国数十所高校和研究机构的学者向本次会议提交论文和大家分享他们的研究成果。本书就是以此为基础编辑而成，借此方寸之地向各位学者表示衷心的感谢。

感谢中国政治经济学学会会长、著名马克思主义经济学家程恩富教授在百忙之中提供学术指导，感谢经济管理出版社王光艳女士高水平、专业化的指导，感谢上海对外经贸大学马克思主义学院为本书出版提供的经费支持，感谢上海对外经贸大学马克思主义学院 2020 级硕士研究生陶也婕、姚路萱、陈欢欢、曹雨、陆磊在编辑过程中付出的辛勤劳动。

由于编者水平有限，敬请读者批评指正，不胜感激。

2022 年 1 月于上海对外经贸大学